FREE !

Du même auteur

La Longue Traîne. La nouvelle économie est là, Paris, Pearson, 2009, 2e édition. Également paru dans la collection « Champs », n° 1050, sous le titre : *La Longue Traîne. Quand vendre moins, c'est vendre plus.*

Makers. La nouvelle révolution industrielle, Paris, Pearson, coll. « Les temps changent », 2012.

Chris Anderson

FREE !

Comment marche l'économie du gratuit

Traduit de l'anglais (États-Unis) par Michel Le Séac'h

Champs essais

Titre original : *Free. The future of a radical price*

ISBN : 978-2-0812-8942-0

PROLOGUE

En novembre 2008, les membres survivants du groupe initial des Monty Python, effarés par l'ampleur du piratage numérique de leurs vidéos, ont affiché sur YouTube cet avertissement :

> Depuis trois ans, vous, les « YouTubeurs », vous nous détroussez, vous mettez nos vidéos en ligne par dizaines de milliers. Aujourd'hui, fini de rire. Nous avons décidé de reprendre les choses en main.
>
> Nous savons qui vous êtes, nous connaissons votre adresse et nous pourrions vous châtier de manière trop horrible pour être dicible. Mais comme nous sommes des gens extraordinairement sympas, nous avons imaginé un meilleur moyen de récupérer notre bien : nous avons lancé notre propre chaîne Monty Python sur YouTube.
>
> Assez de ces vidéos de qualité poubelle ! Nous vous offrons de l'authentique – des vidéos de haute qualité tout droit sorties de nos réserves. Qui plus est, nous mettons en ligne de nouvelles versions de haute qualité de nos clips les plus regardés. Et, par-dessus le marché, nous vous laissons regarder absolument tout pour pas un sou. C'est comme ça !
>
> Mais nous voulons quelque chose en échange.
>
> Pas vos radotages absurdes. Non, nous voulons que vous cliquiez sur les liens, que vous achetiez nos films et nos émissions de télévision, pour atténuer la douleur et le dégoût que nous inspire le pillage dont nous avons si longtemps été victimes.

Trois mois plus tard, les résultats de cette téméraire expérience de gratuité étaient là : les DVD des Monty Python avaient bondi au numéro deux du palmarès des ventes de cinéma et de télévision sur Amazon avec 23 000 % d'augmentation des commandes.

C'est comme ça !

La gratuité a marché, et brillamment même. Le bouche-à-oreille a fonctionné, les parents ont fait découvrir à leurs rejetons la scène du chevalier noir ou le sketch du perroquet mort, et plus de 2 millions de gens ont regardé les clips sur YouTube. Des milliers d'internautes ont redécouvert avec joie les Monty Python, et ils en ont voulu davantage, et ils ont commandé les DVD. Vidéo-réponses, collages et remix se sont multipliés, et une nouvelle génération a su ce qu'était un « lapin tueur ». Tout cela n'a pratiquement rien coûté aux Monty Python, puisque la bande passante et les frais de stockage étaient payés par YouTube.

L'étonnant dans cet exemple est qu'il n'étonne guère. On trouve en ligne d'innombrables autres cas de ce genre, dans lesquels pratiquement tout est donné gratis sous une forme ou une autre, avec l'espoir de vendre autre chose – ou, encore plus souvent même, sans compter sur la moindre rémunération.

Je suis en train de saisir ce texte sur un *netbook* à 250 dollars. Il appartient à la catégorie des ordinateurs portables qui progressent le plus vite et il se trouve que son système d'exploitation est une version du système gratuit Linux. Peu importe, d'ailleurs, puisque je me contente du navigateur gratuit Firefox. Je n'utilise pas Microsoft Word, mais plutôt le logiciel gratuit Google Docs, qui a l'avantage de me permettre de retrouver mes brouillons où que j'aille et de m'épargner les sauvegardes : Google s'en charge à ma place. Tout ce que je fais d'autre sur cet ordinateur est gratuit, depuis mes courriers électroniques jusqu'à mes messages Twitter. Même l'accès au réseau sans fil est gratuit, grâce au café où je suis installé.

Pourtant, Google est l'une des entreprises les plus rentables d'Amérique, l'écosystème Linux pèse 30 milliards de dollars et l'on dirait que le café vend autant de capuccinos à 3 dollars qu'il est capable d'en préparer.

Là réside le paradoxe du gratuit : les gens gagnent beaucoup d'argent en ne faisant rien payer. Pas rien de rien, mais rien pour tant de choses qu'une économie égale à celle d'un pays de taille respectable s'est en fait créée autour du prix de 0,00 dollar. Comment en est-on arrivé là et où cela nous mène-t-il ?

Telle est la question centrale de ce livre.

Elle s'est imposée à moi dans la foulée de mon premier livre, *La Longue Traîne*. Il était consacré à la nouvelle forme que prend la demande du public quand tout est disponible et qu'on peut choisir sur un rayonnage infini sans se limiter à la tête de gondole des best-sellers. L'abondance de la longue traîne était rendue possible par le caractère illimité des « linéaires » sur l'Internet, premier système de distribution de l'histoire aussi bien adapté aux produits de niche qu'aux produits de masse, aux produits obscurs qu'aux produits phare. En même temps qu'une nouvelle culture d'une radicale diversité, il a fait naître une menace pour les institutions de la culture en place, des médias grand public aux labels musicaux.

Pour avoir des linéaires illimités, un seul moyen : que ces linéaires ne coûtent rien. Le « coût marginal » de la distribution numérique (c'est-à-dire le coût supplémentaire de l'envoi d'un exemplaire au-delà des « coûts fixes » engendrés par les équipements nécessaires) est proche de zéro, ce qui permet de l'utiliser libéralement – aucun préposé n'est nécessaire pour décider si quelque chose mérite ou non d'être proposé à la terre entière. Et de ce « gratuit-pour-tous » vient le miracle du Web d'aujourd'hui, la plus fantastique accumulation de connaissances, d'expériences et d'expressions humaines que le monde ait jamais vue. Voilà donc à quoi peuvent mener les linéaires gratuits. Épaté par ses conséquences, j'ai réfléchi davantage au gratuit, et j'ai réalisé à quel point il était répandu. Il n'expliquait pas seulement l'explosion de la diversité en ligne, il définissait aussi les prix pratiqués. De plus, cette « gratuité » n'était pas une simple astuce de marketing comme les échantillons et lots gratuits auxquels le commerce traditionnel nous a habitués. Elle ne paraissait suspendue à aucune condition : c'était une gratuité authentique, non la simple amorce d'une vente future. La plupart d'entre nous faisons appel chaque jour à un ou plusieurs services de Google, mais ceux-ci n'apparaissent jamais sur notre relevé bancaire. Aucun compteur ne tourne quand vous utilisez Facebook. Wikipédia ne vous coûte rien du tout.

Le gratuit du XXIe siècle est différent de celui du XXe siècle. Quelque part au cours de la transition des atomes aux bits, un phénomène que nous pensions connaître s'est trouvé transformé. Le « gratuit » est devenu gratuit.

L'économie a sûrement son idée là-dessus, me disais-je. Or, pas moyen de trouver quoi que ce soit. Aucune théorie sur le gratuit ni sur les modèles de prix tendant vers zéro. (Pour être honnête, il en existe tout de même, comme des investigations ultérieures le révéleraient. Mais il s'agit principalement d'obscures considérations académiques sur les « marchés bifaces », comme on le verra dans le chapitre consacré à l'économie, de théories du

XIXe siècle presque oubliées.) En somme, une économie s'était formée autour du gratuit avant le modèle économique capable de la décrire.

D'où ce livre, destiné à explorer un concept en train de subir une évolution radicale. Le gratuit, ai-je constaté, est un concept à la fois familier et profondément mystérieux, aussi puissant que mal connu. Le gratuit apparu dans les dix dernières années est différent de celui qui l'a précédé, mais on cherche rarement à savoir en quoi et pourquoi. De plus, le gratuit d'aujourd'hui est plein de contradictions apparentes : on *peut* gagner de l'argent en donnant des choses. On *peut* manger à l'œil. Parfois, on obtient *plus* que ce qu'on a payé.

Écrire ce livre a été un plaisir. Il m'a propulsé des marchands de remèdes de la fin du XIXe siècle au piratage à la chinoise. Je me suis plongé dans la psychologie du cadeau et la morale du gaspillage. J'ai lancé au passage un projet destiné à tester de nouveaux modèles économiques tournant autour de l'électronique, dans lesquels la propriété intellectuelle est gratuite (selon un modèle de l'*open-source hardware*, ou « composants électroniques libres »). Je me suis lancé avec mes éditeurs dans des remue-méninges sur les nombreux moyens pour rendre gratuit ce livre lui-même sous la plupart de ses formes, tout en trouvant quand même comment rémunérer tous ceux qui ont contribué à sa réalisation.

Par certains côtés, ce projet a été mené en public, comme l'avait été *La Longue Traîne :* j'ai dévoilé ma thèse dans un article de *Wired* et j'ai blogué autour d'elle. Mais le travail a pris un tour différent, il s'est déroulé davantage dans ma propre tête que dans un dialogue collectif avec des contributeurs en ligne. Ce livre est plus historique, plus narratif, il porte sur le passé du gratuit autant que sur son avenir. Mes recherches m'ont conduit aussi souvent vers les archives et les textes de psychologie du XVIIIe siècle que vers les dernières péripéties du Web. Ainsi me suis-je trouvé davantage dans la situation traditionnelle de l'écrivain, entre étude solitaire et séances de frappe dans les cafés Starbucks, à la grâce de Dieu.

Quand je n'étais pas en train d'écrire, je voyageais, je discutais du gratuit avec les uns et les autres. L'idée qu'une énorme économie mondiale pouvait se créer autour d'un prix de base nul fascinait invariablement, mais je constatais que, s'il y avait un facteur commun, c'est que presque tout le monde avait des doutes. Au risque de généralisation générationnelle, disons que les sceptiques se répartissaient grosso modo en deux camps : les plus de 30 ans et les plus jeunes. Les critiques les plus âgés, élevés dans la gratuité du XXe siècle, étaient tout de suite soupçonneux : bien sûr, rien n'est vraiment gratuit, tout le monde paie tôt ou tard. Non seulement cela n'a rien de neuf, mais c'est la plus ancienne astuce du marketing. Quand on entend le mot « gratuit », on sort son portefeuille.

Les plus jeunes réagissaient différemment : « Bof ! » Ils appartiennent à la génération Google, élevée en ligne dans une idée simple : tout ce qui est numérique est gratuit. Ils ont intégré la subtile dynamique commerciale du coût marginal quasi nul, de la même manière que nous avons intégré la mécanique newtonienne en apprenant à attraper une balle. Le fait qu'une économie mondiale soit en train de naître autour du prix zéro leur semblait si évident que ce n'était même pas la peine d'en parler.

Ainsi ai-je compris que je tenais un sujet de livre idéal. Un thème capable de partager les critiques à égalité entre deux camps opposés – « complètement faux » et « tellement évident » – ne saurait être mauvais. J'espère que les lecteurs de ce livre, même s'ils se trouvent dans l'un des deux camps au départ, ne seront dans aucun des deux à l'arrivée. Le gratuit n'est pas nouveau, mais il est en train de changer. Et il le fait d'une manière qui nous oblige à reconsidérer certaines de nos conceptions de base sur le comportement humain et les incitations économiques.

Ceux qui comprennent le nouveau gratuit auront la haute main sur les marchés de demain et bouleverseront ceux d'aujourd'hui – ils le font déjà, d'ailleurs. Ce livre est consacré à ces gens et à ce qu'ils nous enseignent. Il porte sur le passé et l'avenir d'un prix radical.

NAISSANCE DU GRATUIT

La gélatine, inutile de le nier, est issue de la chair et des os. C'est cette substance translucide, glutineuse, qui vient à la surface quand on fait bouillir de la viande. Mais collectez-en suffisamment, purifiez-la, ajoutez-y colorant et arôme, et vous en faites autre chose : de la gelée pour dessert, ou jelly. Une poudre en boîte bien propre, loin de la moelle et des tissus conjonctifs qu'elle a été naguère dans un abattoir.

De nos jours, on ne se demande pas d'où vient la *jelly* mais, vers la fin du XIXe siècle, pour pouvoir poser cette gourmandise tremblotante sur la table du dîner, il fallait retrousser ses manches, mettre des déchets dans une cocotte et les faire chauffer pendant une demi-journée avant d'obtenir le collagène hydrolysé. Un jour de 1895, Pearle Wait, un charpentier accessoirement fabricant d'emballages pour médicaments à LeRoy, une ville de l'État de New York, posa devant lui un bol de cette substance. Il voulait se lancer dans l'industrie des aliments semi-transformés, activité nouvelle à l'époque, et se disait qu'il tenait peut-être le bon produit, si seulement il parvenait à le rendre plus « sexy ». Même si les fabricants de colle en produisaient depuis des décennies, en sous-produit de leurs bouillons animaux, la gélatine n'avait pas encore la faveur des consommateurs américains. Et pour cause : c'était beaucoup de travail pour pas grand-chose.

« Comment répandre l'usage de la gélatine ? », se demandait Wait. Ceux qui avaient déjà essayé de vendre de la gélatine en poudre emballée, en particulier l'inventeur du procédé, Peter Cooper (par ailleurs fondateur de l'université privée Cooper Union), l'avaient laissée brute et non aromatisée. À leurs yeux, c'était la forme la plus souple, les cuisiniers pouvant l'utiliser à leur guise. Wait se dit que la gélatine se vendrait peut-être mieux si elle était préaromatisée ; il la mélangea avec des jus de fruits, du sucre et des colorants alimentaires. La couleur et la saveur des fruits – orange, citron, framboise, fraise – faisaient de la *jelly* une substance à l'aspect, à l'odeur et au goût attirants. Colorée, légère et ludique, cette gourmandise était capable d'ajouter une touche de plaisir tremblotant et translucide à la plupart des repas. Pour faire oublier encore plus son origine bouchère, Mme Wait, May, la rebaptisa « Jell-O ». Ils la mirent en boîte pour la vendre.

Mais elle ne se vendit pas. La Jell-O était un aliment trop étranger et une marque trop inconnue pour les consommateurs de l'époque. Les traditions culinaires reposaient encore sur les recettes victoriennes, dans lesquelles tout aliment avait une place déterminée. Cette nouvelle gelée était-elle un ingrédient pour salade ou un dessert ?

Pendant deux ans, Wait tenta sans grand succès de susciter un intérêt pour sa Jell-O. Finalement, en 1899, il jeta l'éponge et vendit la marque – le nom, la présentation, etc. – à un homme d'affaires local, Orator Frank Woodward. Il en tira 450 dollars.

Naturellement doué pour la vente, Woodward s'était installé au bon endroit. À l'époque, LeRoy grouillait de colporteurs attirés par ses nombreux fabricants de médicaments. Woodward vendait toutes sortes de remèdes miracles et se débrouillait bien également avec le plâtre de Paris. Il commercialisait des cibles de tir moulées et avait inventé un nid pour poussins, en plâtre chargé de poudre antipoux.

Pourtant, Genesee Pure Food Company, l'entreprise de Woodward, eut elle aussi du mal à trouver un marché pour la gélatine en poudre. C'était une catégorie de produits nouvelle, sous une marque inconnue, à une époque où presque tous les produits se vendaient au comptoir, ce qui obligeait les clients à les demander par leur nom. La Jell-O était fabriquée non loin de là, dans une usine dirigée par Andrew Samuel Nico. Les ventes du nouveau produit étaient si lentes et si décourageantes que, un jour de déprime, devant une énorme pile de boîtes invendues, Woodward proposa à Nico de racheter l'entreprise entière pour 35 dollars. Nico refusa.

Le principal problème était que les consommateurs ne comprenaient pas le produit ni ce qu'ils pouvaient en faire. Et si le public ne le demandait pas, les commerçants ne le stockeraient pas. Les fabricants d'autres ingrédients emballés, comme le bicarbonate de soude Arm & Hammer ou la levure Fleischmann's, attachaient souvent des livres de cuisine à leurs emballages. Woodward se dit qu'un guide d'utilisation pourrait aussi favoriser l'apparition d'une demande pour sa Jell-O, mais il aurait fallu que celle-ci se vende pour amorcer la pompe. Or, personne n'en achetait.

En 1902, Woodward et son directeur commercial, William E. Humelbaugh, essayèrent donc quelque chose de nouveau. Pour commencer, ils dessinèrent une annonce de trois pouces de haut insérée dans le *Ladies' Home Journal* pour un budget de 336 dollars. Non sans quelque exagération, elle présentait Jell-O comme « le dessert le plus fameux d'Amérique » avant d'expliquer ses vertus : on peut la servir « en ajoutant simplement de la crème fouettée ou de la crème anglaise. Mais si vous désirez quelque chose qui sorte de l'ordinaire, il existe des centaines d'associations délicieuses, à préparer en un rien de temps. »

Puis, pour illustrer ces multiples associations, Genesee fit imprimer à des dizaines de milliers d'exemplaires une brochure de recettes de Jell-O et chargea ses vendeurs de la distribuer gratuitement aux ménagères.

Ainsi fut habilement contourné le problème numéro un des vendeurs. Dans la plupart des villes, ces derniers, qui sillonnaient le pays dans leurs carrioles, n'avaient le droit de vendre en porte-à-porte qu'à condition de détenir une coûteuse licence de VRP. Les livres de cuisine échappaient à cette contrainte : donner n'était pas vendre. Rien n'interdisait de frapper à une porte pour remettre aux occupants des lieux un livret de recettes gratuit, sans obligation d'achat. Le papier ne coûtait pas cher comparé à la production de la Jell-O. Comme Woodward n'avait pas les moyens de distribuer des échantillons gratuits du produit lui-même, il s'était rabattu sur la meilleure solution de rechange : des informations gratuites, utilisables seulement si le consommateur achetait le produit.

Une fois qu'ils avaient inondé une ville de leurs brochures, les vendeurs allaient voir les commerçants locaux et les avertissaient de l'afflux prochain de consommateurs demandant un nouveau produit appelé Jell-O, qu'il serait sage pour eux d'avoir en stock. Les boîtes de Jell-O empilées à l'arrière des carrioles commencèrent enfin à se vendre.

En 1904, la campagne était devenue un immense succès. Deux ans plus tard, Jell-O passait le cap du million de dollars de chiffre d'affaires annuel. L'entreprise introduisit dans ses annonces un personnage enfantin, la « Jell-O Girl », et les brochures grossirent, devenant des best-sellers du livre de recettes. En quelques années, Genesee imprima 15 millions de livres de cuisine gratuits et l'on estime que, dans ses vingt-cinq premières années, l'entreprise en a distribué un quart de milliard au porte-à-porte dans tout le pays. Des artistes de renom comme Norman Rockwell, Linn Ball ou Angus MacDonald les ont illustrés brillamment. Jell-O était désormais présente dans toutes les cuisines américaines et connue de tous.

Ainsi naquit l'un des plus puissants outils de marketing du XXe siècle : donner une chose afin de susciter une demande pour une autre. Woodward avait compris le pouvoir extraordinaire du mot « gratuit », qui réactive la psychologie du consommateur, crée de nouveaux marchés, en détruit d'anciens et rend plus attirant n'importe quel produit ou presque. Il avait aussi découvert que « gratuit » ne signifie pas « sans profit ». Cela signifie juste que le chemin du produit au profit est indirect, ce que le commerce de détail allait bientôt codifier dans le concept du « produit d'appel ».

King Gillette

Le plus fameux exemple de cette nouvelle méthode de marketing allait bientôt germer, quelques centaines de kilomètres plus au nord, à Boston. À 40 ans, King Gillette, inventeur frustré en même temps qu'anticapitaliste amer, vendait des bouchons en liège. Malgré ses idées, son énergie et la fortune de ses parents, le travail ne l'avait pas mené bien loin. Il incriminait le marché et la concurrence. Dans un livre publié en 1894, *The Human Drift* (« le courant humain »), il avait d'ailleurs expliqué que toute l'industrie devrait être confiée à une unique entreprise, propriété du public, tandis que des millions d'Américains seraient regroupés dans une ville géante appelée Metropolis, alimentée en énergie par les chutes du Niagara. Cependant, son patron fabricant de bouchons lui avait donné un conseil : invente quelque chose que les gens jetteront après utilisation.

Un jour qu'il se rasait avec son rasoir de barbier si usé qu'il n'aurait pas supporté un aiguisage supplémentaire, une idée lui vint. La lame ne pourrait-elle être formée d'une mince bande de métal ? Au lieu de perdre du temps à l'affiler, il suffirait de s'en débarrasser quand elle serait émoussée. Au bout de quelques années d'expérimentation métallurgique, le rasoir de sûreté à lame jetable vit le jour. Le succès ne fut pas immédiat. Au cours de sa première année de mise en vente, en 1903, Gillette vendit au total 51 rasoirs et 168 lames. Dans les deux décennies suivantes, il essaya tous les trucs de marketing qui lui vinrent à l'esprit. Il imprima son portrait sur l'emballage, ce qui le rendit légendaire en même temps que fictif aux yeux de certains. Il vendit des millions de rasoirs à l'armée avec un sérieux rabais, dans l'espoir que les soldats conserveraient en temps de paix les habitudes acquises sous les drapeaux. Il vendit des stocks de rasoirs à des banques qui les donneraient en cadeau lors de l'ouverture de nouveaux comptes (campagnes « *shave and save* », « rasez-vous et faites des économies »). Les rasoirs furent attachés à toutes sortes de choses, des gommes à mâcher Wrigley's jusqu'aux paquets de thé, de café ou d'épices, en passant par les marshmallows.

C'était bon pour la vente de ces produits, mais plus encore pour Gillette. En vendant peu cher des rasoirs, inutiles pris isolément, à des partenaires qui les distribueraient en cadeau, il créait une demande pour ses lames jetables. Exactement comme avec la Jell-O (les rasoirs jouant ici le rôle des livres de cuisine et les lames celui de la gélatine), mais avec un lien encore plus étroit. Le consommateur séduit par les lames jetables resterait client quotidien à vie.

Fait intéressant, l'idée que Gillette lui-même donnait ses rasoirs relève de la légende. Les seuls exemples avérés datent du lancement du Trak II dans les années 1970 ; une version bon marché du rasoir était alors donnée avec une lame non remplaçable. D'habitude, Gillette vendait les rasoirs avec une faible marge à des partenaires tels que des banques qui, en général, les donnaient à titre promotionnel. Ses vrais profits venaient de ses marges élevées sur les lames.

Quelques milliards de lames plus tard, ce modèle économique est devenu celui d'industries entières : donner le téléphone portable et vendre le forfait mensuel, casser les prix de la console et vendre des jeux, installer gracieusement de belles machines à café dans les bureaux et vendre cher les doses de café.

À partir de ces expériences conduites au début du XXe siècle, la révolution marchande déclenchée par le gratuit a influencé les cent années suivantes. L'essor des agences de publicité et l'arrivée du supermarché ont fait de la psychologie une science et du gratuit un outil de choix. La radio et la télévision diffusées gratuitement, que quiconque pouvait capter sans rien payer, ont fait naître le marché de masse. « Gratuit » était devenu le cri de ralliement de l'homme de marketing moderne, et le consommateur ne manquait jamais d'y réagir.

Le gratuit au XXIe siècle

En ce début du XXIe siècle, nous sommes en train d'inventer une nouvelle forme du gratuit, qui imprégnera tout aussi profondément l'époque à venir. Cette nouvelle forme n'est pas un artifice, un truc pour faire passer l'argent d'une poche à une autre. Elle repose en fait sur une aptitude nouvelle et extraordinaire à abaisser le coût des biens et services aux environs de zéro. Alors que le gratuit du siècle dernier était une méthode de marketing puissante, ce gratuit-là est un modèle économique entièrement nouveau.

Cette nouvelle forme de gratuit repose sur l'économie des bits et non des atomes. Particularité de l'ère numérique, dès lors qu'une chose devient du logiciel, elle devient inévitablement gratuite – dans son coût en tout cas, et souvent dans son prix. (Imaginez que le prix de l'acier soit tombé si près de zéro que King Gillette ait pu donner aussi bien le rasoir que les lames et gagner de l'argent sur quelque chose d'entièrement différent – la crème à raser ?) Ainsi est en train de naître une économie pesant des milliards de dollars – la première de l'histoire – où le prix de référence est zéro.

Dans l'économie des atomes, c'est-à-dire l'essentiel des objets qui nous entourent, les choses tendent à coûter de plus en plus cher. Mais dans l'économie des bits, c'est-à-dire le monde en ligne, elles deviennent meilleur marché. L'économie des atomes est inflationniste, celle des bits est déflationniste.

L'économie du XXe siècle était principalement faite d'atomes. Celle du XXIe siècle sera également faite de bits. Tout ce qui est gratuit dans l'économie des atomes doit être payé par autre chose, c'est pourquoi le gratuit traditionnel paraît si souvent destiné à appâter le chaland : c'est vous qui payez, d'une manière ou d'une autre.

Mais, dans l'économie des bits, le gratuit peut être *vraiment* gratuit : l'argent disparaît totalement de l'équation. On se méfie à juste titre du gratuit dans l'économie des atomes, on lui fait confiance à juste titre dans l'économie des bits. Intuitivement, les gens comprennent la différence entre les deux économies et les raisons pour lesquelles le gratuit fonctionne si bien en ligne.

Une décennie et demie après le début de la grande expérimentation en ligne, le gratuit s'est imposé et le payant mène à l'obscurité. En 2007, le *New York Times* en ligne est devenu gratuit, tout comme une grande partie du *Wall Street Journal* ; son modèle hybride intelligent a rendu les articles gratuits pour ceux qui veulent les diffuser en ligne, dans des blogs ou autres médias sociaux. Les musiciens, de Radiohead à Nine Inch Nails, mettent couramment leur musique en ligne gratuitement, conscients qu'ils touchent ainsi plus de gens et créent plus de fans, dont certains viendront voir leurs concerts et même – ça alors ! – achèteront des versions haut de gamme de leur musique. Les pans de l'industrie des jeux qui croissent le plus vite sont les petits jeux financés par la publicité et les jeux en ligne massivement multijoueurs à participation gratuite.

L'essor de l'économie de gratuité, ou *freeconomics*, est alimenté par les technologies de l'ère numérique. Selon la loi de Moore, le prix d'une unité de puissance de traitement informatique diminue de moitié tous les deux ans ; le prix de la bande passante et du stockage chute encore plus vite. L'Internet associe les trois, en renforçant la baisse des prix grâce à un trio technologique : processeurs, bande passante et stockage. Résultat : le taux de déflation net du monde en ligne approche les 50 %, ce qui revient à dire que le coût pour YouTube de la diffusion d'une vidéo en lecture continue, quel qu'il soit, aura baissé de moitié dans un an. Les courbes du coût des activités en ligne vont toutes dans le même sens : vers zéro. Les prix en ligne, on n'en sera pas étonné, en font autant.

George Gilder, auteur de *Microcosm* [1] (1990), premier livre à explorer l'économie des bits, replace cette évolution dans son contexte historique :

> Dans toute révolution industrielle, le coût d'un facteur de production essentiel baisse de manière spectaculaire. Par rapport au coût précédemment nécessaire pour assurer la même fonction, le nouveau facteur devient virtuellement gratuit. La révolution industrielle a rendu la force physique pratiquement gratuite par comparaison à la force musculaire animale ou humaine. Tout à coup, on a pu faire des choses qu'on ne pouvait se permettre auparavant. On a pu faire fonctionner les usines vingt-quatre heures sur vingt-quatre pour débiter des produits à un rythme inconcevable auparavant.

Aujourd'hui, les modèles économiques les plus intéressants sont ceux qui trouvent comment faire de l'argent autour du gratuit. Tôt ou tard, toute entreprise devra trouver comment utiliser le gratuit ou lui faire face, d'une manière ou d'une autre. Ce livre cherche à savoir comment.

Nous commencerons par nous pencher sur l'histoire du gratuit en nous demandant pourquoi il pèse tant sur nos choix. Puis nous verrons comment l'économie numérique a révolutionné le gratuit, transformant une astuce de marketing en force économique, et quels nouveaux modèles économiques elle rend possibles. Enfin,

---

1. Pour la traduction française : *Microcosme. La révolution quantique dans l'économie et la technologie*, InterÉditions, Paris, 1994. (NdT)

nous plongerons dans les principes qui sous-tendent l'économie du gratuit : comment fonctionne-t-elle, où fonctionne-t-elle et pourquoi est-elle si souvent crainte et méconnue ? Mais, pour commencer, que signifie vraiment « gratuit » ?

1

QU'EST-CE QUE LE GRATUIT ?

1

B.A.-BA DU GRATUIT

Cours élémentaire sur un mot mal compris

« Gratuit » peut vouloir dire bien des choses et son sens a évolué au cours des années. Le mot suscite le doute et possède pourtant un pouvoir d'attraction incomparable. Rarement aussi simple qu'il le paraît, il représente néanmoins la transaction la plus naturelle de toutes. Si une économie est en train de naître autour de la gratuité, il faudrait d'abord comprendre ce qu'elle est et comment elle fonctionne.

Commençons par la définition. En anglais, *free* signifie deux choses à la fois : « libre » et « gratuit ». Du point de vue du marketing, cela présente des avantages : la connotation favorable du premier mot fait qu'on se méfie moins des astuces commerciales du second. Mais c'est aussi une source d'ambiguïté. C'est pourquoi les anglophones utilisent parfois le mot *gratis* pour souligner qu'une chose est vraiment gratuite.

Dans les langues latines comme le français, l'espagnol ou l'italien, le doute n'est pas permis, puisqu'on utilise deux mots, l'un issu du latin *liber* (liberté), l'autre du latin *gratis* (contraction de *gratiis,* « contre remerciements », donc « sans récompense », ou à prix zéro). En espagnol, par exemple, *libre* est une bonne chose (liberté de parole, etc.), tandis que *gratis* est souvent soupçonné d'être une astuce commerciale.

Dans le monde des logiciels en *open source*, à la fois libres (l'utilisation et la réutilisation sont encouragées) et gratuits (pas de prix facturé), les anglophones distinguent souvent les deux sens du mot *free* à l'aide de cette double assonance : « *free as in beer vs. free as in speech* » (« gratuit comme une bière *vs.* libre comme la parole »). Inévitablement, de petits malins trouvent amusant de recréer l'ambiguïté en diffusant une recette de bière sous une licence ouverte… et en faisant payer la boisson lors des conférences d'informaticiens. Ah ! les technomaniaques !

Pourquoi l'anglais s'est-il retrouvé avec un seul mot, et pourquoi ce mot est-il *free* ? Curieusement, sa racine en vieil anglais est identique à celle du mot *friend* (ami). Selon l'étymologiste Douglas Harper :

> [Tous deux viennent] du vieil anglais *freon*, *freogan* « libérer, aimer ». Le sens premier semble avoir été « aimé, ami, aimer » ; ce qui dans certaines langues (notamment germaniques et celtiques) connotait aussi la « liberté », peut-être parce que le mot « aimé » ou « ami » s'appliquait aux membres libres du clan (par opposition aux esclaves).
>
> Le sens de « donné sans coût » date de 1585 et vient de la notion de « libre de coût ».

Ainsi, le mot anglais désignant la gratuité vient-il de la notion sociale de liberté, à la fois par rapport à l'esclavage et par rapport au coût.

Un million de sortes de gratuit

Même dans son sens commercial, le mot « gratuit » a de nombreuses significations – et de nombreux modèles économiques. Quelquefois, le « gratuit » n'est pas vraiment gratuit. « Un acheté, un gratuit » n'est qu'une autre façon de dire : 50 % de réduction si vous en achetez deux. « Cadeau gratuit à l'intérieur » signifie en réalité que le coût du cadeau est inclus dans celui du produit complet. « Port gratuit » veut dire en général que les frais d'envoi ont été intégrés au prix du produit.

Bien entendu, ce qui est gratuit l'est parfois vraiment, mais cela ne constitue pas réellement un modèle économique nouveau : un « échantillon gratuit » est du marketing simple, destiné à la fois à faire connaître un produit et à déclencher un léger sentiment de dette morale qui pourrait vous inciter à acheter l'article au prix normal. Un « essai gratuit » peut être gratuit pour une durée limitée et l'on a parfois du mal à en sortir avant qu'il ne devienne payant. Et le « gonflage gratuit » d'une station-service est ce que les économistes appellent un bien « complémentaire » – un produit gratuit (le gonflage des pneumatiques en libre-service) censé renforcer l'intérêt que le consommateur porte à un produit payant (tout le reste de ce qui est proposé par la station-service, du paquet de chewing-gum au carburant).

Vient ensuite l'univers des médias financés par la publicité, depuis la radio et la télévision jusqu'à la plus grande partie du Web. Les contenus gratuits financés par la publicité obéissent à un modèle économique qui remonte à plus d'un siècle : une tierce partie (les annonceurs) paie pour qu'une deuxième partie (le consommateur) dispose des contenus gratuitement.

Enfin, il arrive que le gratuit soit vraiment gratuit et représente un nouveau modèle. Cela se passe pour l'essentiel en ligne, où règne l'économie numérique, avec ses coûts marginaux proches de zéro. Flickr, le service de partage de photos, est en réalité gratuit pour la plupart

COMMENT UN VOYAGE AÉRIEN PEUT-IL ÊTRE GRATUIT ?

Chaque année, environ 1,3 million de passagers font le trajet de Londres à Barcelone en avion. Le billet ne coûte que 20 dollars (10 livres) chez Ryanair, la compagnie aérienne *low cost* de Dublin. D'autres vols sont tout aussi bon marché et le directeur général de Ryanair dit qu'il espère offrir un jour gratuitement tous ses billets (peut-être en compensant par des jeux aériens, en transformant ses avions en casinos volants). Comment un vol trans-manche peut-il coûter moins cher que de rentrer à votre hôtel en taxi ?

Transporter un passager de Londres à Barcelone coûte 70 dollars à Ryanair. Voici comment la compagnie récupère sa mise :

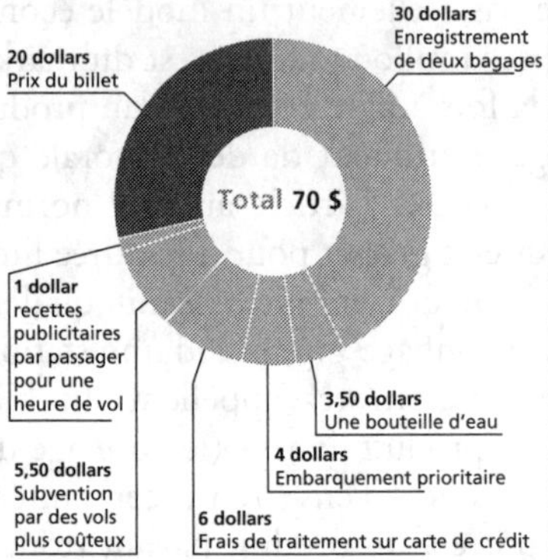

▸ **Réduire les coûts.**
L'embarquement et le débarquement des passagers de Ryanair se déroulent sur le tarmac pour économiser sur les frais de terminal. La compagnie négocie aussi des redevances moins élevées auprès d'aéroports secondaires désireux d'attirer du trafic.

▸ **Accroître les recettes de poche.**
Ryanair fait payer les repas et boissons dans les avions, l'embarquement prioritaire, l'enregistrement des bagages et les bébés accompagnant des adultes, prélève une commission sur les locations de voiture et les réservations hôtelières effectuées via son site web, facture aux annonceurs la publicité à bord, impose une commission de traitement des cartes de crédit pour les achats de billets.

▸ **Compenser les pertes par des tarifs plus élevés.**
Les jours d'affluence, le même vol peut coûter plus de 100 dollars.

de ses utilisateurs (il ne fait même pas appel à la publicité). De la même manière, la plus grande partie de ce que Google propose est gratuit et sans publicité ou utilise d'une nouvelle manière le modèle publicitaire des médias, appliqué cette fois aux logiciels et services (comme Gmail), non aux contenus. Puis vient l'étonnante « économie du don » de Wikipédia et de la blogosphère, tirée par des incitations non monétaires : réputation, attention, expression, etc.

On peut répartir l'ensemble en quatre grands types de gratuit, deux anciens mais évolutifs, deux issus de l'économie numérique. Avant d'y venir, prenons un peu de recul et observons que toutes les formes de gratuit se ramènent à des variantes d'un même phénomène : un transfert d'argent de produit à produit, de personne à personne, de maintenant à plus tard ou de marché commercial à marché sans but lucratif et inversement. Les économistes parlent alors de « subventions croisées ».

Le monde est fait de subventions croisées.

Les subventions croisées sont l'essence de la célèbre formule américaine : « *there's no such thing as a free lunch* » (« un repas gratuit, ça n'existe pas »). Autrement dit, d'une manière ou d'une autre, la nourriture doit être payée, que ce soit par vous ou par quelqu'un d'autre qui y trouve son intérêt.

Quelquefois, on paie les produits indirectement. Le journal gratuit que vous lisez est financé par la publicité, qui fait partie du budget de marketing du commerçant, qui est inclus dans sa marge, que vous (ou quelqu'un de votre entourage) paierez en fin de compte sous forme d'augmentation du prix des marchandises. Vous payez aussi sous forme d'une partie de votre temps et, dans la mesure où l'on vous voit lisant le journal, de votre réputation. Le parking gratuit du supermarché est financé par la marge sur les produits et les échantillons gratuits sont subventionnés par ceux qui achètent les versions payantes.

Dans l'économie du don (voir page 41), les subventions croisées sont plus subtiles. Les blogs sont gratuits et d'ordinaire ne comportent pas de publicité, mais cela ne veut pas dire qu'il n'y a pas d'échange de valeur chaque fois que vous les visitez. En échange des contenus gratuits, l'attention que vous accordez à un blogueur, que ce soit par une visite ou un lien, renforce sa réputation. Cette réputation pourra lui servir à trouver un meilleur

COMMENT UN ENREGISTREUR NUMÉRIQUE PEUT-IL ÊTRE « GRATUIT » ?

Les opérateurs téléphoniques vendent des communications, les sociétés d'électronique vendent des gadgets. Mais le géant du câble Comcast est présent dans ces deux métiers et bien d'autres. Il a ainsi une marge de manœuvre pour pratiquer des subventions croisées entre ses produits, rendant une chose gratuite afin d'en vendre une autre. À cet effet, Comcast a donné des enregistreurs vidéo numériques (DVR) à environ 9 millions d'abonnés. Comment peut-il récupérer tout cet argent ?

Comcast récupère le coût de ses DVR en 18 mois :

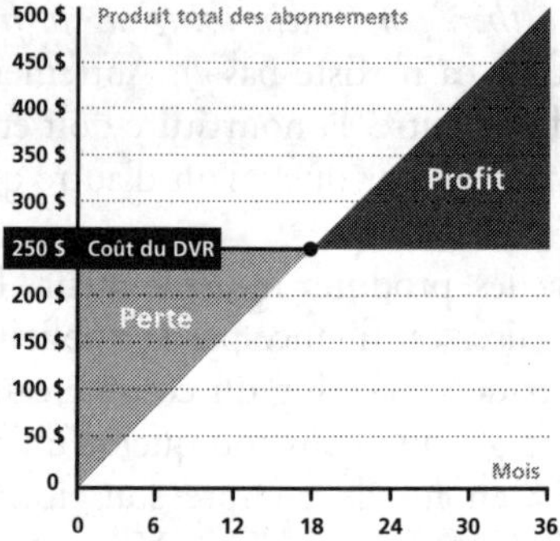

▸ **Ajouter des frais discrets.** Comcast facture 20 dollars de frais d'installation à tout nouveau client équipé d'un DVR.

▸ **Facturer un abonnement mensuel.** Les clients de Comcast paient 14 dollars par mois pour utiliser le boîtier DVR. Même si Comcast les a payés 250 dollars pièce – estimation très haute –, ses DVR couvrent leur prix en 18 mois.

▸ **Vendre d'autres services au passage.** Comcast espère séduire des clients avec ses DVR gratuits, puis les intéresser à des services comme l'Internet à haut débit (43 dollars par mois pour 8 Mbps) et la téléphonie numérique (40 dollars par mois). Cela sans compter les films à la demande, qui peuvent coûter 5 dollars l'un.

Sources : Comcast, Forrester Research.

emploi, à renforcer son réseau ou à trouver de nouveaux clients. Ce crédit de réputation peut parfois se transformer en argent, mais il est difficile de dire à l'avance par quel chemin : celui-ci est chaque fois différent.

Les subventions croisées peuvent fonctionner de plusieurs manières :

- **Les produits payants subventionnent les produits gratuits.** Les produits d'appel sont chose courante dans les affaires, du pop-corn qui subventionne le billet de cinéma déficitaire à la bouteille de vin chère qui subventionne un menu à petit prix au restaurant. Le gratuit en fait un peu plus, les articles n'étant pas seulement vendus pour une fraction de leur coût, mais entièrement donnés. Il peut s'agir d'un « truc » comme le « cadeau gratuit à l'intérieur » ou d'une pratique courante comme les échantillons gratuits. Cette forme de gratuité est ancienne, familière et forme un modèle économique relativement simple ; inutile de s'y attarder ici.

• **Paiement ultérieur, gratuit subventionné tout de suite.** Le téléphone portable gratuit moyennant un engagement de deux ans est un exemple classique de subvention étalée dans le temps. Le service téléphonique donne simplement lieu à une rente et non à un revenu perçu au point de vente. Dans ce cas, votre moi futur subventionne votre moi présent. L'opérateur espère qu'au lieu de penser à l'abonnement que vous lui verserez chaque année, vous serez séduit par l'appareil gratuit que vous obtenez aujourd'hui.

• **Ceux qui paient subventionnent ceux qui bénéficient de la gratuité.** Des boîtes de nuit payantes pour les hommes et gratuites pour les femmes jusqu'aux établissements « gratuits pour les enfants » en passant par les fiscalités progressives dans lesquelles les riches paient plus pour que les moins riches paient moins (voire rien du tout), la tactique consistant à segmenter les marchés en groupes distingués par leur disposition ou leur aptitude à payer forme un volet classique de la théorie des prix. Le gratuit pousse le raisonnement à l'extrême en l'étendant à une catégorie de consommateurs qui obtiendront le produit ou service sans bourse délier. On espère alors qu'ils attireront (dans le cas des femmes) les consommateurs payants ou les amèneront avec eux (dans le cas des enfants), ou qu'une certaine fraction des consommateurs gratuits deviendront des consommateurs payants. Dans les somptueux casinos de Las Vegas, on bénéficie du spectacle « à l'œil » ; en échange, leurs exploitants escomptent que certains visiteurs s'arrêteront pour jouer ou faire un achat (dans l'idéal, les deux).

Dans le vaste monde des subventions croisées, les modèles de gratuité relèvent en général de quatre catégories principales :

GRATUIT 1. SUBVENTIONS CROISÉES DIRECTES

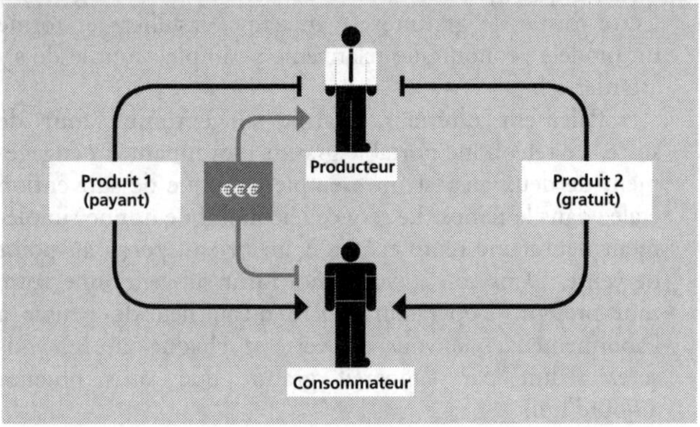

Gratuit n° 1 : subventions croisées directes

Ce qui est gratuit : tout produit qui vous amène à payer pour autre chose.

Gratuit pour qui : pour quiconque est disposé à payer au bout du compte, d'une manière ou d'une autre.

Quand Wal-Mart propose une promotion « un acheté, un gratuit » sur des DVD, ces derniers sont des produits d'appel. Le distributeur propose le DVD au-dessous de son coût pour vous attirer dans son magasin, où il espère vous vendre une machine à laver ou un plein chariot d'autres marchandises, sur lesquels il fait un profit. Dans tout ensemble de produits et services, depuis les comptes en banque jusqu'aux forfaits de téléphonie mobile, le prix de chaque composant individuel est souvent déterminé par la psychologie, non par le coût. Votre opérateur de téléphonie mobile ne gagne peut-être pas d'argent sur votre forfait mensuel – il veille à ce qu'il ne soit pas trop cher, car il sait que c'est la première chose que vous regardez quand vous choisissez un opérateur –, mais ce qu'il vous facture pour votre messagerie vocale est du pur profit. Les entreprises composent des portefeuilles de produits et fixent le prix de certains de ceux-ci à zéro (ou pas loin) pour rendre plus attirants les autres, sur lesquels elles gagnent bien leur vie.

De plus en plus d'industries pratiquent ainsi les subventions à la façon de King Gillette. Grâce à la technologie, les entreprises peuvent définir plus largement leurs marchés, elles ont plus de latitude pour donner certains de leurs produits ou services afin d'en promouvoir d'autres. Ryanair, par exemple, a bousculé son industrie en se définissant davantage comme une agence de voyages à services complets que comme un vendeur de sièges d'avions (voir l'encadré de la page 32). Votre carte de crédit est gratuite parce que la banque est rémunérée par la commission qu'elle impose aux détaillants chez lesquels vous faites vos courses. Lesquels, à leur tour, la répercutent sur vous (bien entendu, si vous ne payez pas la totalité de la facture en fin de mois, la banque gagne encore plus d'argent en vous faisant payer des intérêts).

Gratuit n° 2 : le marché tripartite

Ce qui est gratuit : contenus, services, logiciels, etc.

Gratuit pour qui : tout le monde.

La plus courante des économies bâties autour du gratuit est le système tripartite. Ici, une tierce partie paie pour participer à un marché résultant d'un échange gratuit entre deux autres parties. Ce système vous paraît compliqué ? Pourtant, vous le rencontrez chaque jour. Presque toute la presse en dépend.

GRATUIT 2. MARCHÉ TRIPARTITE

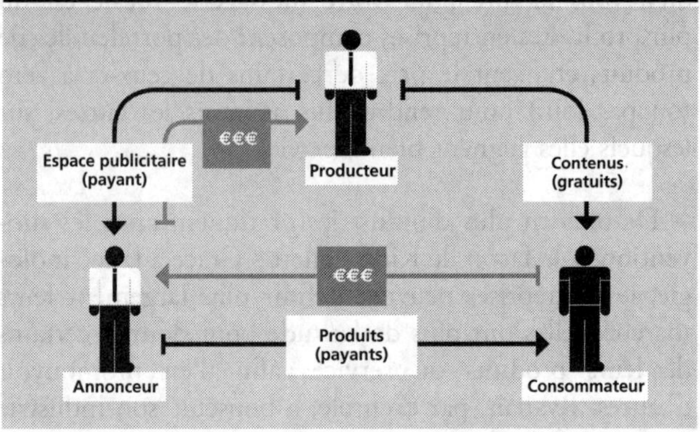

Dans le modèle traditionnel des médias, un éditeur fournit un produit gratuitement (ou presque) aux consommateurs et les annonceurs paient pour y être présents. Encore une fois, la radio est diffusée gratuitement, comme la plus grande partie des émissions de télévision. De la même manière, les éditeurs de journaux et de magazines ne font payer à leurs lecteurs qu'une petite partie du coût réel de la création, de l'impression et de la distribution de leurs produits. Ils ne vendent pas tant des journaux et des magazines à des lecteurs que des lecteurs à des annonceurs. C'est un marché à trois bandes.

En un sens, le Web représente l'extension du modèle économique des médias à toutes sortes d'industries. L'idée n'est pas simplement que la publicité paiera tout. Les entreprises d'édition ont des dizaines de moyens pour gagner de l'argent autour de contenus gratuits, depuis la vente d'informations sur les consommateurs à la cession de licences sur leur marque, aux abonnements

« à valeur ajoutée » ou au commerce en ligne direct (on trouvera une liste plus complète au chapitre 9). De nos jours, un écosystème d'entreprises entier se développe sur le Web autour de la même série de modèles.

À propos de ces modèles, les économistes parlent de « marchés bifaces », car deux groupes d'utilisateurs se soutiennent l'un l'autre, en synergie : les annonceurs paient pour que les médias touchent les consommateurs, qui réciproquement feront vivre les annonceurs. En fin de compte, ce sont les consommateurs qui paient, mais indirectement, par le biais du prix des produits, plus élevé puisqu'il inclut des frais de marketing. Cela vaut aussi pour d'autres marchés que celui des médias, comme les cartes de crédit (la gratuité des cartes conduit à plus de dépenses chez les commerçants et donc plus de commissions pour la banque émettrice), les outils pour système d'exploitation donnés gratuitement aux développeurs d'applications logicielles afin d'attirer un public plus vaste vers le système, etc. Dans tous les cas, les coûts sont suffisamment morcelés et/ou cachés pour que les biens primaires paraissent gratuits aux yeux des consommateurs.

Gratuit n° 3 : « freemium »

Ce qui est gratuit : tout ce qui va avec une version payante à prix plus élevé.

Gratuit pour qui : les utilisateurs de base.

Le terme *freemium*, forgé par le capital-risqueur Fred Wilson à partir des mots « free » (« gratuit ») et « premium » (« supérieur »), désigne l'un des modèles économiques les plus courants du Web. Le *freemium* peut prendre différentes formes : différentes couches de contenus allant du gratuit au cher, ou version « pro »

GRATUIT 3. FREEMIUM

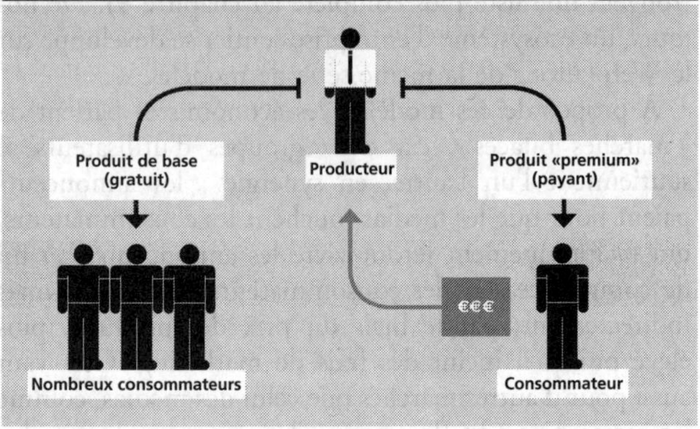

payante de certains sites ou logiciels disposant de fonctions plus étendues que celles de la version gratuite (songez à Flickr et à sa version Flickr Pro à 25 dollars par an).

Là encore, cela paraît familier. N'est-ce pas au fond le modèle de l'échantillon gratuit, celui aussi bien des parfumeries que des prêcheurs en plein air ? Oui, mais avec une différence non négligeable. L'échantillon gratuit traditionnel se présente comme une barre chocolatée remise aux passants ou un paquet de couches adressé par la poste aux nouvelles mamans. Comme ces échantillons ont un vrai coût, les fabricants les distribuent avec parcimonie dans l'espoir d'accrocher les consommateurs et de susciter une demande importante.

Mais, pour les produits numériques, le rapport entre le gratuit et le payant s'inverse. Un site en ligne classique suit la règle des 5 % : cinq pour cent des utilisateurs financent tous les autres. Dans le modèle du *freemium*, cela signifie que, pour chaque utilisateur qui paie la version « premium » du site, dix-neuf autres se contentent de la version gratuite de base. Si cela fonctionne, c'est parce que le coût nécessaire pour servir ces dix-neuf utilisateurs est assez proche de zéro pour être négligeable.

Gratuit nº 4 : marchés non monétaires

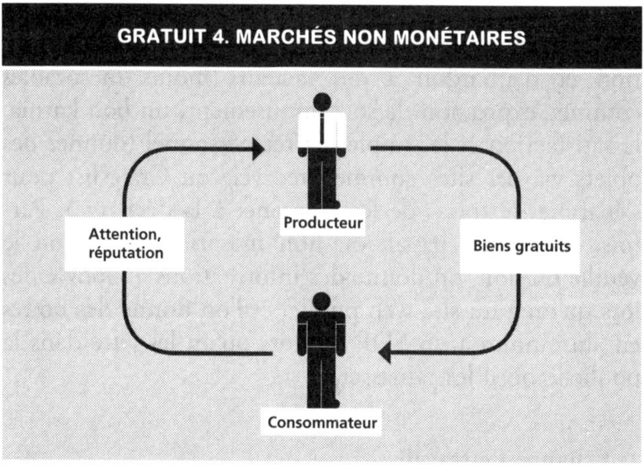

Ce qui est gratuit : tout ce que l'on choisit de donner sans attendre d'en être payé.

Gratuit pour qui : tout le monde.

La gratuité peut ici prendre plusieurs formes : économie du don, échange de travail, piratage.

Économie du don

Des 12 millions d'articles de Wikipédia aux millions de marchandises d'occasion gratuites proposées sur Freecycle (voir encadré page 259), on s'aperçoit que l'argent n'est pas la seule motivation. L'altruisme a toujours existé, mais le Web lui apporte une plate-forme où les actes individuels peuvent avoir un impact international. En un sens, la distribution à coût nul a fait du partage une industrie. Du point de vue de l'économie monétaire, celle-ci paraît entièrement gratuite – certains y voient même une concurrence déloyale –, mais cela en dit plus sur la myopie de nos moyens de mesure de la valeur que sur la valeur même de ce qui est créé.

Ce qui pousse à partager peut aller du désir de réputation et d'attention à des facteurs moins mesurables comme l'expression de soi, l'amusement, un bon karma, la satisfaction et le simple intérêt personnel (donner des objets via des sites comme Freecycle ou Craigslist pour s'épargner le tracas de les emmener à la décharge). Parfois, le don est passif, ou non intentionnel. Qu'on le veuille ou non, on donne des informations à Google dès lors qu'on a un site web public, et l'on donne des boîtes en aluminium à un SDF dès lors qu'on les jette dans la poubelle où il les ramassera.

Échange de travail

Vous pouvez accéder à du porno gratuit en déchiffrant quelques captchas, ces petites fenêtres de texte brouillé qui servent à bloquer les robots spammeurs. Paradoxalement, vous travaillez alors pour les émetteurs de spam : en réalité, ils font appel à vos capacités humaines de reconnaissance de forme pour lire des textes issus de quelque autre site qui les intéresse. Quand vous leur aurez dit ce que contiennent les captchas, ils pourront accéder à ce site, ce qui a plus de valeur pour eux que la bande passante que vous allez consommer en regardant leurs images coquines. Pour eux, le système fonctionne comme une boîte noire : ils y déposent des captchas brouillés et ils en retirent du texte en clair. Mais cette boîte contient en fait le travail gratuit et non intentionnel de milliers de personnes. De même pour les commentaires sur des sites comme Digg, les suffrages sur Yahoo ! Answers ou l'utilisation du service 411 de Google (voir encadré page 168). Chaque fois que vous faites une recherche sur Google, vous aidez ce dernier à améliorer ses algorithmes de ciblage publicitaire. Dans tous ces cas, le fait d'utiliser le service crée quelque chose qui a de la valeur, sous forme d'une amélioration du service lui-même ou d'une information susceptible d'être utile ailleurs. Que vous le sachiez ou non, vous payez le gratuit par votre travail.

Piratage

Cela s'applique le mieux à la musique en ligne. Entre la reproduction numérique et la distribution peer-to-peer, faire circuler de la musique ne coûte presque plus rien. En l'occurrence, le produit est devenu gratuit par simple effet de gravité économique, avec ou sans modèle économique. Cette force est si puissante que les lois, les protections contre les copies, les sermons moralisateurs et toutes les autres barrières antipiratage imaginées par les labels ont échoué (et continuent à échouer). Certains artistes distribuent gratuitement leur musique en ligne pour faire la promotion de leurs concerts, produits dérivés, licences et autres formules payantes. D'autres acceptent simplement que, pour eux, la musique ne soit pas une activité à but lucratif. Ils s'y adonnent pour d'autres raisons, dans un but de distraction ou d'expression créative. Ce qui, bien entendu, a toujours été vrai pour la plupart des musiciens.

Test de la gratuité dans la vie quotidienne

Voyons si cette taxonomie s'accorde avec le genre de gratuit que nous rencontrons tous les jours. Voici peu, en passant devant un kiosque à journaux, j'ai remarqué un titre sur la couverture du magazine *Real Simple* : « *36 Surprising Things You Can Get for Free* » (« 36 choses étonnantes que vous pouvez obtenir gratuitement »). C'est le genre de choses que vous verrez tous les mois chez tous les dépositaires de presse et l'échantillon m'a paru assez représentatif pour tester ce schéma. Le tableau ci-dessous montre la répartition de la première moitié des exemples choisis par *Real Simple*.

Vous noterez que certains exemples comportent des éléments de plusieurs modèles et que d'autres ont des concurrents qui utilisent des modèles relevant de différentes catégories. (Google 411, concurrent de l'annuaire téléphonique 800-Free 411, ne bénéficie pas d'un financement par la publicité.) Quant aux services publics, ils forment une catégorie spéciale de subventions croisées, puisque le lien entre les impôts que vous payez et les services dont vous bénéficiez est indirect et diffus.

Il n'empêche que cette sorte de taxonomie fonctionne assez bien. Aucune classification n'est parfaite et l'on trouvera sans peine des exceptions et des hybrides, mais ce cadre nous sera utile dans les prochains chapitres.

Les trois prix

Ce livre est principalement consacré à deux prix – *quelque chose* et *rien du tout* –, mais on ne peut ignorer l'existence occasionnelle d'un troisième prix : *moins que rien*. Un prix négatif, mais oui ! On vous paie pour utiliser un produit ou service, et non l'inverse.

TEST DU GRATUIT DANS LA VIE QUOTIDIENNE

Exemple de gratuit	Modèle de gratuit
	Gratuit 1 : subvention croisée simple
Cours Apple Store	ils parient que vous achèterez quelque chose
Essais dans les clubs de culture physique	idem
Cours de musique pour enfants	idem
Journée du cornet gratuit chez le glacier Ben & Jerrys	idem
Impression de photos en ligne (échantillons gratuits)	idem
Cours pour petites entreprises (financement public)	vous payez des impôts
Cours de langue de la BBC (podcasts)	subvention croisée si vous êtes britannique et que vous payez des impôts, économie du don sinon
Popularity dialer (faux appels téléphoniques gratuits) 800-Free 411 Courriers électroniques pense-bêtes gratuits	**Gratuit 2 : financé par la publicité**
	Gratuit 3 : «freemium» (versions gratuite et payante)
Skype (appels téléphoniques gratuits)	(version payante utilisable sur portable)
Kids night on Broadway Spectacles gratuits pour les enfants accompagnés)	(les parents paient pour les enfants)
Cours MIT Open (cours gratuits en ligne) Animaux gratuits sur Craigslist Troc Freecycle Musée (financé par subventions et dons) PaperbackSwap.com	**Gratuit 4 : marchés non monétaires**

Le cas est plus fréquent qu'on ne le croirait. Vous le rencontrez en ligne, par exemple, quand Microsoft vous paie pour utiliser son service de recherche, mais le marketing conventionnel y recourt en réalité depuis longtemps. Songez aux remises en caisse et aux offres de remboursement, ainsi qu'aux prix en espèces, aux primes pour grands voyageurs et autres paiements que vous obtenez pour avoir utilisé une carte de crédit ou une carte de fidélité.

Bien entendu, il est rare que ce soit vraiment du moins que rien ; dans la plupart des cas, vous ouvrirez tôt ou tard votre portefeuille. Mais l'intéressant dans ces formules est que, même s'il ne s'agit pas réellement d'argent gratuit, les consommateurs font souvent comme si.

Par exemple, une remise en argent déclenche un mécanisme psychologique qui n'est pas du tout le même que si l'on faisait une économie du même montant. Les études effectuées sur la manière dont les gens utilisent un chèque de 1 000 dollars (ou de tout autre montant) reçu lors de l'achat d'un nouveau camion (ou, encore mieux, pour la démonstration, lors de son financement) montrent qu'ils ont tendance à dépenser cet argent à l'instar d'un gain à la loterie – une manne inespérée –, alors même qu'il n'est rien d'autre qu'un prêt en contrepartie de remboursements futurs. Les bénéficiaires achètent des clubs de golf que normalement leur femme ne leur aurait jamais permis d'acheter, et celle-ci ne s'y oppose pas alors qu'elle sait parfaitement qu'il faudra rembourser au fil du temps exactement comme s'il s'agissait d'un achat effectué avec une carte de crédit.

Dan Ariely donne dans *C'est (vraiment ?) moi qui décide* un excellent exemple de prix négatif. Ce professeur de la Sloan School of Business, l'école de commerce du MIT, dit un jour à ses élèves qu'il allait faire une lecture publique de poésie (*Feuilles d'herbe,* de Walt Whitman), mais qu'il ne savait pas quel devrait être son coût. Il leur distribua un questionnaire, en demandant à la moitié des étudiants s'ils étaient prêts à payer 10 dollars pour assister à sa lecture, et à l'autre moitié s'ils accepteraient d'assister à sa lecture en *étant payés* 10 dollars. Puis ils leur posa à tous la même question : quel devrait être le prix de la lecture de versions courte, moyenne et longue des poèmes ?

La question initiale est ce que l'économie comportementale appelle une « ancre », une référence à partir de laquelle le public se fait une idée du juste prix. L'ancre peut avoir un effet spectaculaire sur le prix payé en fin de compte. En l'espèce, les étudiants à qui l'on avait demandé s'ils paieraient 10 dollars étaient disposés à payer, en moyenne, 1 dollar pour le poème court, 2 dollars pour le poème moyen, 3 dollars pour le poème long.

En revanche, les étudiants qui avaient été ancrés dans l'idée qu'Ariely devrait les payer se sont tenus à cette idée : ils voulaient 1,30 dollar pour écouter la version courte, 2,70 dollars pour la version moyenne et 4,80 dollars pour subir la version longue.

Comme le note Ariely, Mark Twain a illustré cet effet avec l'histoire de Tom Sawyer, qui avait réussi à rendre les autres gamins jaloux de sa corvée – repeindre la clôture – au point, non seulement de s'en charger à sa place, mais même de lui payer ce privilège. Le récit comporte cependant une mise en garde à l'intention de ceux qui paieraient pour faire un travail qui devrait normalement être rémunéré. « On trouve en Angleterre des *gentlemen* riches qui, en été, conduisent chaque jour des calèches à quatre chevaux sur vingt ou trente miles au motif que ce privilège leur coûte des sommes considérables », observait Mark Twain. « Mais si l'on proposait de leur verser un salaire pour ce service, on en ferait un travail et ils démissionneraient. »

Ce sont là autant d'exemples de ce que Derek Sivers, fondateur de CD Baby, appelle des « modèles économiques réversibles ». On en trouve un cas dans le monde réel avec les boîtes de nuit de Los Angeles qui se font payer par les groupes qui s'y produisent au lieu de les rémunérer comme il est habituel de le faire. Ces groupes sont plus assoiffés de notoriété que d'argent et, s'ils sont bons, ils pourront accéder au statut normal.

En Chine, note Sivers, certains médecins sont rémunérés au mois quand leurs clients sont en bonne santé. Si vous êtes malade, à eux la faute : vous ne payez rien ce mois-là. Ils font de leur mieux pour vous maintenir en forme afin de percevoir leurs honoraires.

Un club de gymnastique danois propose un abonnement qui ne vous coûte rien tant que vous y allez au moins une fois par semaine. Mais que vous manquiez une semaine et vous devrez payer plein pot le mois entier. La psychologie de cette formule est remarquable. Si vous fréquentez le club chaque semaine, vous nourrissez une bonne idée de lui et de vous-même. Puis voilà que vous êtes trop occupé et vous manquez une semaine. Vous allez payer, mais vous ne pourrez vous en prendre qu'à vous-même. Loin de ces clubs où l'on paie sans y aller, votre instinct vous pousse non pas à résilier votre abonnement, mais à redoubler d'assiduité.

FreeConferenceCall doit ses revenus aux opérateurs téléphoniques et non aux clients, car il sait quel opérateur chacun de ceux-ci utilise pour l'appeler. Il a négocié un accord visant à générer davantage d'appels à longue distance pour chaque opérateur. Au lieu de payer le prix de ces appels, c'est lui qui facture l'opérateur pour avoir incité les utilisateurs à téléphoner plus.

Dans tous ces cas, une entreprise intelligente a inversé le flux normal de l'argent, soit en fabriquant quelque chose de gratuit, soit en payant soi-même ce que d'autres facturent. Aucune de ces idées ne relève d'une très haute technologie. Il a suffi qu'un entrepreneur envisage la question du prix avec un peu d'imagination.

2

Historique du gratuit

Le zéro, les repas gratuits et les ennemis du capitalisme

Le problème du rien

L'une des raisons pour lesquelles le gratuit est souvent si difficile à saisir est que ce n'est pas une chose, mais une absence de chose. C'est un trou là où il devrait y avoir un prix, un vide à la place du tiroir-caisse. On a tendance à penser en termes de concret et de tangible, or le gratuit est un concept et non quelque chose qu'on peut compter sur ses doigts. Il a fallu des milliers d'années de civilisation rien que pour trouver un chiffre capable de le décrire.

La quantification du néant remonte, comme tant d'autres inventions, aux Babyloniens. Autour de 300 av. J.-C., dans la partie du Croissant fertile qui forme aujourd'hui l'Irak, cette société agricole prospère avait un problème de calcul. Contrairement à ce que vous ou moi pourrions imaginer, ce problème n'était pas dû au fait qu'ils utilisaient un système sexagésimal, basé sur les puissances de soixante et non celles de dix. Aussi bizarre que cela paraisse, tant qu'on peut éviter de compter sur ses doigts et ses orteils, on s'en sort assez bien (après tout, c'est la base du système de temps que nous utilisons).

Non, le problème était ailleurs, dans la représentation des nombres.

Contrairement à la plupart des autres civilisations de l'époque, les Babyloniens n'avaient pas un symbole différent pour chaque nombre. Ils n'utilisaient que deux signes : le « clou » qui représentait 1 et le « chevron » qui représentait 10. Ainsi, selon l'endroit où il était placé, un clou pouvait représenter 1, 60, 3 600 ou un multiple de soixante encore plus élevé. C'était, comme l'écrit Charles Seife dans *Zéro : la biographie d'une idée dangereuse,* « l'équivalent du code informatique à l'âge du bronze ».

Rien de plus sensé dans une civilisation où l'on comptait à l'aide d'un abaque. Avec cet appareil astucieux, additionner des nombres ne demande que de monter ou de descendre des cailloux différents dans des colonnes différentes pour représenter des valeurs différentes. Si l'on a un abaque avec soixante cailloux dans chaque colonne, un système de numération basé sur les puissances de soixante n'est pas plus compliqué que le système décimal.

Mais quand on veut noter un nombre sur un abaque, que faire s'il n'y a aucun caillou dans une colonne ? Le nombre 60 est représenté par un clou dans la colonne des soixantaines et rien dans la colonne des unités. Comment écrire « pas de clou » ? Les Babyloniens avaient besoin, pour occuper le terrain, de quelque chose qui représentât ce rien. Il leur fallait en fait inventer le zéro. Ainsi créèrent-ils un nouveau signe, à valeur nulle, pour signifier qu'une colonne était vide. Ils lui donnèrent l'aspect de deux clous inclinés.

Étant donné l'évidente nécessité d'un tel signe pour écrire des nombres reposant sur des puissances, quelle qu'en soit la base, on pourrait s'imaginer que le zéro est connu depuis l'aube de l'écriture. Pourtant, bien des civilisations avancées ont pu s'épanouir et disparaître sans en ressentir le besoin. Le zéro n'aurait servi à rien dans la numérotation romaine (celle-ci ne comprend pas de colonnes fixes. La valeur d'un chiffre quelconque est déterminée par les chiffres voisins).

Les Grecs, quant à eux, ont explicitement rejeté le zéro. Comme leur système mathématique reposait sur la géométrie, les nombres devaient représenter un espace quelconque – longueur, angle, aire, etc. Un espace nul eût été absurde. L'incarnation même des mathématiques grecques est Pythagore, père du culte pythagoricien et de découvertes aussi déterminantes que la gamme musicale et le nombre d'or (mais pas, paradoxalement, du théorème de Pythagore : on savait déjà calculer le carré de l'hypoténuse d'un triangle rectangle des années avant lui). Les Grecs avaient bien vu que l'arithmétique produit parfois des nombres négatifs, des nombres irrationnels et même des nombres nuls, mais ils les avaient tous rejetés parce qu'ils ne pouvaient être représentés par des formes physiques (bizarrement, le nombre d'or est lui-même un nombre irrationnel, ce qui fut gardé secret aussi longtemps que possible).

Une telle myopie est compréhensible. Là où les nombres ne représentent que des réalités, on n'a pas besoin d'un nombre pour exprimer une absence. C'est un concept abstrait qui n'apparaît que si les mathématiques sont également abstraites. « À propos du zéro, il faut bien dire qu'on n'en a pas l'usage dans la vie quotidienne », écrivait en 1911 le mathématicien britannique Alfred North Whitehead. « Personne ne va faire ses courses pour acheter zéro poisson. C'est en un sens le plus civilisé de tous les [nombres] cardinaux, et nous ne sommes obligés de l'utiliser que pour les besoins de modes de pensée cultivés. »

La tâche revint aux mathématiciens indiens. À la différence des Grecs, note Seife, ils ne voyaient pas des formes dans tous les nombres. Les nombres étaient pour eux des concepts. Le mysticisme oriental incluait à la fois le tangible et l'intangible, à travers la dualité du yin et du yang. Le dieu Shiva était à la fois créateur et destructeur des mondes, or l'un des aspects de la divinité, Nishkala Shiva, était le Shiva « sans partie du corps » – le vide. Le divorce entre les nombres et la réalité physique a conduit les Indiens à inventer l'algèbre. Ils ont alors pu pousser les mathématiques à leur extrémité logique : les nombres négatifs et, au IXe siècle, le zéro. Le mot « zéro » lui-même a d'ailleurs des origines indiennes. Le terme indien pour « zéro » était *sunya,* qui signifie « vide » ; les Arabes l'ont déformé en *sifr.* Des lettrés occidentaux ont latinisé ce mot en *zephirus,* racine de notre zéro.

Le problème du gratuit

En 900 av. J.-C., le néant avait donc un symbole et un cadre algébrique. Mais de là à en faire un système économique… Pourtant, en un sens, celui-ci existait depuis toujours. Le mot « économie » vient du grec ancien oikos (« maison ») et nomos (« coutume » ou « loi »), d'où les « règles de la maison(née) ». Et, à l'intérieur de la maison, la gratuité a toujours été de règle. Dans la plupart des civilisations, même après l'instauration d'économies monétaires, les transactions au jour le jour au sein de groupes sociaux très homogènes, familles comme tribus, n'avaient le plus souvent pas de prix.

À l'intérieur d'une famille, d'un quartier ou même d'un lieu de travail, les biens et services se mesurent encore en générosité, en confiance, en bienveillance, en réputation et en échange équitable. En général, on n'a pas besoin d'argent entre amis.

Mais, pour les transactions entre étrangers, qu'on ne peut mesurer essentiellement en liens sociaux, l'argent fournissait une métrique qui mettait tout le monde d'accord et les paiements se sont substitués au troc. Mais, même ainsi, il y avait une place pour la gratuité un peu partout, du mécénat à la fonction publique.

En même temps que l'État-nation, au XVIIe siècle, est apparue la notion d'impôt progressif, moyen par lequel les riches donnent plus afin que les pauvres paient moins et bénéficient de services gratuits. La création d'institutions publiques destinées à servir le peuple a fait naître un genre spécial de gratuité : vous ne payez pas vous-même les services du gouvernement, c'est la société dans son ensemble qui le fait, et vous ne saurez sans doute jamais ce que vous rapportent directement les impôts que vous avez payés.

La charité est aussi une forme de gratuité, bien entendu, ainsi que les dons communautaires comme l'entraide rurale et les potlatchs, ou festivals de dons des Indiens d'Amérique. L'apparition de la semaine de travail de cinq jours, la fixation par le droit social d'un âge du travail minimum et maximum, le remplacement du travail rural par le travail industriel puis par le travail administratif ont créé le temps libre/temps gratuit (*free time*). Ce qui à son tour a suscité un grand essor du bénévolat (travail gratuit/travail libre), qui perdure aujourd'hui.

Même quand l'économie monétaire est devenue la norme, l'idée qu'on ne doit pas faire payer certaines choses est restée fortement enracinée. Le meilleur exemple en est peut-être celui du prêt à intérêt, historiquement considéré comme un peu abusif, surtout à l'égard des pauvres. Le mot « usure » désigne aujourd'hui un intérêt excessif mais, à l'origine, il s'appliquait en fait à n'importe quel intérêt (un prêt sans intérêt est aujourd'hui considéré comme une forme de cadeau).

L'Église catholique des premiers temps, par exemple, a pris fermement position contre le prêt à intérêt. Le pape Clément V a fait de l'usure une hérésie en 1311.

L'intérêt n'était impur que dans certaines sociétés. Voici ce qu'en dit l'historien Paul Johnson :

> Dans le Proche-Orient de l'Antiquité, la plupart des anciens systèmes religieux et des codes séculiers qui en découlaient n'interdisaient pas l'usure. Pour ces sociétés, la matière inanimée était vivante, comme les plantes, les animaux ou les humains, et capable de s'autoreproduire. Donc, si vous prêtiez de l'« argent nourriture » ou n'importe quelle sorte de bien monétaire, il était légitime de réclamer un intérêt. L'argent nourriture sous forme d'olives, de dattes, de semences ou de bêtes a fait l'objet de prêts dès les environs de 5000 av. J.-C., si ce n'est plus tôt.

Mais quant à faire du profit sur les espèces sonnantes et trébuchantes, de nombreuses sociétés ont adopté une ligne dure. La loi islamique bannit entièrement les intérêts et le Coran ne mâche pas ses mots :

> Ceux qui pratiquent l'usure sont dans la même position que ceux qui agissent sous l'influence du diable. En effet, ils prétendent que l'usure est identique au commerce. Or, Dieu permet le commerce et prohibe l'usure. C'est pourquoi, quiconque respecte ce commandement de son Seigneur, et renonce à pratiquer l'usure, celui-là peut conserver ses gains passés et son jugement appartient à Dieu. Quant à ceux qui persistent dans l'usure, ils risquent l'enfer pour l'éternité.

Le pragmatisme économique a fini par rendre l'intérêt acceptable et l'Église s'y est ralliée (en partie pour apaiser les classes marchandes afin d'obtenir leur soutien politique). Au xvie siècle, indique l'article de Wikipédia sur l'usure, les taux d'intérêt à court terme ont connu une baisse spectaculaire (passant de 20 ou 30 % par an à 9 ou 10 %) grâce à une plus grande efficacité des systèmes bancaires et des techniques commerciales, ainsi qu'à la quantité croissante de monnaie en circulation. L'abaissement des taux a beaucoup diminué l'hostilité des religieux envers l'usure.

Le capitalisme et ses ennemis

Après le XVIIe siècle, le rôle du marché et de la classe mercantile a été pleinement accepté presque partout. Avec une offre monétaire régulée et des monnaies protégées, des économies telles que nous les connaissons aujourd'hui se sont épanouies. Les échanges entre étrangers se sont multipliés grâce aux principes de l'avantage comparatif et de la spécialisation (on fabriquait ce qu'on faisait mieux que les autres et l'on se procurait le reste auprès de producteurs mieux placés). Les monnaies ont pris de l'importance en tant qu'unités de compte, car leur valeur venait de la confiance en l'autorité supérieure qui les émettait (d'ordinaire l'État) plutôt qu'en l'une ou l'autre des parties à la transaction. L'idée selon laquelle tout a un prix ne date que de quelques siècles.

Grâce à Adam Smith, le commerce est devenu non seulement un lieu où faire ses achats, mais une manière de se représenter toute activité humaine. L'économie, science sociale, était à ses débuts une manière d'étudier les raisons de tel ou tel choix humain. Comme dans la description de la nature selon Darwin, la concurrence était au cœur de la nouvelle science du commerce. L'argent était le moyen de compter les coups. Faire payer des choses était simplement le moyen le plus efficient pour assurer la continuité de leur production – le profit étant une motivation aussi forte dans l'économie que le « gène égoïste » l'est dans la nature.

Mais, alors que le marché triomphait, il restait des poches de gens qui refusaient de voir dans l'argent le médiateur de tout échange. Karl Marx plaidait pour la propriété collective et sa répartition en fonction des besoins, non de la capacité à payer. Et les penseurs anarchistes du XIXe siècle, tel le prince russe Pierre Kropotkine, imaginaient des utopies collectivistes dans lesquelles chacun, « conscient des avantages des entreprises communautaires et de l'aide mutuelle, accomplirait spontanément les travaux nécessaires », indique l'article de Wikipédia sur le Communisme anarchiste.

En exposant ses idées en 1902 dans *L'Entraide, un facteur de l'évolution,* Kropotkine annonçait d'une certaine manière quelques-unes des forces sociales qui dominent l'« économie du lien » de l'Internet contemporain (des gens qui se relient les uns aux autres par leurs *posts*, apportant trafic et réputation au destinataire). En donnant quelque chose, soutenait-il, on n'échange pas de l'argent, mais de la satisfaction. Cette satisfaction a ses racines dans la collectivité, l'entraide et le soutien. L'aide a la vertu de se renforcer elle-même : elle pousse autrui à vous donner également. Les sociétés primitives fonctionnaient de cette manière, assurait-il, de sorte que l'économie du don était plus proche de l'état naturel des affaires humaines que le capitalisme de marché.

Mais les efforts accomplis pour mettre ces idées en pratique, à quelque échelle que ce soit, ont tous échoué, en grande partie parce que les liens sociaux qui commandent cette entraide tendent à s'effilocher quand la taille du groupe dépasse 150 (ce qu'on appelle le « nombre de Dunbar », limite empiriquement observée du nombre de liens forts que les membres d'une communauté humaine peuvent entretenir les uns avec les autres). Ce qui, bien entendu, excluait nettement le collectivisme pour un groupe tel qu'un pays. Il faudrait attendre l'arrivée des mondes virtuels pour voir enfin fonctionner vraiment des économies de grande taille bâties sur l'avantage mutuel. Les sociétés en ligne, du Web jusqu'aux jeux multijoueurs, nous donnent la possibilité d'entretenir des réseaux sociaux bien plus vastes que ceux du monde physique. Le logiciel élargit notre présence et compte les points.

Le premier repas gratuit

À la fin du XIXe siècle, les combats idéologiques paraissaient en grande partie terminés. Les économies de marché étaient solidement établies partout en Occident. Loin d'être la racine de tout mal, l'argent s'avérait être le catalyseur de la croissance et la clé de la prospérité. La valeur de toute chose était déterminée au mieux par le prix que les gens étaient prêts à la payer – c'était on ne peut plus simple. Les rêves utopiques de systèmes alternatifs basés sur le don, l'échange ou l'obligation sociale étaient réservés à des expérimentations marginales, des communautés hippies aux kibboutz israéliens. Dans le monde du commerce, le « gratuit » avait pris sa signification moderne primaire : c'était un outil de marketing. Et, en tant que tel, on n'a pas tardé à le considérer avec méfiance.

« *There's no such thing as a free lunch* » (« Un repas gratuit, ça n'existe pas »), disait-on volontiers à l'époque où King Gillette et Pearle Wait faisaient fortune grâce à la gratuité. Cette expression renvoie à une vieille tradition des saloons américains, qui avaient imaginé d'offrir de la nourriture « gratuite » à tout client qui achetait au moins une boisson. Ces repas gratuits, qui allaient du sandwich au banquet, valaient en général bien plus que le prix d'une seule boisson. Mais les tenanciers des saloons faisaient le pari que la plupart des clients commanderaient plus d'une boisson et que l'attrait du repas gratuit ferait venir des clients aux heures creuses de la journée.

L'article « Free lunch » de Wikipédia donne un aperçu fascinant de cette tradition. En 1872, indique-t-il, le *New York Times* racontait que les repas gratuits étaient devenus une mode « particulière » à Crescent City (La Nouvelle-Orléans), où tous les saloons en servaient chaque jour. Au menu, des beurriers bien garnis, de grandes panières, d'énormes saladiers remplis de pommes de terre, de mouton bouilli, de tomates, de macaronis à la française et un « quartier de bœuf qui devait bien peser quarante livres ».

La coutume du repas gratuit nourrissait, disait l'article, des milliers d'hommes qui subsistaient « entièrement grâce à ce genre d'aliments ». Le *New York Times* poursuivait, toujours selon Wikipédia :

> Le comptoir où sont servis les repas gratuits est un grand niveleur des classes, et l'homme qui y prend place doit renoncer à tout espoir d'une apparence de dignité. On peut voir toutes les catégories de la population partager ces repas gratuits et jouer des coudes pour être servies une seconde fois.

Arrivée à San Francisco avec la ruée vers l'or, la coutume y a perduré pendant des années. Mais ailleurs, le repas gratuit s'est heurté au mouvement pour la tempérance. Un récit des luttes pour la prohibition, également cité par Wikipédia, assurait en 1874 que le repas gratuit – comme les femmes et la musique – ne servait qu'à camoufler un bar bien garni. L'alcool était le « centre autour duquel tout le reste est destiné à graviter ».

Pour d'autres, comme le note Wikipédia, le repas gratuit assurait une vraie fonction d'aide sociale. En 1894, selon le réformateur William T. Stead, les saloons à repas gratuits « ont nourri plus d'affamés à Chicago que l'ensemble des autres agences, religieuses, humanitaires ou municipales ». Un journal cité par lui estimait que les tenanciers des 3 000 saloons nourrissaient 60 000 personnes par jour.

Échantillons, cadeaux et dégustations

Au début du XXe siècle, le gratuit est réapparu avec la nouvelle industrie des produits de grande consommation. L'essor des marques, de la publicité et de la distribution nationale en a fait une astuce de vente. Les échantillons gratuits n'ont rien de nouveau, mais leur utilisation en masse est à mettre au crédit d'un génie commercial du XIXe siècle dénommé Benjamin Babbitt.

Babbitt est l'auteur de nombreuses inventions, dont plusieurs méthodes pour fabriquer du savon. Mais c'est par sa manière de vendre innovante qu'il a vraiment brillé, au point même de faire de l'ombre à son ami P. T. Barnum. Le savon Babbitt a acquis une notoriété nationale grâce à des campagnes publicitaires et promotionnelles qui faisaient appel pour la première fois à la distribution massive d'échantillons gratuits. « Un essai loyal, voilà tout ce que je demande », proclamaient ses annonces publicitaires où l'on voyait de dignes vendeurs distribuer des échantillons.

Autre exemple pionnier, celui de Wall Drug dans le Dakota du Sud. En 1931, un pharmacien originaire du Nebraska, Ted Hustead, cherchait à s'installer dans une petite ville dotée d'une église catholique. Wall était exactement ce qu'il lui fallait. C'était une petite ville de 231 habitants, située, disait-il, « au milieu de nulle part ». Certes, son affaire tirait le diable par la queue. Mais, en 1933, à 60 kilomètres plus à l'ouest, le mont Rushmore fut ouvert au public et la femme de Hustead, Dorothy, eut l'idée de proposer de l'eau fraîche gratuite aux voyageurs qui faisaient route vers le monument. Cette tactique fit connaître Wall Drug et l'affaire prospéra.

Aujourd'hui, Wall Drug est devenu une énorme galerie commerciale sur le thème des cow-boys. Elle offre des autocollants gratuits avec ses cafés à 5 cents. L'eau fraîche, bien entendu, reste gratuite.

L'arme de la gratuité

L'un des premiers indices de la puissance du gratuit au XXIe siècle est apparu dès les débuts du média qui allait métamorphoser le XXe siècle : la radio. La manière la plus perturbatrice d'entrer sur un marché consiste, on le sait, à pulvériser les modèles économiques existants. Distribuez gracieusement un produit sur lequel les entreprises en place font leurs profits : le monde se bousculera à votre porte et vous pourrez lui vendre autre chose. Songez à la téléphonie : la gratuité des appels longue distance sur les téléphones mobiles a décimé les opérateurs de téléphonie fixe américains. Songez aussi à l'effet des petites annonces gratuites sur les journaux.

Il y a soixante-dix ans, une bataille du même genre s'est déroulée sur le terrain de la musique enregistrée. À la fin des années 1930, la radio est devenue une forme de divertissement populaire. Elle a aussi perturbé les anciens modes de rémunération des musiciens. « La plupart des émissions musicales de l'époque étaient diffusées en direct, explique American Decades sur Encyclopedia.com ; musiciens et compositeurs étaient payés pour une représentation unique. Mais les artistes renâclaient, car des millions d'auditeurs étaient à l'écoute. Si ces gens avaient été entassés dans une salle de concert, les musiciens auraient touché une part des recettes beaucoup plus conséquente. Les patrons de radio leur opposaient l'impossibilité de payer des droits calculés d'après un nombre d'auditeurs que personne ne connaissait. »

Mais l'American Society of Composers, Authors and Publishers (ASCAP), qui détenait le quasi-monopole de la représentation des artistes les plus connus, imposa sa loi : en échange du droit de jouer de la musique, elle réclama des redevances représentant entre 3 et 5 % des recettes publicitaires brutes des stations. Pis, elle menaça de relever ce taux à l'expiration du contrat en 1940.

Tandis que les patrons de radio et l'ASCAP négociaient, les stations de radio commençaient à prendre les choses en main : elles abandonnèrent totalement les concerts diffusés en direct. Les techniques d'enregistrement s'amélioraient et de plus en plus de stations commençaient à diffuser de la musique sur disque, annoncée en studio par un présentateur appelé « *disk-jockey* ». Les labels musicaux ripostèrent en vendant des disques portant la mention « *not licensed for radio broadcast* » (« diffusion radiophonique interdite ») mais, en 1940, la Cour suprême des États-Unis jugea que les stations de radio avaient le droit d'utiliser les disques dès lors qu'elles les avaient achetés. L'ASCAP convainquit alors ses adhérents les plus en vue, comme Bing Crosby, de renoncer tout simplement à faire de nouveaux enregistrements.

Coincés entre le rétrécissement des réserves de musique à diffuser et des redevances potentiellement ruineuses, les patrons des radios ripostèrent en organisant leur propre agence de collecte de droits, Broadcast Music Incorporated (BMI). Elle « attira vite les musiciens régionaux, en particulier les artistes de *rhythm-and-blues* et de *country-and-western,* traditionnellement négligés par la new-yorkaise ASCAP » indique American Decades. Ces musiciens obscurs, plus avides de notoriété que d'argent, acceptèrent de laisser les stations de radio diffuser leur musique gratuitement. Cela provoqua l'effondrement du modèle économique consistant à réclamer des fortunes aux radios désireuses de diffuser de la musique. La radio s'imposa alors comme un excellent canal de marketing pour les artistes, qui gagneraient de l'argent sur la vente de disques et de places de concert.

L'ASCAP eut beau contester cette évolution devant la justice à plusieurs reprises dans les années 1950 et 1960, elle ne fut plus jamais en mesure d'imposer des redevances élevées aux stations de radio. La radio gratuite et la modestie des redevances versées aux artistes furent à l'origine de l'ère des animateurs de radio et, dans la foulée, du Top 40 et autres palmarès. Aujourd'hui, les redevances sont calculées à l'aide d'une formule où interviennent l'heure, la couverture géographique et le type de station, mais elles sont suffisamment basses pour que les stations de radios prospèrent.

La situation était totalement paradoxale. Au lieu de la fragiliser comme l'ASCAP le craignait, le gratuit aidait l'industrie musicale à s'étendre et à gagner de l'argent. La musique en version gratuite et inférieure (qualité moindre, disponibilité imprévisible) s'avérait être un excellent moyen de marketing pour une version payante supérieure, et les artistes allaient désormais gagner leur vie en vendant des disques plutôt qu'en se produisant sur scène. Aujourd'hui, le gratuit offre l'occasion de rebasculer en sens inverse : la musique gratuite assure le marketing d'une industrie des concerts en expansion. La seule constante, on ne s'en étonnera pas, est que les éditeurs de musique sont toujours contre.

L'ère de l'abondance

Si le XXe siècle a vu les gens commencer à revenir vers le gratuit en tant que concept, il a aussi été témoin d'un phénomène crucial qui a contribué à faire du gratuit une réalité : l'avènement de l'abondance. Pour la plupart des générations précédentes, la rareté – de la nourriture, des vêtements ou du logement – était un souci constant. Pour ceux qui sont nés au cours du dernier demi-siècle dans le monde développé, en revanche, l'abondance est la norme. Et nulle part elle n'est plus visible que dans la condition la plus indispensable de la vie, la nourriture.

Dans mon enfance, la faim était l'un des principaux problèmes de la pauvreté en Amérique. Aujourd'hui, c'est l'obésité. Le monde agricole a connu des changements spectaculaires depuis quarante ans : la production alimentaire a beaucoup progressé. Une révolution technologique a transformé une ressource rare en une ressource abondante. Et l'on trouve dans cette histoire des indices de ce qui peut arriver quand une grande ressource passe de la rareté à l'abondance.

Les récoltes n'exigent que cinq grands « intrants » : du soleil, de l'air, de l'eau, de la terre (des nutriments) et du travail. Le soleil et l'air sont gratuits et, si l'on cultive dans une zone où il pleut beaucoup, l'eau peut l'être aussi. Les autres apports – essentiellement le travail, la terre et les engrais – ne sont pas gratuits du tout et représentent l'essentiel du prix des récoltes.

Au XIXe siècle, la révolution industrielle a mécanisé l'agriculture, abaissant radicalement le coût du travail et augmentant le rendement des récoltes. Mais c'est la « révolution verte » des années 1960 qui a réellement transformé l'économie alimentaire, en rendant l'agriculture si productive que moins de gens ont dû s'y consacrer. Le secret de cette deuxième révolution réside dans la chimie.

Pendant la plus grande partie de l'histoire humaine, le fumier a déterminé la quantité d'alimentation disponible. Le rendement agricole était limité par les engrais disponibles, lesquels provenaient en grande partie des déchets animaux (et parfois humains). Si une ferme voulait produire à la fois des animaux et des végétaux, en un cycle de synergie nutritionnelle, elle devait partager ses terres entre eux. Mais, à la fin du XIXe siècle, les naturalistes ont commencé à comprendre ce que le fumier contenait d'indispensable pour les plantes : de l'azote, du phosphore, du potassium.

Au début du XXe siècle, quelques chimistes ont commencé à se pencher sur la production synthétique de ces éléments. Une grande avancée s'est produite quand Fritz Haber, chez BASF, a trouvé comment extraire de l'azote sous forme d'ammoniac en combinant de l'air et du gaz naturel sous haute pression et à des températures élevées. Commercialisés par Carl Bosch en 1910, les engrais azotés bon marché ont énormément accru la productivité de l'agriculture et contribué à écarter la « catastrophe malthusienne » annoncée de longue date. Aujourd'hui, à peu près 5 % de la consommation mondiale de gaz naturel, soit autour de 2 % de la production énergétique mondiale, sont destinés à la production d'azote.

Le procédé Haber-Bosch a libéré les agriculteurs de leur dépendance envers la fumure. Avec les pesticides et les herbicides chimiques, il est à l'origine de la révolution verte qui a multiplié par près de cent la capacité de l'agriculture mondiale, permettant à la planète de nourrir une population toujours plus nombreuse, en particulier une nouvelle classe moyenne désireuse de monter dans la chaîne alimentaire en consommant de plus en plus de viande, qui absorbe beaucoup de ressources, à la place des céréales.

Cette évolution a eu des effets spectaculaires. La nourriture absorbait un tiers du revenu des ménages aux États-Unis en 1955 ; la proportion est tombée à moins de 15 % aujourd'hui.

Ajouter du maïs au maïs

Un aspect de l'abondance agricole qui touche quotidiennement chacun d'entre nous est l'économie du maïs. Cette plante extraordinaire, sélectionnée par l'homme depuis des millénaires pour porter des graines de plus en plus grosses, riches en amidon, produit plus d'alimentation à l'hectare que toute autre.

Les économies du maïs sont des économies d'abondance naturelle, au moins sur le plan alimentaire. Les historiens observent souvent les grandes civilisations de l'Antiquité à travers le prisme de trois céréales : le riz, le blé et le maïs. Le riz est riche en protéines, mais extrêmement difficile à cultiver. Le blé est facile à cultiver, mais pauvre en protéines. Seul le maïs est à la fois facile à cultiver et bourré de protéines.

Les historiens ont observé que le ratio protéine/travail de ces céréales influençait le cours des civilisations fondées sur elles. Plus ce ratio était élevé, plus les gens qui consommaient les céréales avaient de « surplus social », puisqu'ils pouvaient se nourrir avec moins de travail. L'effet n'en a pas toujours été positif. Les sociétés du riz et du blé tendaient à être agraires, autocentrées, probablement parce que le soin des récoltes leur réclamait beaucoup d'énergie. Mais les cultures du maïs – Mayas, Aztèques... – avaient du temps et de l'énergie disponibles, qu'elles utilisaient souvent pour attaquer leurs voisins. D'après cette analyse, l'abondance du maïs a rendu les Aztèques belliqueux.

Aujourd'hui, le maïs ne sert pas seulement à nous nourrir. Entre les engrais synthétiques et les techniques de croisement qui ont fait de cette plante le moyen le plus efficace que le monde ait jamais vu pour convertir l'eau et la lumière solaire en amidon, nous nageons à présent dans une moisson dorée de plénitude – bien plus que nous ne pouvons en manger. Aussi le maïs est-il devenu une matière première industrielle pour toutes sortes de produits, des peintures aux emballages. Le maïs bon marché a exclu de notre alimentation de nombreux autres aliments et a métamorphosé les animaux naturellement mangeurs d'herbe, comme les vaches, en machines à transformer le maïs.

Comme le souligne Michael Pollan dans *The Ominivore's Dilemma,* un *nugget* de poulet « ajoute du maïs au maïs : ce qu'il contient de poulet est fait de maïs [dont le volatile s'est nourri], mais il en va de même de ses autres composantes, y compris l'amidon de maïs modifié qui sert à faire tenir le tout ensemble, la farine de maïs de la pâte et l'huile de maïs dans laquelle il a été frit. Bien moins visibles, les agents levants et la lécithine, les mono-, di- et triglycérides, la sympathique couleur dorée et même l'acide citrique qui conserve au *nugget* sa fraîcheur peuvent tous être produits à partir du maïs. »

Aujourd'hui, un quart des produits présents dans un supermarché moyen contiennent du maïs, écrit Pollan. Et cela vaut aussi pour les articles non alimentaires ! Depuis les dentifrices et les cosmétiques jusqu'aux couches jetables et aux lingettes, tout contient du maïs, y compris les cartonnages. Et même le supermarché lui-même, avec ses panneaux muraux et ses joints en composites, ses revêtements de sol et ses adhésifs, est fait de maïs.

Le maïs est si abondant qu'on l'utilise à présent pour produire du carburant destiné aux automobiles, sous forme d'éthanol, testant ainsi les limites de son abondance. Après des décennies de baisse, les prix du maïs se redressent depuis quelques années, en même temps que ceux du pétrole. Mais comme l'innovation déteste que les matières premières s'enchérissent, la hausse des prix a simplement accéléré la recherche d'un procédé de production de l'éthanol à partir de graminées ou autres formes de cellulose poussant là où le maïs ne peut être cultivé. Dès qu'on aura trouvé la miraculeuse enzyme mangeuse de cellulose, le maïs redeviendra bon marché, et avec lui toutes sortes d'aliments.

Ehrlich rate son pari

L'idée que le prix des matières premières pourrait aller en baissant et non en augmentant heurte l'intuition. L'alimentation, du moins, est renouvelable, mais pas les minerais. Après tout, la Terre est une ressource limitée et, plus nous en prenons, moins il en reste, ce qui est un cas classique de rareté. En 1972, un groupe de réflexion, le Club de Rome, a publié un livre intitulé *Halte à la croissance ?*, qui prédisait que l'augmentation rapide de la population mondiale face à des approvisionnements limités aurait des effets catastrophiques. Vendu à 30 millions d'exemplaires, cet ouvrage a donné une impulsion décisive au mouvement écologiste. Il signalait les dangers d'une « bombe démographique » imposant à notre planète une charge supérieure à celle qu'elle pouvait censément porter.

Tout le monde n'adhère pas à ce pessimisme malthusien. L'histoire des XXe et XXe siècles donne à penser que l'ingéniosité des humains progresse plus vite que leur nombre : elle découvre comment extraire des ressources de la Terre plus vite que nous ne parvenons à les utiliser. L'offre augmente donc plus vite que la demande, ce qui à son tour pèse sur les prix (évidemment, cela ne sera pas toujours vrai, puisque, au bout du compte, ces ressources sont limitées, mais elles le sont bien moins que le Club de Rome ne le pensait). Le débat autour de cette idée s'est transformé en l'un des plus fameux paris de l'histoire, un pari qui oppose deux raisonnements contraires fondés l'un sur la rareté, l'autre sur l'abondance.

En septembre 1980, le biologiste Paul Ehrlich et l'économiste Julian Simon ont fait un pari, publiquement affiché dans les pages de *Social Science Quarterly*, sur le prix futur de certaines fournitures de base.

Simon y misait 10 000 dollars sur une conviction : « le coût des matières premières non contrôlées par les pouvoirs publics (y compris les céréales et le pétrole) n'augmentera pas à long terme ». Ehrlich prit le pari. L'échéance de celui-ci était fixée au 29 septembre 1990, dix ans plus tard, donc. Si les prix de divers métaux, corrigés de l'inflation, avaient augmenté au cours de cette période, Simon paierait à Ehrlich la différence composée ; dans le cas contraire, Ehrlich paierait. Ehrlich choisit cinq métaux : le cuivre, le chrome, le nickel, l'étain et le tungstène.

« Entre 1980 et 1990, la population mondiale a augmenté de plus de 800 millions de personnes, soit la plus forte progression enregistrée en une décennie au cours de l'histoire » écrivait Ed Regis dans *Wired*. « Pourtant, en septembre 1990, sans une seule exception, le prix des métaux choisis par Ehrlich avait baissé, et même de plus de moitié pour certains. Le chrome, qui se vendait 3,90 dollars la livre en 1980, était tombé à 3,70 dollars en 1990. L'étain avait chuté de 8,72 dollars la livre à 3,88 dollars une décennie plus tard. »

Pourquoi Simon a-t-il gagné son pari ? En partie parce que, en bon économiste, il connaissait l'effet de substitution : si une ressource devient trop rare et trop coûteuse, cela incite à lui trouver une remplaçante abondante, la demande se détournant alors de la ressource rare (témoin la course de vitesse engagée actuellement pour trouver des remplaçants au pétrole). Simon estimait – à juste titre – que l'ingéniosité humaine et la courbe d'apprentissage de la science et de la technologie tendraient à créer de nouvelles ressources plus vite que nous ne les utiliserions.

Il a gagné aussi parce qu'Ehrlich était simplement trop pessimiste. Il avait prédit que des famines aux « proportions incroyables » se produiraient avant 1975 et que des centaines de millions de personnes mourraient de faim dans les années 1970 et 1980, ce qui signifierait que le monde « entrait dans une ère de pénurie véritable » (malgré ses erreurs de calcul, Ehrlich a reçu un Genius Award de la fondation MacArthur en 1990 pour avoir contribué à « mieux faire comprendre au public les problèmes de l'environnement »).

Les êtres humains sont ainsi faits qu'ils comprennent la pénurie mieux que l'abondance. De même que l'évolution nous a programmés pour surréagir aux menaces et au danger, rester obnubilé par le risque d'une insuffisance de vivres est pour nous une tactique de survie. L'abondance, du point de vue de l'évolution, se résout d'elle-même, tandis que la pénurie doit être combattue. C'est pourquoi, malgré la victoire de Simon, le monde semble considérer qu'Ehrlich, à un certain degré, était quand même dans le vrai.

Selon Ed Regis, « Simon déclara que, pour une raison qui lui échapperait toujours, les gens étaient enclins à croire le pire à propos de tout et n'importe quoi ; ils étaient hermétiques aux preuves du contraire, exactement comme s'ils avaient été vaccinés contre la force du fait ». Les sombres prédictions d'Ehrlich conservèrent (et conservent) leur influence. On dirait que seuls les traders spécialistes des matières premières s'intéressent aux observations de Simon.

L'abondance ignorée

Il aurait dû être évident que Simon avait plus de chances de gagner le pari. Mais, à force de voir plus la disette que l'abondance, nous en venons à ignorer les nombreux exemples d'abondance dont nous sommes témoins, maïs en tête. Et, dès lors qu'une chose devient abondante, on a tendance à l'ignorer, tout comme on ignore l'air qu'on respire. L'économie est, dit-on, la science du « choix en situation de rareté ». Il y a une raison à cela : l'abondance évite d'avoir à faire des choix, ce qui signifie qu'on n'a pas à y réfléchir.

Petits et grands exemples abondent. « Dans certaines contrées enclavées de l'Europe médiévale », observait feu Beckmann, professeur à l'Université du Colorado, le sel était parfois si rare qu'il servait de monnaie, tout comme l'or. Aujourd'hui, c'est un condiment inclus gratuitement dans les repas, trop peu coûteux pour qu'on le compte.

À une vaste échelle, on constate des chambardements comme la mondialisation, qui a mis une main-d'œuvre abondante à la disposition de n'importe quel pays. Aujourd'hui, des produits de base comme les vêtements peuvent être fabriqués à un coût si faible qu'ils deviennent pratiquement jetables après usage. En 1900, la plus simple des chemises d'homme (dont le tissu et la façon équivalaient à ceux d'un T-shirt) coûtait aux États-Unis environ 1 dollar pièce quand on l'achetait en gros, ce qui était une somme importante, surtout une fois que le commerçant y ajoutait sa marge. En conséquence, le consommateur américain moyen ne possédait que huit vêtements.

Aujourd'hui, un T-shirt acheté en gros coûte toujours 1 dollar pièce. Mais ce dollar contemporain vaut vingt-cinq fois moins que celui d'il y a un siècle, ce qui signifie en pratique qu'on peut acheter vingt-cinq chemises pour le prix d'une seule à l'époque. Personne n'est plus obligé de porter des haillons ; pour certains SDF, d'ailleurs, il est plus facile de trouver des vêtements gratuits que des douches et des machines à laver, de sorte qu'ils les traitent comme des articles jetables et s'en débarrassent après les avoir portés.

Mais l'exemple d'abondance le plus familier au XXe siècle était peut-être celui des matières plastiques, qui ont rendu les atomes presque aussi malléables et peu coûteux que les bits. Le plastique, matière première éminemment fongible, a réduit les coûts des matériaux et de la fabrication à pratiquement rien. Il n'avait pas à être ciselé, découpé, peint, fondu ou estampé, il suffisait de le mouler en lui donnant la forme, la texture et la couleur désirées. Ainsi est née une civilisation du jetable. Le concept introduit par King Gillette avec la lame de rasoir a été étendu à presque tout le reste par Leo Baekeland, créateur en 1907 du premier polymère entièrement synthétique, la bakélite. Le logo de son entreprise, la lettre « B » surmontant le symbole mathématique de l'infini, évoquait les applications apparemment illimitées du polymère.

Pendant la Seconde Guerre mondiale, le plastique est devenu un matériau stratégique clé et le gouvernement américain a consacré un milliard de dollars à des usines de production de polymères de synthèse. Après la guerre, toutes ces capacités ont été réorientées vers le marché du grand public ; déjà remarquablement malléable, le matériau est aussi devenu excessivement peu cher. « Ainsi naquirent, rappelle Heather Rogers dans *Gone Tomorrow : The Hidden Life on Carbage*, les Tupperware, les tables en Formica, les fauteuils en fibre de verre, les canapés en Skaï, le hula-hoop, les stylos jetables, le Silly Putty et les collants en nylon ».

Les matières plastiques de première génération n'étaient pas vendues comme une substance jetable, mais comme un matériau de haute qualité, plus ductile que le métal, plus durable que le bois. Les plastiques de seconde génération, les vinyles et les polystyrènes, eux, étaient si bon marché qu'on pouvait s'en débarrasser sans y penser. Dans les années 1960, les biens jetables aux couleurs vives représentaient la modernité, la victoire de l'industrie sur la rareté. Jeter des marchandises manufacturées n'était pas du gaspillage, c'était le privilège d'une civilisation évoluée.

Après les années 1970, les attitudes envers cette surabondance ont commencé à changer. Le coût environnemental de la consommation jetable devenait plus évident. Le plastique avait pu paraître presque gratuit, mais c'était seulement parce que son coût n'était pas correctement calculé. Une fois inclus les coûts environnementaux – les « externalités négatives » –, il ne paraissait peut-être plus aussi normal de jeter après une seule utilisation les jeux distribués avec les menus pour enfants de McDonald's. Une génération s'est mise à recycler. Nos attitudes envers l'abondance des ressources sont passées de la psychologie individuelle (« c'est gratuit pour moi ») à la psychologie collective (« ce n'est pas gratuit pour nous »).

L'abondance victorieuse

L'histoire du XXe siècle est celle de changements sociaux et économiques extraordinaires provoqués par l'abondance. La découverte d'énormes réserves de pétrole a rendu possible l'automobile, les carburants liquides sont devenus omniprésents, supplantant la rare huile de baleine. Le conteneur de quatre-vingts pieds, susceptible d'être chargé et déchargé sans faire appel à une armée de débardeurs, a fait baisser le coût du transport maritime assez pour qu'on profite de la main-d'œuvre peu coûteuse disponible dans des pays lointains. Les ordinateurs ont rendu l'information abondante.

De même que l'eau coulera toujours vers l'aval, les économies vont vers l'abondance. Les produits susceptibles de se banaliser et de devenir bon marché ont tendance à suivre cette pente ; les entreprises aspirant au profit migrent alors vers l'amont, en quête de nouvelles pénuries. Là où l'abondance pousse les coûts d'un bien vers le bas, la valeur se déplace vers des niveaux adjacents, ce que le théoricien du management Clayton Christensen appelle la « loi de conservation de profits sympathiques ».

« Il y a vingt ans, les cent premières entreprises du palmarès Fortune 500 creusaient le sol pour en tirer quelque chose ou transformaient une ressource naturelle (pétrole ou minerai de fer) en quelque chose de tangible », écrivait le gourou du management Seth Godin en 2001, dans *Unleashing the Ideavirus.* De nos jours, notait-il, les choses ont bien changé.

Seules trente-deux des cent premières entreprises fabriquent encore des choses qu'on peut toucher, depuis les avions et les automobiles jusqu'aux produits chimiques et à l'alimentation, depuis la métallurgie jusqu'à l'industrie lourde. Les soixante-huit autres manipulent principalement des *idées* et non des ressources. Au lieu de biens matériels, certaines proposent des services comme la santé ou les télécommunications. D'autres créent des marchandises faites principalement de propriété intellectuelle, comme les médicaments ou les semi-conducteurs, où le coût de production du produit physique est mince comparé au coût de son invention. Quelques-unes unes créent des marchés pour les produits des autres, comme la distribution en gros et au détail. Voici leur répartition :

- Assurances : vie, santé (12)
- Santé (6)
- Banques commerciales (5)
- Grossistes (5)
- Distribution alimentaire et pharmaceutique (5)
- Distribution généraliste (4)
- Laboratoires pharmaceutiques (4)
- Valeurs mobilières (4)
- Distribution spécialisée (4)

- Télécommunications (4)
- Ordinateurs, matériel de bureau (3)
- Divertissement (3)
- Produits financiers divers (2)
- Courrier, emballage ; distribution de fret (2)
- Réseaux et autres équipements de communication (2)
- Édition de logiciels (1)
- Institutions d'épargne (1)
- Semi-conducteurs et autres composants électroniques (1)

Ce qu'enseigne le pari Ehrlich/Simon, c'est que lorsque le prix des matières de base baisse, la valeur s'en va ailleurs. Il reste beaucoup de valeur dans ces matières (les pays producteurs de pétrole en sont témoins), mais les marges bénéficiaires les plus élevées, en général, sont là où on leur ajoute de la matière grise. C'est ce qui est arrivé à la liste ci-dessus. Voilà quelques décennies, l'essentiel de la valeur résidait dans la production manufacturière. Avec la mondialisation, la production est devenue une sorte de matière de base et son prix a chuté. La valeur est alors passée à des choses qui n'avaient pas (encore) subi cette évolution, plus éloignées de la coordination œil-main et plus proches de la coordination cerveau-bouche. Les travailleurs de la connaissance contemporains, qui sont les ouvriers d'hier (et les paysans d'avant-hier), progressent vers l'amont en quête de rareté.

Cette rareté est désormais dans ce que l'ancien secrétaire au Travail américain Robert Reich appelait l'« analyse symbolique », l'assemblage de connaissances, de compétences et de pensée abstraite qui définit un travailleur de la connaissance efficace. Le défi permanent consiste à trouver comment partager au mieux le travail entre humains et ordinateurs et cette ligne de démarcation se déplace sans cesse.

Au fur et à mesure que les ordinateurs apprennent à faire du travail humain (des opérations de Bourse, par exemple), le prix de ce travail baisse en se rapprochant de zéro. Quant aux humains supplantés, les uns apprennent à faire quelque chose de plus difficile, les autres non. En général, les revenus des premiers augmentent, les revenus des seconds baissent. Les premiers tirent parti de l'opportunité née de l'évolution vers l'abondance, les seconds en paient le prix. La société doit s'efforcer de faire en sorte que le premier groupe soit plus nombreux que le second.

Penser l'abondance ne consiste pas seulement à trouver ce qui va devenir moins cher, mais aussi à rechercher ce qui, de ce fait, prendra de la valeur, et à aller dans cette direction. C'est le moteur de la croissance, un phénomène qui nous entraînait déjà avant que David Ricardo ne décrive « l'avantage concurrentiel » d'un pays par rapport à un autre, au XVIIIe siècle. L'abondance d'hier consistait en produits venus d'un autre pays doté de ressources plus généreuses ou d'une main-d'œuvre moins chère. Celle d'aujourd'hui consiste en produits venus du pays du silicium et de la fibre de verre.

3

Psychologie du gratuit

Trop beau pour être vrai ?

En 1996, finalement, *Village Voice* s'y est mis. Quarante ans après sa création, le célèbre hebdomadaire culturel new-yorkais est devenu gratuit. Disponible, comme la plupart des autres hebdomadaires urbains locaux, sur des présentoirs dans les rues et chez des commerçants amis. Presque universellement, ce jour est considéré comme celui où *Village Voice* a cessé de compter. « Le légendaire journal urbain n'est plus qu'une coquille vide depuis qu'il est devenu gratuit voici une dizaine d'années », écrivait le magazine *New York* en 2005 sous le titre : « *The Voice from Beyond the Grave* » (« La voix d'outre-tombe »).

Comparons pourtant sa situation à celle d'un autre hebdomadaire, *The Onion*. Ce petit journal satirique gratuit créé en 1988 à Madison, une ville universitaire du Wisconsin, est devenu un empire. Au cours des vingt dernières années, il a étendu ses éditions régionales imprimées à dix autres villes et lancé un site web visité par des millions de personnes chaque mois. Il édite des livres, produit une émission de télévision et se mêle de cinéma. *The Onion* est né gratuit, est resté gratuit, et se porte très bien.

À première vue, l'histoire de ces deux publications a de quoi intriguer. La gratuité semble avoir tué l'une et propulsé l'autre. Dans un cas, elle a dévalorisé le produit, dans l'autre elle lui a valu une expansion remarquable.

Mais ce n'est pas aussi simple que cela. Pour commencer, la décrépitude de *Village Voice* n'est pas due à la gratuité. Voici l'explication de *New York* :

> Si l'on disait à David Schneiderman [rédacteur en chef du journal] que beaucoup d'auteurs avaient le sentiment d'avoir vu leurs écrits perdre de leur impact depuis le passage du journal au gratuit, il ricanait, ajoutant qu'il n'y avait pas d'autre solution. « Nous diffusions 130 000 exemplaires, après un sommet à 160 000. À présent, la diffusion est à 250 000… Ne préférerez-vous pas avoir deux fois plus de lecteurs ? » Ce n'est pas la gratuité qui a fait du tort au journal. Elle l'a sauvé. Elle lui a permis de continuer, de gagner de l'argent.

Autrement dit, *Village Voice* était en déclin, au moins en termes de fondamentaux économiques, des années avant de devenir gratuit : les gens confondaient la cause et l'effet.

Pourquoi le public se dit-il que « gratuit » signifie « moindre qualité » dans un cas et pas dans l'autre ? Il s'avère que nos sentiments quant à la gratuité sont relatifs, non absolus. Quand une chose qui coûtait de l'argent cesse d'en coûter, on a tendance à se dire que sa qualité a baissé. Mais si elle n'a jamais été payante, on ne voit pas les choses du même œil. Un croissant gratuit est probablement rassis, mais la moutarde gratuite au restaurant est très bien. Personne ne pense que le moteur de recherche de Google est moins bon parce qu'il n'est pas payant.

The Onion et *Village Voice* illustrent une erreur d'appréciation cruciale concernant la gratuité dans un contexte à deux prix : nul et non nul. Sur le marché d'aujourd'hui, la psychologie de la gratuité (et donc du prix) est en fait un peu plus nuancée. Prenons un exemple plus immédiat, celui d'un magazine mensuel sur papier glacé. En général, on peut se procurer ce magazine de différentes manières. On peut le lire en ligne gratuitement, sous une forme un peu dépouillée, sans la mise en pages et les grandes illustrations de l'édition imprimée (difficiles à reproduire sur le Web), mais immédiatement accessible. On peut en acheter un exemplaire chez le marchand de journaux pour, mettons, 4,95 dollars. Ou bien on peut souscrire un abonnement annuel (douze numéros) pour un prix qui peut descendre jusqu'à 10 dollars, soit 83 cents par numéro déposé dans votre boîte aux lettres. D'où viennent ces trois prix, 0 dollar, 4,95 dollars et 0,83 dollar ?

Le cas le plus simple est celui du prix sur le Web (gratuité). Le coût de distribution du contenu est si bas que l'éditeur l'arrondit à zéro pour toucher un public aussi large que possible. Sur chaque page, il peut placer en moyenne deux annonces, chacune vendue entre 5 et 20 dollars par millier de visualisations. C'est-à-dire qu'il perçoit entre 1 et 4 cents chaque fois que quelqu'un regarde une page. Montrer cette page ne lui coûte qu'une fraction de cent (le reste des coûts correspond à la création initiale du contenu, mais il est amorti sur l'ensemble du lectorat : plus celui-ci est large, plus le coût par page est bas).

Passons au prix en kiosque, soit 4,95 dollars. Le marchand de journaux en garde moins de la moitié pour couvrir ses frais et faire un profit. Le reste va à l'éditeur et lui apporte 1 ou 2 dollars de profit une fois ôtés les coûts d'impression et de distribution. Mais, pour la plupart des magazines, plus de la moitié des exemplaires imprimés restent invendus et finissent au pilon. Cela peut réduire le profit considérablement. Pourquoi alors s'embêter à être présent chez les marchands de journaux ? Parce que c'est un bon moyen pour trouver de nouveaux abonnés, séduits par le journal lui-même et non par quelque mailing. De plus, la publicité placée dans les exemplaires vendus peut représenter un profit intéressant.

Jusque-là, les prix sont fixés par l'économie, non par la psychologie. Mais qu'en est-il de l'abonnement à 10 dollars par an ? C'est là que les choses deviennent intéressantes. Le coût effectif de l'impression et de l'expédition de douze numéros à votre domicile est de 15 dollars et, si vous y ajoutez les frais nécessaires pour vous convaincre de vous abonner, la somme peut dépasser au total 30 dollars par an et par abonné. Or, ce dernier ne paie que 10 dollars. Cela n'a rien de miraculeux. La différence vient de la publicité : les 10 dollars versés directement par l'abonné sont complétés par l'annonceur. Avec la publicité, un modèle d'abonnement à prix d'appel déficitaire devient rentable. Et, si le lecteur renouvelle son abonnement au moins trois années consécutives, les coûts d'acquisition eux-mêmes sont couverts, ce qui améliore encore la rentabilité.

Mais pourquoi 10 dollars ? Si l'éditeur peut subventionner ses abonnés à plus de 60 %, pourquoi ne pas aller jusqu'à 100 % et rendre l'abonnement gratuit ? Ah ! là, nous en venons à la psychologie.

Pour faire simple, l'action de rédiger un chèque ou de saisir un numéro de carte de paiement, quel que soit le montant, est un acte délibéré du consommateur qui modifie totalement la façon dont un annonceur voit le lecteur. Faire un chèque, même d'un petit montant (même de 1 cent seulement), signifie qu'on désire vraiment le magazine et que, probablement, on le lira et on le conservera. Pour s'immiscer dans cette relation, les annonceurs paieront jusqu'à cinq fois plus que pour un magazine gratuit susceptible d'être traité comme du courrier publicitaire.

Cependant, quantité de magazines proposent des abonnements gratuits. On parle alors de « diffusion contrôlée », celle-ci reposant sur une autre monnaie d'échange : l'information. En général, ces magazines sont soit des périodiques professionnels très spécialisés, destinés par exemple à des directeurs financiers ou autres décisionnaires dans les achats des entreprises, soit des organes « tendance » destinés à ceux qui font la mode.

Les lecteurs de ces magazines professionnels certifient – prétendent, en tout cas – être des gens importants à fort pouvoir d'achat et le magazine peut s'appuyer sur cette information pour imposer des tarifs plus élevés aux annonceurs. Pour ces derniers, l'existence d'un gros fichier de cadres dirigeants, qui tous ont personnellement demandé à recevoir le magazine en remplissant un formulaire, compense le fait que ces lecteurs n'ont pas confirmé leurs dires en payant de leur poche. Une diffusion ciblée d'un genre approchant a bien fonctionné aussi pour *Vice*, magazine style de vie irrévérencieux destiné aux 20-30 ans. Disponible gratuitement dans les cafés branchés, les magasins de disques et les boutiques de confection – d'abord au Canada dans les années 1990, puis aux États-Unis, puis dans le monde entier –, *Vice* ouvrait aux annonceurs un public influent qu'ils n'auraient pu toucher autrement. Ce petit journal imprimé a fini par donner naissance à un label de disque, à une chaîne d'habillement, Vice Film et à la web-télévision VBS.tv.

D'accord, cela explique pourquoi la plupart des éditeurs ne donnent pas leurs abonnements pour rien. Mais comment parviennent-ils au prix de 10 dollars ? Ce prix est entièrement affaire de perception. C'est un plancher au-dessous duquel le produit se trouverait dévalué. Plus le prix est bas, mieux c'est pour les abonnés : moins ils ont à payer, plus il y a de chances qu'ils signent. Mais plus il est haut, mieux c'est pour les annonceurs : plus le consommateur paie cher, plus le produit a de valeur pour lui. Ainsi, 10 dollars est un prix suffisamment bas pour attirer beaucoup d'abonnés, mais pas au point de discréditer le produit aux yeux des annonceurs (cette même dévalorisation peut aussi affecter le sentiment des abonnés, mais cet effet est plus difficile à mesurer que la réaction des annonceurs).

La barrière du dernier centime

Avec les magazines, clairement, il peut être efficace de faire payer un prix minime plutôt que rien du tout. Mais, dans la plupart des cas, un simple centime – un prix apparemment insignifiant – peut stopper dans leur élan la grande majorité des consommateurs. Sur le plan économique, un centime ne représente pas grand-chose. Alors, pourquoi fait-il tant d'effet ?

Réponse : il nous amène à réfléchir avant de choisir. Ce qui, en soi, tend à nous dissuader de poursuivre. C'est comme si notre cerveau était fabriqué de manière à brandir un signal d'alarme chaque fois qu'il est confronté à un prix. C'est le drapeau du « Est-ce que ça le vaut ? » Dès qu'on nous réclame un prix, n'importe lequel, nous sommes obligés de nous demander si nous avons vraiment envie d'ouvrir notre portefeuille. Mais si le prix est zéro, le drapeau ne se lève jamais et la décision devient plus facile.

Ce drapeau a un nom plus savant, qui lui a été donné par Nick Szabo, économiste à la George Washington University : « coûts de transaction mentaux ». Il s'agit simplement du prix de la réflexion. Nous sommes tous un peu paresseux et nous préférons ne pas réfléchir quand nous pouvons nous en passer. Nous avons donc tendance à choisir ce qui demande le moins de raisonnement.

L'expression « coûts de transaction » provient de la théorie de la firme, dans laquelle le prix Nobel d'économie Ronald Coase explique que les entreprises ont pour but de réduire le coût de la communication au sein des équipes et entre elles. Cela renvoie principalement à la charge cognitive du traitement de l'information – déterminer qui doit faire quoi, à qui faire confiance, etc.

Szabo a étendu ce raisonnement aux décisions d'achat. Il a envisagé des « micropaiements », des systèmes financiers qui vous permettraient de payer quelques fractions de centime par page du Web lue, ou quelques millieuros pour chaque bande dessinée téléchargée. Toutes ces formules sont destinées à échouer, a-t-il conclu, car même si elles limitent les coûts économiques du choix, elles en ont quand même tous les coûts cognitifs.

Prenez par exemple un diaporama PowerPoint intitulé « Dix idées à 1 centime chacune pour gagner du temps ». Déterminer si l'ensemble vaut 10 centimes, ou si chacune des idées en vaut un, réclame trop d'énergie mentale pour que cela en vaille la peine. Beaucoup de clients potentiels seront dissuadés par le processus de décision et de paiement. Or, par définition, les recettes provenant de ces micropaiements sont minces. On perd sur les deux tableaux : la taxe mentale représente un prix élevé qui ne

COMMENT TOUT LE CONTENU D'UN MAGASIN PEUT-IL ÊTRE GRATUIT ?

Chez SampleLab, une boutique du district de Harajuku, le quartier favori des adolescents de Tokyo, les clients reçoivent jusqu'à cinq articles gratuits à chacune de leurs visites – toutes sortes de choses, bougies, nouilles, crèmes de beauté, voire occasionnellement cartouches de jeu vidéo à 50 dollars. Ce « salon d'échantillons » où tout est gratuit attire 700 visiteurs par jour. Comment SampleLab peut-il ne pas faire payer tous ses articles ?

L'essentiel du chiffre d'affaires mensuel provient de la vente des emplacements sur les rayonnages et des avis recueillis auprès des clients

- LOCATION D'ESPACES
- RÉSULTATS D'ENQUÊTES
- ABONNEMENTS DES ADHÉRENTS

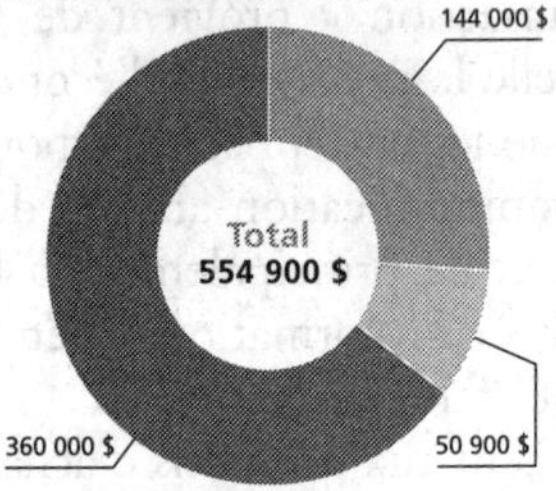

- **Faire payer les entrées.** Seuls les «adhérents», qui paient 13 dollars de cotisation par an, peuvent pénétrer dans le magasin. Avec 47 000 adhérents, SampleLab est si couru que les adolescents doivent maintenant réserver une semaine à l'avance.
- **Faire payer une «location» des rayonnages.** Le magasin SampleLab est si célèbre que les entreprises lui donnent des produits gratuitement et paient même 2 000 $ pour deux semaines de stockage d'un article. SampleLab peut accueillir 90 produits à la fois.
- **Faire payer le retour d'information.** En offrant des marchandises gratuites, SampleLab transforme la plupart de ses adhérents en groupe de focus. En ligne, sur papier ou par *keitai* (téléphone portable), les adolescents répondent à des sondages sur les produits. Les entreprises paient ces informations 4 000 dollars. Si 20 % de ses clients paient ce retour d'information, celui-ci rapporte à SampleLab presque moitié autant que la location de ses rayonnages.

s'accompagne pas de l'argent correspondant (Szabo avait vu juste : les micropaiements n'ont pas réussi à s'imposer).

Faire payer un prix, n'importe quel prix, instaure donc une barrière psychologique que la plupart des gens s'abstiendront de franchir. La gratuité, en revanche, coupe court à cette décision, accroissant ainsi le nombre de personnes qui essaieront ce qu'on leur propose. En contrepartie de l'abandon de recettes directes, elle apporte la possibilité d'un échantillonnage massif.

Après examen des coûts de transaction mentaux, Clay Shirky, écrivain et assistant à la New York University, concluait que les créateurs de contenus feraient mieux d'abandonner le rêve de faire payer leur offre :

Pour un créateur en quête d'attention plus que de revenu, la gratuité se justifie. Dans un régime où la plupart des participants font payer un prix, rendre gratuit votre contenu vous confère un avantage concurrentiel. Or, comme disent les ivrognes, on ne peut pas tomber plus bas que le sol. Quiconque offre des contenus gratuitement s'assure un avantage qui ne peut être dépassé, mais seulement égalé, puisque la riposte concurrentielle à la gratuité – « je vous paierai si vous lisez mon blog » – n'est pas durablement tenable.

Ainsi le contenu gratuit est-il ce que les biologistes appellent une stratégie d'évolution stable. Cette stratégie fonctionne bien quand personne d'autre ne l'utilise – il est bon d'être seul à offrir un contenu gratuit. Elle continue aussi à fonctionner quand tout le monde l'utilise, car dans un tel contexte, quiconque se met à faire payer son travail se trouve désavantagé. Dans un monde de contenus gratuits, même le modique désagrément des micropaiements nuit grandement aux préférences des utilisateurs et les rend plus disposés à accepter le matériau gratuit à la place.

Sur le plan psychologique (or, toute économie a ses racines dans la psychologie), s'il existe un moyen d'échapper entièrement à la question « Est-ce que ça le vaut ? », il est donc payant de l'utiliser. Notez que la gratuité comporte d'autres coûts de transaction mentaux : s'interroger sur la réalité de la gratuité, considérer des coûts non monétaires tels que l'effet d'un journal gratuit sur l'environnement, craindre de paraître radin… (Un ami me dit que les meubles qu'il dépose devant chez lui à l'intention de qui veut les prendre partent seulement de nuit.) Mais, hormis ces coûts, le fait d'exclure l'argent de l'équation peut accroître beaucoup la participation.

Josh Kopelman, capital-risqueur chez First Round Capital, s'est penché sur cette barrière psychologique envers le paiement et a réalisé qu'elle rendait absurdes les enseignements habituels sur la stratégie tarifaire. Au lieu des courbes de l'offre et de la demande permettant un calcul classique et simple du prix, il existe en réalité deux marchés : le gratuit et tout le reste. Et la différence entre les deux est énorme. On pourrait dire que le gratuit cintre la courbe de la demande. Comme le dit Kartik Hosanagar, professeur à Wharton, « la demande que vous obtenez avec un prix *nul* est plusieurs fois supérieure à celle que vous obtenez avec un prix très bas. Soudain, la demande bondit de manière non linéaire. »

Kopelman parle à ce sujet de *penny gap* (la « barrière du centime »). Il voit souvent venir à lui, raconte-t-il, des créateurs d'entreprise munis d'un *business plan* supposant qu'ils vont gagner de l'argent en vendant des abonnements et que 5 % des gens qui essaient ce qu'ils ont à vendre l'achèteront. Or, explique-t-il, cela se passe rarement ainsi :

> La plupart des entrepreneurs tombent dans le piège consistant à supposer que l'élasticité au prix est constante, c'est-à-dire que plus le prix de ce que vous vendez est bas, plus la demande sera élevée. Vous vous retrouvez alors avec des courbes de revenus en canne de hockey qui montent raide vers la droite, le tout appuyé sur un business plan du genre « ça ne coûte que 2 dollars par mois ».

En vérité, ce qu'il y a de plus difficile pour une nouvelle entreprise n'est pas de passer de 5 à 50 millions de dollars, c'est d'obtenir un paiement quelconque de ses utilisateurs. La barrière la plus élevée pour elle est celle qui sépare le service gratuit du service qui coûte un centime.

Ainsi, du point de vue du consommateur, il existe une différence énorme entre bon marché et gratuit. Donnez un produit et il peut se répandre comme une épidémie. Faites-le payer un centime, un seul, et votre métier est entièrement différent, il vous faut aller chercher chaque client avec les dents. En vérité, le zéro forme un marché et tout autre prix en forme un autre. Dans bien des cas, c'est la différence entre un marché superbe et pas de marché du tout.

Ce que coûte le coût zéro

Traditionnellement, l'économie n'avait pas grand-chose à dire de la gratuité puisque, techniquement, celle-ci n'existait pas dans le domaine de l'argent. Mais, dans les années 1970, est apparue une nouvelle branche de l'économie consacrée à la psychologie des comportements économiques. L'économie comportementale, ou économie du comportement, couvre aujourd'hui un domaine qui va de la théorie des jeux à l'économie expérimentale. Son objectif est au fond d'expliquer pourquoi on fait tel ou tel choix économique, même quand il n'est pas forcément le plus rationnel.

Dans *C'est (vraiment ?) moi qui décide,* Dan Ariely décrit plusieurs expériences menées par lui-même et ses collègues pour essayer de comprendre pourquoi le mot « gratuit » est si puissant. « Il s'avère que zéro n'est pas un prix comme un autre », écrit-il. « Zéro est un déclencheur d'émotions, une source d'excitation irrationnelle. » C'est facile à dire, plus difficile à mesurer, comme Ariely a tenté de le faire.

La première expérience tournait autour du chocolat. (N.B. : par manque de temps et d'argent, les expériences des économistes comportementaux utilisent souvent une table pliante, des sucreries et d'autres étudiants pris au hasard. Aussi faut-il prendre leurs résultats comme d'intéressantes orientations plutôt que des données quantitatives rigoureuses.) Les chercheurs vendaient deux sortes de friandises : les fameuses truffes suisses Lindt et les banals Kiss de Hershey. Ils avaient fixé le prix des truffes Lindt à 15 cents (soit à peu près la moitié de leur prix de gros) et celui des Kiss à 1 cent. Le comportement des clients fut assez rationnel : ils calculèrent que la différence de qualité entre les deux chocolats compensait largement leur différence de prix et 73 % d'entre eux choisirent la truffe contre 27 % le Kiss.

Puis Ariely introduisit du gratuit dans l'équation en abaissant le prix des deux chocolats de 1 cent. Désormais, la truffe Lindt valait 14 cents et le Kiss était gratuit. L'humble Kiss devint soudain un grand succès. Soixante-neuf pour cent des gens le choisissaient face à la truffe. Rien n'avait changé dans leur rapport prix/qualité : il y avait toujours 14 centimes d'écart entre les deux chocolats. Mais l'introduction du zéro avait provoqué une inversion des préférences.

Ce qui jette ici le trouble dans les esprits est que l'on compare deux produits dont l'un est gratuit. Parfois, la gratuité est parfaitement raisonnable, comme dans le cas du bac de chaussettes de sport gratuites dans un grand magasin. Il n'y a guère d'inconvénient à en prendre autant qu'on en veut (hormis le fait qu'on a l'air d'un pignouf). Mais imaginez que vous êtes entré dans le magasin expressément pour acheter une paire de chaussettes à talon rembourré et bout doré. En arrivant au rayon chaussettes, vous êtes distrait par la version gratuite et vous finissez par ressortir du magasin avec des choses dont vous ne vouliez pas (des chaussettes sans rembourrage ni bout doré), simplement parce qu'elles étaient gratuites.

Qu'y a-t-il de si excitant dans la gratuité ? Voici ce qu'en dit Ariely :

> La plupart des transactions ont des avantages et des inconvénients mais quand quelque chose est GRATUIT ! nous oublions les seconds. Le GRATUIT ! nous apporte une telle charge émotionnelle que ce qui est offert nous paraît avoir beaucoup plus de valeur qu'il n'en a en réalité. Pourquoi cela ? Je pense que c'est parce que les humains craignent intrinsèquement de perdre. Le vrai atout du GRATUIT ! est lié à cette crainte. Quand on choisit un article GRATUIT !, il n'existe aucune possibilité visible d'être perdant : c'est gratuit. Mais supposons que nous choisissions l'article qui n'est **pas** gratuit. Oh-oh ! à présent il existe un risque d'avoir fait le mauvais choix, une possibilité de perte. C'est pourquoi, quand on a le choix, on choisit le gratuit.

Des expériences similaires se déroulent tous les jours à plus grande échelle autour de nous, souvent par accident. Le port gratuit offert par Amazon en est un exemple. Aux États-Unis, les acheteurs en bénéficient souvent quand leur commande totale est supérieure à 25 dollars. Amazon espère que ceux qui ont prévu d'acheter un seul livre à 16,95 dollars se sentiront incités par cette offre à en ajouter un second pour dépasser les 25 dollars. Dès son lancement, cette offre a parfaitement fonctionné : les ventes d'un second livre ont fait un bond. Partout, sauf en France.

Qu'y avait-il de différent chez les Français ? Pour eux, en fait, l'offre était un peu différente. Quand Amazon a généralisé le port gratuit chez tous ses sites nationaux, le site français a par erreur fixé les frais d'expédition à 1 franc, soit environ 20 cents. Ce faible montant a totalement éliminé l'effet « second livre ». Quand Amazon a rectifié le tir en offrant comme ailleurs les frais de port, les consommateurs français ont fait comme tous les autres et ont choisi d'ajouter un second livre à leur panier [1].

(Détail intéressant, cela a valu un procès à Amazon. La loi Lang de 1981 interdit aux libraires de vendre les livres avec plus de 5 % de remise sur le prix fixé par l'éditeur. En 2007, le Syndicat de la librairie française a assigné Amazon en justice en affirmant que ses remises étaient supérieures si l'on y intégrait le port gratuit. Le Syndicat a obtenu gain de cause et Amazon s'est vu infliger 1 000 euros d'astreinte par jour, somme que le libraire en ligne a décidé de payer plutôt que de renoncer à son offre. Après tout, le gratuit lui rapporterait sûrement plus qu'il n'en fallait pour couvrir la différence.)

Le chausseur en ligne Zappos va encore plus loin. Il offre le port gratuit *dans les deux sens* : à l'envoi et au retour, si vous décidez de lui restituer la marchandise. L'objectif est d'éliminer la barrière psychologique à l'achat de chaussures en ligne : le risque qu'elles ne vous aillent pas. Ce que Zappos espère (vraiment !) est que vous commanderez plusieurs paires de chaussures juste pour pouvoir les essayer chez vous. Avec un peu de chance, vous aimerez une paire ou deux et vous renverrez le reste ; vous ne paierez que ce que vous gardez. Les frais d'envoi sont intégrés aux prix de Zappos, qui ne sont pas les plus bas, mais qui se justifient par la commodité qu'y trouvent ses nombreux clients.

D'un point de vue psychologique, la gratuité façon Zappos est simplement une réduction du risque. La seule

---

1. Pour les articles achetés en France métropolitaine sur Amazon, au 6 juillet 2009, la livraison est gratuite pour les livres sans minimum d'achat (http://www.amazon.fr/gp/help/customer/display.html?node Id=897502). (NdT)

raison de se rendre dans un magasin de chaussures est de s'assurer que les chaussures vous vont et ont bonne allure à votre pied. En amenant les chaussures jusqu'à vous sans coût supplémentaire, Zappos parvient à la parité de risque avec le magasin en dur, et il a un avantage de commodité. Le seul problème, convient son PDG Tony Hsieh, est que beaucoup de gens culpabilisent à l'idée de commander plus de chaussures qu'ils n'en veulent et de les retourner. Le problème ne serait pas qu'ils s'abstiennent simplement de les renvoyer (c'est une vente !), mais qu'ils renoncent d'emblée à les commander en anticipant le sentiment de culpabilité qu'ils éprouveraient le jour où ils en renverraient la plupart.

Là encore, le gaspillage est l'ennemi de la gratuité. Commander des chaussures dont on n'a pas vraiment envie pour les renvoyer ensuite ressemble à du gaspillage – et c'en est bel et bien, du travail des magasiniers et livreurs jusqu'aux émissions de carbone dues au transport. Le simple fait d'évacuer l'argent de l'équation ne suffit pas à éliminer entièrement le sentiment d'un prix à payer, en l'occurrence un coût social et environnemental diffus plutôt qu'une sortie d'argent de votre poche.

Les économistes comportementaux expliquent une bonne part de nos réactions bizarres face au gratuit en établissant une distinction entre les décisions prises dans le « domaine social » et celles prises dans le « domaine financier ». Chez Zappos, le port est gratuit dans le domaine financier, mais pas dans le domaine social : notre cerveau tente de calculer le coût social net du renvoi de cinq paires de chaussures pour une conservée. Calcul impossible, qui amène certains consommateurs à baisser le rideau : ils ne profitent pas de l'offre, même si elle est gratuite.

Ariely a démontré la distinction entre ces deux domaines à l'aide d'une autre expérience : il a placé des packs de six Coca-Cola dans les réfrigérateurs de cités universitaires. Il a aussi laissé traîner des soucoupes contenant de l'argent. Les gens se sont empressés de prendre les Coca-Cola, mais n'ont pas touché à l'argent. Ils ont traité le Coca comme s'il était gratuit, même s'ils savaient qu'il avait un coût. Mais prendre de l'argent réel leur apparaissait comme du vol.

Pas de coût, pas d'engagement

Récemment, j'ai participé à une conférence chez Google, célèbre pour ses buffets gratuits où voisinent saines barres énergétiques et moins saines sucreries. C'était une réunion scientifique, dont les participants, universitaires pour beaucoup, venaient pour la plupart de l'extérieur de Google. Ils faisaient la noria jusqu'au buffet, légitimement impressionnés par son opulence. Au soir du premier jour, des emballages de friandises à moitié mangées traînaient un peu partout.

Il est intéressant d'imaginer combien les choses auraient été différentes si Google avait fait payer ces confiseries, même symboliquement. Je parierais qu'il en aurait été pris beaucoup moins et que bien plus de gens auraient fini ce qu'ils avaient pris. Je parierais aussi qu'ils en auraient retiré plus de satisfaction. Ils se seraient demandé s'ils en avaient *vraiment* envie et auraient probablement attendu d'avoir faim. Et ils n'auraient pas ressenti le même sentiment de vulgarité qu'en grignotant goulûment (sentiment que j'ai moi-même éprouvé en enfournant machinalement une poignée de bouchées au gingembre).

C'est l'une des conséquences négatives de la gratuité. On respecte souvent moins les choses qu'on ne paie pas et l'on réfléchit donc moins à la manière dont on les consomme. La gratuité peut favoriser gloutonnerie, accaparement, consommation irréfléchie, gaspillage, sentiment de culpabilité et rapacité. On prend parce que la chose est là, non parce qu'on la veut. Faire payer un prix, même modique, peut favoriser un comportement plus responsable.

Les auteurs du blog Penny Closer racontent l'histoire d'un de leurs amis, bénévole dans une association qui distribue des billets d'autocar gratuits à des personnes en difficulté. Beaucoup de billets, payés 30 dollars à l'unité par l'association, étaient perdus. Une nouvelle règle a donc été fixée : les billets seraient délivrés moyennant une participation aux frais de 1 dollar. Soudain, les bénéficiaires ont perdu moins de billets. Le simple fait de payer 1 dollar avait changé leur vision du billet. Comme il leur avait coûté quelque chose, apparemment, ils y faisaient davantage attention. Même si, intrinsèquement, le ticket avait une valeur avant qu'ils n'aient à y consacrer 1 dollar, le ticket valait *encore plus* désormais.

L'envers de ces deux anecdotes est que la fixation d'un prix, si bas fût-il, réduit en général la participation, souvent de manière radicale. Dans le cas de Google, les gens auraient pris beaucoup moins de confiseries s'ils avaient dû les payer. Dans le cas de l'association, le nombre de billets distribués a beaucoup baissé. C'est la contrepartie de la gratuité : celle-ci maximise la diffusion d'un produit ou service quelconque, mais si tel n'est pas le but que vous visez en réalité (Google ne vise pas le grignotage maximum), ses effets peuvent être contre-productifs. Comme tout outil puissant, la gratuité doit être manipulée avec précaution, sans quoi elle peut faire plus de mal que de bien.

L'équation temps/argent

Un jour de votre vie, sans doute, vous vous réveillerez en vous disant que vous avez plus d'argent que de temps. Vous réaliserez alors que vous devriez fonctionner autrement : éviter d'aller chercher dans un quartier lointain le distributeur automatique où un retrait ne vous coûtera pas de commission, de rouler sans fin jusqu'à trouver de l'essence moins chère, de repeindre vous-même votre maison…

Ce genre de calcul fonde une grande partie de l'économie du *freemium* (voir page 39). On le rencontre souvent dans les jeux en ligne gratuits comme Maple Story, où l'on peut acheter des outils tels que des « pierres de téléportation » pour aller vite d'un endroit à l'autre sans s'appuyer une longue marche ni attendre l'autocar. Pour la plupart, ces biens numériques payants ne font pas de vous un meilleur joueur, mais vous permettent de le devenir plus vite.

Les jeunes ont en général plus de temps que d'argent. Voilà pourquoi ils échangent des fichiers MP3, ce qui est beaucoup de complication, mais ne coûte rien (tout en étant illégal !). Pour télécharger de la musique via des services de *peer-to-peer*, soulignait Steve Jobs, vous devrez en général affronter des formats de fichiers problématiques, l'absence d'informations sur les albums et le risque de tomber sur le mauvais morceau ou sur une version de qualité médiocre. Vu le temps qu'il vous faut dépenser pour éviter de payer, vous travaillez pour moins que le Smic. Néanmoins, si vous avez beaucoup de temps et peu d'argent, cela se justifie. Pour vous, le bon prix est le gratuit.

Mais quand on vieillit, l'équation s'inverse : payer 0,99 euro ici ou là n'impressionne plus. On passe dans la catégorie du client payant, celle de l'utilisateur « premium » dans l'équation du *freemium*.

L'un de mes projets annexes, DIY Drones, porte sur le développement et la vente d'une technologie de robotique aérienne en *open source*. Vous connaissez sans doute le concept d'*open source* appliqué au logiciel, mais son extension au matériel – des circuits imprimés jusqu'aux gadgets d'électronique grand public comme le téléphone Android de Google – commence à peine.

Même dans sa forme embryonnaire, le matériel libre montre de manière vraiment intéressante comment gagner de l'argent à partir du gratuit. Il va bien au-delà du logiciel libre, car il concerne des atomes (qui ont un vrai coût marginal), et pas seulement des bits propagés pour un coût quasi nul.

La plupart des entreprises de matériel libre fonctionnent ainsi : tous les plans, fichiers de circuits imprimés, logiciels et modes d'emploi sont gratuits et à la disposition de chacun. Si vous voulez construire le matériel vous-même (ou, encore mieux, l'améliorer), bravo. Mais si vous préférez ne pas en prendre la peine ou le risque, vous pouvez acheter une version toute fabriquée qui fonctionnera à coup sûr.

Prenez par exemple les microprocesseurs en *open source* Arduino, autour desquels sont construits les autopilotes de DIY Drones. Vous pouvez réaliser le vôtre grâce aux instructions complètes disponibles sur www.arduino.cc. Vous pouvez aussi en acheter un. La plupart des gens choisissent la seconde solution. Arduino gagne sa vie grâce aux honoraires de certification demandés aux entreprises qui fabriquent les composants et aux distributeurs qui les vendent.

Ce modèle permet de bâtir de belles entreprises, comme l'a montré Limor Fried, patronne d'Adafruit Industries, qui conçoit et vend, des kits électroniques. Elle et son associé, Phillip Torrone, ont construit un modèle économique simple autour de la gratuité – un modèle que j'ai copié sans vergogne avec DIY Drones.

Voici comment il fonctionne :

1. Bâtir une communauté autour d'informations et de conseils gratuits sur un sujet particulier.
2. Avec l'aide de cette communauté, concevoir quelques produits désirés par un public et, en guise de remerciement, proposer les produits gratuitement sous leur forme brute.
3. Offrir à ceux qui ont plus d'argent que de temps, de compétences et/ou de tolérance au risque la possibilité d'acheter une version plus achevée de ces produits (il est fort possible que presque tout le monde soit dans ce cas).
4. Recommencer inlassablement en intégrant aux produits une marge de 40 % pour payer les frais.

C'est vraiment aussi simple que cela. « Je n'imaginerais pas faire un livre, une vidéo ou un magazine sans avoir une communauté qui s'y rallierait au fur et à mesure », assure Torrone. « En fin de compte, cela a toujours l'air d'un récit, les gens aiment connaître le début, le milieu, la fin et l'intrigue et, s'il y a une touche « acheter » quelque part, ils cliqueront parfois dessus pour nous récompenser de notre labeur. »

Si l'on y réfléchit, c'est un exemple supplémentaire de la psychologie du gratuit, et cela de deux façons. Il y a d'abord le calcul mental qu'on effectue pour évaluer son temps. N'oubliez pas ce que disait Steve Jobs : si l'on préfère prendre le temps de démêler les métadonnées qui vont avec les échanges de fichiers, on ne gagne même pas le Smic. Selon Jobs, payer 0,99 dollar pour obtenir une chanson se justifie par le temps gagné (en dehors de toutes autres considérations de légalité et d'honnêteté).

La seconde raison pour acheter une chose est de réduire le risque qu'elle ne corresponde pas à ce qu'on veut. Le prix s'accompagne de garanties qu'on n'a généralement pas avec le gratuit. C'est ce qu'Adafruit vend avec ses produits électroniques tout montés. On peut être sûr que ceux-ci fonctionneront, ce qui n'est pas le cas si l'on manie soi-même le fer à souder.

Mais la gratuité peut aussi aider à instaurer la confiance. Revenons encore à Adafruit. Puisqu'il en existe une version gratuite et une version en *open source*, vous pouvez examiner et essayer le produit sans risque. Vous savez aussi que vous pouvez le modifier s'il ne répond pas précisément à vos besoins. De plus, l'existence d'une version gratuite a attiré une vaste communauté d'utilisateurs. Savoir que tant d'autres s'intéressent au produit et sont là pour vous aider en cas de problème est aussi rassurant. (C'est ce que les psychologues appellent le « désir mimétique » : en substance, nous désirons faire ce que d'autres font parce que leurs décisions valident la nôtre, ce qui explique toutes sortes de choses, des comportements moutonniers aux casquettes à logo.)

Voilà pourquoi le gratuit fonctionne si bien en conjonction avec le payant. La formule répond aux motivations de tout un éventail de consommateurs, de celui qui a plus de temps que d'argent à celui qui a plus d'argent que de temps. Elle peut fonctionner pour celui qui a confiance en ses compétences et veut faire les choses lui-même et pour celui qui doute et préfère que quelqu'un fasse le travail à sa place. Ajoutez le gratuit au payant et vous couvrez toute la psychologie de la consommation.

Le cerveau pirate

Il est une dernière forme de gratuité dont nous n'avons pas encore parlé : le piratage. Le piratage est un type de vol particulier, souvent considéré par les pirates et les consommateurs de marchandises piratées comme un délit qui ne lèse à peu près personne. (Ont-ils raison ou tort, je n'essaierai pas de le dire : ici, nous nous intéresserons juste à la manière dont ils le voient, d'un point de vue psychologique.) Ils soutiennent que les marchandises piratées prennent rarement la place de l'original authentique. En revanche, le produit peut ainsi atteindre des populations qui seraient incapables de se l'offrir ou qui ne l'auraient pas acheté.

Ce qui fait du piratage une catégorie de vol spéciale est que son coût pour le propriétaire légitime est immatériel. Si quelqu'un pirate le CD musical que vous avez enregistré, il ne vous prend rien que vous possédiez, ils le *reproduit.* Cette distinction importante aboutit à la réalité suivante : vous ne subissez pas une perte, mais un *manque à gagner.* Les coûts sont tout au plus égaux aux coûts d'opportunité des ventes qui n'ont pas lieu du fait que l'original se trouve concurrencé par des versions piratées. (Nous examinerons davantage ce sujet au chapitre 14 à propos des marchés du piratage en Chine, et nous verrons que les résultats ne sont pas entièrement négatifs pour le propriétaire légitime.)

Le piratage est une forme de gratuité imposée. Vous n'aviez peut-être pas prévu de rendre votre produit gratuit, mais le marché le fait à votre place. Pour l'industrie musicale et une grande partie de l'industrie du logiciel, c'est une réalité quotidienne. Le gratuit est devenu le prix *de facto,* en dépit des efforts accomplis pour le stopper.

Un développeur de logiciels a un jour voulu savoir pourquoi. Cliff Harris créait des jeux vidéo vendus au prix, très raisonnable à ses yeux, de 20 dollars. Pourtant, ils étaient constamment piratés. Pourquoi ?

Il a posé la question aux lecteurs de Slashdot, célèbre forum consacré aux technologies. Il a reçu des centaines et des centaines de réponses, rarement inférieures à cent mots. « C'était, dit-il, comme si des tas de gens attendaient depuis longtemps qu'un développeur de jeux les interroge. »

Kevin Kelly a ainsi rendu compte de l'expérience :

> Il a découvert dans les réponses des constantes surprenantes. En tête venait le sentiment commun que ses jeux (et les jeux en général) étaient trop chers pour ce que les acheteurs obtenaient – même à 20 dollars. Deuxièmement, tout ce qui complique l'achat et l'installation – protection contre la copie, DRM (digital rights management), ou formalités alambiquées d'achat en ligne –, tout ce qui fait écran entre l'envie de jouer et le jeu lui-même, était vu comme un signal légitime en faveur de la gratuité. Une minorité véhémente invoquait aussi des raisons idéologiques (proclamations hostiles au capitalisme, à la propriété intellectuelle et à « l'homme », ou simple désir de marginalité).

La sincérité des réponses à sa question l'a fait évoluer, ce qui est tout à son honneur. Harris a décidé d'infléchir son modèle économique. Il a divisé par deux le prix de ses jeux, le ramenant à 10 dollars. Il a supprimé la mince protection contre la copie qu'il employait. Il a promis de rendre plus facile l'utilisation de sa boutique en ligne, peut-être même d'y instaurer le paiement en un seul clic. Il a décidé de diffuser des démos gratuites plus longues. Surtout, il s'est dit qu'il devait améliorer la qualité de ses jeux.

D'une certaine manière, le marché lui a dit que ses jeux n'avaient pas autant de valeur qu'il leur en attribuait. Il a compris qu'il serait inutile de ramer à contre-courant tant que les gens ne se diraient pas qu'ils valaient davantage.

De l'expérience de Harris, il faut retenir que, sur un marché numérique, le gratuit est presque toujours un choix possible. Si vous ne le proposez pas explicitement, d'autres trouveront en général comment y parvenir. Quand le coût marginal de reproduction est égal à zéro, les barrières à la gratuité sont surtout psychologiques – crainte d'enfreindre la loi, sentiment de justice, calcul personnel de la valeur de son propre temps, éventuellement habitude de payer ou ignorance de la possibilité d'obtenir une version gratuite. Tôt ou tard, la plupart des producteurs du royaume numérique se trouveront en concurrence avec le gratuit. Harris l'a compris et a cherché à faire mieux. Avec cette enquête, il a sondé l'esprit du pirate et il y a vu un client payant en quête d'une bonne raison pour passer à l'acte.

2

LE GRATUIT NUMÉRIQUE

4

Trop peu coûteux pour qu'on le compte

La leçon du Web : quand le prix de quelque chose baisse de moitié chaque année, le zéro est inévitable

En ce jour de 1954, à l'aube de l'électricité d'origine nucléaire, Lewis Strauss, patron de la Commission américaine de l'énergie atomique, recevait à New York un groupe de journalistes scientifiques pour leur prédire les grandes choses à venir. Les maladies seraient vaincues et l'on finirait par comprendre les causes du vieillissement. On voyagerait bientôt « sans effort » à grande vitesse sur les mers et dans les airs. Les grandes famines régionales périodiques disparaîtraient. Et surtout, avança-t-il, « il n'est pas exagéré de penser que nos enfants disposeront chez eux d'une énergie électrique trop peu coûteuse pour qu'on la compte ».

L'époque était à l'optimisme. La conquête spatiale commençait à peine, la médecine moderne venait à bout de vieilles afflictions, la chimie nourrissait la planète et lui apportait une « vie meilleure », l'ère de l'information pointait, riche de possibilités infinies. Tout ce qui pouvait être inventé serait inventé et bientôt vendu tout emballé à une classe naissante de consommateurs dépensiers.

Dans le climat optimiste de l'après-guerre, la science et la technologie paraissaient annoncer une ère de prospérité et de croissance sans précédent où fierté nationale et béatitude domestique iraient de pair. La puissance de l'esprit humain et les machines intelligentes allaient nous libérer des corvées ménagères et mettre fin aux guerres. La question n'était pas de savoir si l'on habiterait des colonies spatiales, mais comment on s'y habillerait. La famille Jetson [1] n'était pas plus bouffonne que la famille Pierrafeu ; aussi sûrement que nous avons un jour vécu dans des grottes, nous aurions un jour des taxis spatiaux et des robots maîtres d'hôtel.

Et il est vrai que l'explosion scientifique et technologique d'après-guerre nous a placés sur une trajectoire d'augmentation de la productivité et de croissance économique sans précédent. Mais tout n'était pas aussi rose que Strauss l'avait prédit. L'électricité n'est pas devenue trop peu coûteuse pour qu'on la compte.

L'uranium était certes un combustible bien moins cher que le charbon, mais les coûts initiaux de construction des réacteurs et des centrales se sont avérés bien plus élevés. Le traitement des déchets était et demeure un problème non résolu. Et la proposition est apparue doublement chère et risquée après Three Mile Island [2] et Tchernobyl.

---

1. Série télévisée des années 1960 décrivant la vie d'une famille américaine de l'avenir. (NdT)

2. Centrale électrique américaine affectée en 1979 par une fuite de liquide radioactif. Cet accident, le plus grave de l'histoire de l'énergie nucléaire aux États-Unis, n'a fait aucune victime, mais a marqué les esprits. (NdT)

Aujourd'hui, le nucléaire coûte à peu près la même chose que le charbon, c'est-à-dire que l'économie de l'électricité n'a pas changé d'un iota.

Comme toutes les citations célèbres, celle de Strauss est souvent mal comprise. Premièrement, il parlait probablement de la fusion de l'hydrogène, non de la fission de l'uranium. La fusion était très loin d'être viable à l'époque, et le reste aujourd'hui. La fission (ce qu'on appelle « énergie nucléaire »), en revanche, était en préparation et chacun savait, y compris Strauss, qu'elle coûterait sans doute plus cher que le charbon, étant donné l'investissement nécessaire pour créer les usines.

Deuxièmement, « trop peu coûteuse pour qu'on la compte » ne signifie pas « gratuit » : cela signifie seulement trop bon marché pour qu'on la surveille de près. Les plans de certains immeubles construits à cette époque, dont le World Trade Center, ne prévoyaient pas d'interrupteurs pour éteindre l'éclairage des bureaux. Les gestionnaires des immeubles pouvaient allumer ou éteindre des étages entiers comme des arbres de Noël. On pensait que l'électricité serait trop bon marché pour qu'on s'en soucie.

Notons au passage que Strauss était un personnage controversé, et pas seulement pour son goût de l'exagération. Chaud partisan de la bombe à hydrogène, il s'opposait à Robert Oppenheimer, le regretté père de la bombe atomique. Il s'est illustré en témoignant contre celui-ci au cours d'une chasse aux sorcières parlementaire qui coûta à Oppenheimer son accréditation de sécurité. Strauss avait dit au président Eisenhower qu'il n'accepterait de présider l'AEC que si Oppenheimer ne jouait aucun rôle de conseil auprès de l'agence. Il avait expliqué qu'il ne lui faisait pas confiance à cause de son opposition inflexible à la superbombe. Dans les jours suivant sa nomination, en juillet 1953, Strauss fit enlever tous les documents confidentiels du bureau d'Oppenheimer.

Mais sa faveur passa. « L'arrogance de Strauss et sa conviction d'avoir toujours raison finirent par le rendre impopulaire à Capitol Hill », indique sa biographie. « En 1959, après deux mois d'auditions épuisantes, le Sénat rejeta sa nomination comme ministre du Commerce. Ce fut une humiliation publique pour lui, d'autant plus qu'il avait été reconnu coupable d'avoir menti sous serment. »

Mais que se serait-il passé si Strauss avait vu juste ? Si l'électricité était devenue en fait pratiquement gratuite ? Tout ce que l'électricité touchait – autrement dit presque tout – en aurait été transformé. Au lieu d'hésiter entre elle et d'autres sources d'énergie, on l'utiliserait à plein – on la gaspillerait car elle serait si peu coûteuse qu'on n'aurait pas à se soucier d'efficacité.

Tous les bâtiments seraient chauffés à l'électricité, quel que soit le taux de conversion thermique. Nous conduirions tous des automobiles électriques (la gratuité de l'électricité serait une puissante incitation à développer une technologie efficace pour les batteries). D'énormes usines de désalinisation produiraient à partir de l'eau de mer autant d'eau douce qu'on pourrait en vouloir, ce qui permettrait d'irriguer de vastes territoires et de transformer les déserts en zones fertiles.

Une fois l'eau devenue gratuite comme les deux autres grands intrants agricoles (l'air et le soleil), nous pourrions obtenir des récoltes bien supérieures à nos besoins alimentaires, et en utiliser une partie pour produire des biocarburants. Les combustibles fossiles apparaîtraient ridiculement coûteux et sales en comparaison. Les émissions nettes de carbone chuteraient donc (les plantes prélèvent du carbone dans l'atmosphère avant de l'y relarguer lors de leur combustion, alors que le pétrole et le charbon ajoutent du carbone). Peut-être l'expression « réchauffement global » ne serait-elle jamais entrée dans la langue courante.

En bref, ce « trop peu coûteuse pour qu'on la compte » aurait changé le monde.

Peu probable ? Pour l'électricité, peut-être (et encore, qui sait ce que le solaire nous réserve ?). Mais, aujourd'hui, trois autres technologies ont presque autant d'importance que l'électricité dans notre économie : la puissance de traitement informatique, le stockage numérique et la bande passante. Toutes trois sont en train de devenir réellement trop peu coûteuses pour être mesurées.

Et cela se produit à un rythme qui laisse pantois, même près d'un demi-siècle après que Gordon Moore a le premier repéré la tendance aujourd'hui appelée « loi de Moore ». Fait plus étonnant encore, la puissance de traitement – celle à laquelle Moore s'intéressait – est en fait celle des trois qui progresse le moins vite. Le nombre de transistors inclus dans les puces de semi-conducteurs double à peu près tous les dix-huit mois (c'est ce qui permet d'acheter tous les deux ans un iPod contenant deux fois plus de musique que le précédent pour le même prix). Le stockage sur disque dur s'améliore encore plus vite. Le nombre d'octets qu'on peut sauvegarder sur une zone donnée d'un disque dur double à peu près tous les ans, et voilà pourquoi on peut aujourd'hui stocker des centaines d'heures de vidéo sur un enregistreur numérique. Mais l'évolution la plus rapide est encore celle de la bande passante : la vitesse de transfert des données sur un câble en fibre optique double tous les neuf mois. C'est pourquoi l'enregistreur numérique n'est même plus utile : on peut regarder toute la télévision qu'on veut au moment où on le veut grâce à des services de vidéo en ligne comme Hulu.

Chacune de ces technologies a un corollaire économique, encore plus puissant s'il se peut : les coûts sont divisés par deux au rythme où doublent la capacité, la vitesse, etc. Ce qui signifie que, si la puissance informatique disponible pour un prix donné double tous les deux ans, le prix d'une unité de puissance informatique donnée chutera de 50 % au cours de la même période.

Prenez le transistor. En 1961, un transistor coûtait 10 dollars. Deux ans plus tard, 5 dollars. Deux ans plus tard encore, quand la prédiction de Moore est parue dans le numéro d'avril 1965 du magazine Electronics, 2,50 dollars. En 1968, le transistor était tombé à 1 dollar. Sept ans plus tard, à 10 cents. Sept ans encore, et il ne valait plus que 1 cent, et ainsi de suite.

Aujourd'hui, les plus récents processeurs Intel comptent environ 2 milliards de transistors et coûtent autour de 300 dollars. Ce qui signifie que chaque transistor coûte à peu près 0,000 015 cent. Et donc qu'il est trop peu coûteux pour qu'on le compte.

Ce trio de technologies plus rapides, meilleures, moins chères – traitement, stockage et bande passante – convergent en ligne, et c'est pourquoi l'on a aujourd'hui des services gratuits comme YouTube – en fait, une masse illimitée de vidéos visibles sans délai dans une résolution de plus en plus élevée –, dont le prix aurait été prohibitif il y a seulement quelques années.

Jamais, dans le cours de l'histoire humaine, les prix des intrants essentiels de l'économie industrielle n'avaient baissé aussi vite et aussi longtemps. C'est le moteur de la nouvelle gratuité, celle qui va au-delà du truc de marketing ou de la subvention croisée. Dans un monde où les prix semblent toujours aller vers le haut, le coût de tout ce qui est bâti sur ces trois technologies ira toujours vers le bas. Et il continuera, jusqu'à aller aussi près du zéro que possible.

Anticiper les prix bas

Quand le coût des choses que vous fabriquez chute aussi régulièrement, pendant aussi longtemps, vous pouvez expérimenter des formules tarifaires qui auraient paru aberrantes sans cela. Au lieu de vendre vos produits pour ce qu'ils coûtent aujourd'hui, vous pouvez les vendre pour ce qu'ils coûteront demain. En accroissant la demande, cet abaissement du prix accélérera la courbe, de sorte que le produit coûtera demain encore moins cher que prévu. Ainsi gagnerez-vous plus d'argent.

Au début des années 1960, par exemple, Fairchild Semiconductor vendait aux militaires l'un des premiers transistors, le 1211. Sa fabrication coûtait 100 dollars pièce. Fairchild voulait le vendre à RCA pour son nouveau récepteur de télévision UHF. Or, à l'époque, RCA utilisait des tubes à vide traditionnels qui ne coûtaient que 1,05 dollar chacun.

Le fondateur de Fairchild, le légendaire Robert Noyce et son vendeur vedette Jerry Sanders, savaient que le coût du transistor baisserait rapidement si le volume de production augmentait. Mais, pour commencer à vendre au secteur commercial, ils devaient baisser les prix tout de suite, avant d'avoir du volume. Ils l'ont donc fait. Sans barguigner. Ils ramenèrent le prix du 1211 à 1,05 dollar, d'emblée, avant même de savoir comment produire à un prix aussi bas. « Nous allions fabriquer les puces dans une usine pas encore construite à l'aide d'un procédé pas encore développé, mais voilà : dès la semaine suivante nous affichions 1,05 dollar », dirait plus tard Sanders. « Nous projetions nos ventes dans l'avenir. »

Cela a marché. Prenant une bonne avance sur la courbe de baisse des prix, ils atteignirent leur objectif de 1,05 dollar et raflèrent 90 % du marché des récepteurs UHF. Deux ans plus tard, ils purent réduire le prix du 1211 à 50 cents, en dégageant tout de même un profit. Comme l'écrit l'essayiste Kevin Kelly dans *New Rules for the New Economy*, ils avaient « anticipé le pas cher ».

Imaginez que Henry Ford ait pu en faire autant dans l'usine de son modèle T. Cela semble presque impossible : comment les prix d'un bien tel qu'une automobile pourraient-ils chuter autant que celui des technologies numériques ? Tous les ans, il faudrait doubler notre capacité à extraire du minerai et à le transformer en métal. Le prix de toutes les pièces automobiles devrait baisser comme celui des semi-conducteurs en obéissant à quelque loi de Moore des essuie-glaces et des transmissions. Tous les ans, les ouvriers devraient accepter que leur salaire soit divisé par deux ou que la moitié d'entre eux soient remplacés par des robots.

Mais, si vous aviez été de ce monde dans les premières décennies de l'industrie automobile, cela n'aurait pas été inimaginable. Entre 1906 et 1918, les prix de l'automobile « corrigés de la qualité » (les performances par dollar du véhicule) ont baissé d'environ 50 % tous les deux ans. À la fin de cette période, une voiture était cinq fois moins coûteuse que son équivalente dix ans plus tôt.

En transférant le travail manuel vers une ligne d'assemblage fonctionnant à l'aide de moteurs électriques, Ford a réussi à abaisser son coût. Puis il a encore réduit le coût de la main-d'œuvre en remplaçant les pièces fabriquées à la demande par des composants industriels standards, et il a vendu par millions des automobiles produites en masse.

Mais cette remarquable courbe de baisse des coûts, due aux techniques révolutionnaires de production en chaîne imaginées par Henry Ford, avait ses limites. Les améliorations du rapport prix/performance des automobiles ont ralenti ; aujourd'hui, elles ne dépassent pas quelques pour cent par an. Nous avons certes amélioré largement notre capacité à extraire du minerai du sol et la moitié des travailleurs de l'automobile ont bel et bien été remplacés par des robots, mais cela ne s'est pas produit d'un jour à l'autre. Les automobiles s'améliorent tout en devenant moins chères, mais à un rythme qui n'a rien à voir avec celui des technologies numériques. De nos jours, une automobile reste un bien coûteux.

Et c'est tant mieux pour l'environnement. Si le prix des biens physiques pouvait chuter aussi vite que celui des puces, les « externalités négatives » de leur surproduction ne seraient vite que trop visibles. On imagine bien le problème quand on a vu le film *Wall-E*, de Pixar, où les humains sont poussés hors de la planète par des montagnes d'ordures débordantes.

Mais, dans le domaine numérique, où ce qui est créé en abondance consiste finalement en éphémères fragments d'information – électrons, photons et flux magnétiques –, rien n'empêche ces remarquables lois du doublement de produire tout leur effet. D'où une conséquence surprenante, soulignée par Moore lui-même : « La loi de Moore viole la loi de Murphy. Tout va en s'améliorant. »

Pourquoi la loi de Moore fonctionne

La plupart des procédés industriels s'améliorent progressivement et s'étendent selon un effet appelé « courbe

COMMENT UNE AUTOMOBILE PEUT-ELLE ÊTRE GRATUITE ?

De même que Ryanair a redéfini le métier de compagnie aérienne pour vendre des voyages plus encore que des sièges d'avion, Better Place redéfinit l'industrie automobile. En cette époque de prix du carburant élevés, les gens s'aperçoivent que le coût d'une voiture ne se borne pas à son prix d'achat ; il comprend aussi des frais d'utilisation qui peuvent dépasser 3 000 dollars par an. En s'inspirant du modèle des opérateurs de téléphonie mobile, Better Place a trouvé un moyen pour donner l'automobile tout en vendant les kilomètres pour moins cher qu'ils ne vous coûteraient avec une voiture traditionnelle.

Ce modèle fonctionne si le prix de l'essence augmente plus vite que celui de l'électricité

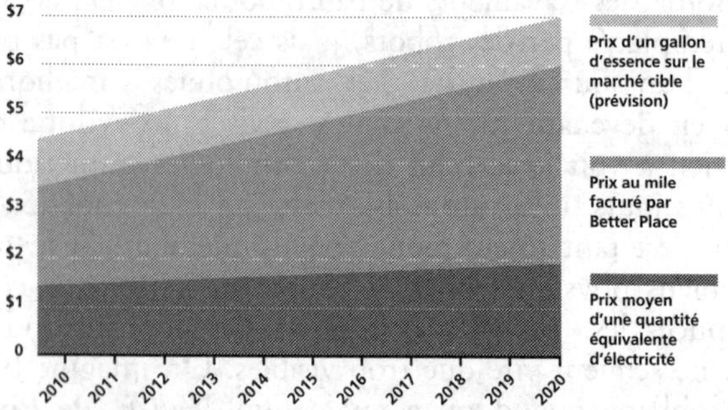

Better Place y parvient parce que les automobiles sont électriques et que l'électricité est moins chère que l'essence. Si vous signez un contrat de trois ans (à condition d'habiter là où le service sera disponible, à commencer par Israël, le Danemark, l'Australie et la région de San Francisco), Better Place vous louera même une voiture gratuitement. Vous la rechargerez chez vous et au travail avec une station de rechargement spéciale, et à des bornes publiques qui vous seront signalées par le GPS du véhicule et les réseaux sans fil. Si vous êtes très pressé, vous serez guidé vers une station où l'on vous échangera votre batterie en moins de temps qu'il n'en faut pour faire un plein d'essence.

En Israël, premier marché d'implantation de Better Place, l'écart entre les prix de l'essence et ceux de l'électricité à distance parcourue égale est actuellement d'environ 3 dollars par gallon (3,8 litres). Dans les pays où les taxes sur le carburant sont élevées et les énergies renouvelables abondantes, comme dans la plus grande partie de l'Europe, cet écart peut atteindre 4 dollars. Better Place utilise la différence pour subventionner ses automobiles.

L'entreprise compte sur deux séries de clients : ceux qui achètent l'automobile et reçoivent la batterie gratuitement, et ceux qui obtiennent l'une et l'autre gratuitement.

Son pari est que les prix de l'essence vont monter plus vite que ceux de l'électricité, car la production de pétrole est limitée, tandis que les sources d'électricité renouvelable ne le sont pas. Si un utilisateur conduit 10 000 miles (16 000 km) par an pour un coût de 0,15 dollar le mile et que Better Place propose 0,12 dollar, alors que l'électricité coûte en réalité 0,02 dollar, sa marge est de 10 cents par mile, soit 1 000 dollars de profit brut annuel, ce qui permet d'amortir le coût des batteries (qui durent au moins une décennie). Plus l'écart entre les prix de l'essence et de l'électricité s'élargira, plus vite Better Place récupérera le coût des batteries et plus élevés seront ses bénéfices.

Pour le second type de clients, Better Place facturera un montant par mile plus élevé, jusqu'à 0,50 dollar (15 000 dollars par an), ce qui est suffisant pour couvrir le coût de l'automobile et de la batterie. Et, là aussi, l'économie ne fait que s'améliorer quand l'essence devient plus chère par rapport à l'électricité.

Les avantages non économiques sont encore plus importants : pas d'émission de gaz à effet de serre par les automobiles, moins de dépendance envers le pétrole importé. Cela rend Better Place éligible à des subventions publiques et privées qui couvriront une bonne partie des équipements publics de recharge là où l'entreprise s'installera d'abord. Elle s'étendra ensuite vers les régions où son économie fonctionnera le mieux.

d'apprentissage ». Et ceux qui reposent sur les semi-conducteurs le font bien plus vite et plus longtemps.

L'expression « courbe d'apprentissage » remonte à Hermann Ebbinghaus. Ce psychologue allemand du XIXe siècle décrivait ainsi les améliorations observées chez des gens qui mémorisaient des tâches au fil de nombreuses répétitions. Elle n'a pas tardé à prendre un sens plus large. Wikipédia l'expose ainsi : « Le principe est que plus souvent une tâche aura été accomplie, moins chacune de ses itérations suivantes demandera de temps. » L'un des premiers exemples de cet effet a été observé en 1936 sur la base militaire aérienne Wright-Patterson : ses dirigeants ont calculé que chaque doublement de la production totale d'appareils s'accompagnait d'une réduction de 10 à 15 % du temps de travail requis.

À la fin des années 1960, le Boston Consulting Group (BCG) a commencé à étudier les secteurs des technologies et a constaté qu'ils s'amélioraient souvent plus vite que ne pouvait l'expliquer une simple courbe d'apprentissage. Là où la courbe d'apprentissage tenait surtout à l'apprentissage humain, un effet d'échelle semblait intervenir : chaque fois que les volumes de produits fabriqués doublaient, les coûts baissaient d'un pourcentage constant et prévisible (10 à 25 %). Le BCG a alors parlé de « courbe d'expérience » pour englober à la fois l'apprentissage institutionnel, celui-ci allant des gains de productivité administrative à l'optimisation de la chaîne logistique, et l'apprentissage individuel des travailleurs.

Mais, à partir des années 1970, les baisses de prix dans le domaine neuf des semi-conducteurs ont paru se produire plus vite encore que la courbe d'expérience ne pouvait l'expliquer à elle seule. Situé pour les premiers transistors dans le haut de la fourchette indiquée par le BCG, leur rythme s'est ensuite accéléré. En dix ans, les ventes du transistor Fairchild 1211 ont été multipliées par 4 000. Elles ont doublé douze fois, ce qui, selon la théorie de la courbe d'expérience, aurait dû ramener leur prix à un trentième du chiffre d'origine. En fait, le prix est tombé à *un millième* de celui-ci. Clairement, il se passait quelque chose de plus.

Ce qu'il y a de différent dans les semi-conducteurs, comme dans beaucoup de produits *high-tech*, est leur ratio très élevé de matière grise par rapport au muscle. En termes économiques, leurs intrants sont davantage intellectuels que matériels. Après tout, les puces ne sont que du sable (silicium) très habilement utilisé. Comme l'écrit George Gilder dans *Microcosme* :

> Quand la matière joue un si petit rôle dans la production, la résistance matérielle à l'accroissement du volume est moindre. Les semi-conducteurs représentent une défaite de la matière dans l'économie.

Autrement dit, les idées peuvent se propager pratiquement sans limite et sans coût. Cela n'est pas nouveau, bien sûr. Thomas Jefferson, père du système des brevets (entre autres), l'a dit mieux que quiconque :

> Celui qui reçoit une idée de moi reçoit de l'instruction lui-même sans amoindrir la mienne, de même que celui qui allume sa chandelle à la mienne reçoit la lumière sans me plonger dans le noir.

Ainsi les idées sont-elles la matière première abondante par excellence, elles se propagent à un coût marginal nul. Une fois créées, elles ne demandent qu'à se répandre loin et largement, enrichissant tout ce qu'elles touchent. (Dans la société, ces idées qui se diffusent sont appelées « mèmes ».)

Mais, dans la vie économique, les entreprises gagnent de l'argent en raréfiant artificiellement les idées, grâce au droit de la propriété intellectuelle. Les brevets, droits d'auteur et secrets commerciaux visent par nature à bloquer l'écoulement naturel des idées dans l'ensemble de la population, assez longtemps pour réaliser un profit. Ils ont été créés pour donner aux inventeurs une raison économique de créer, pour leur permettre d'imposer une rente monopoliste pendant une certaine durée et d'obtenir ainsi une rémunération du travail qu'ils ont mis dans leur idée. Mais vient un jour où les brevets expirent et les secrets transpirent : on ne peut enchaîner les idées perpétuellement.

Et plus les produits sont faits d'idées au lieu de matière, plus vite ils peuvent devenir bon marché. C'est la racine de l'abondance qui mène à la gratuité dans le monde numérique, ce qu'on résume aujourd'hui sous l'expression « loi de Moore ».

Mais cela ne se limite pas aux produits numériques. Toute industrie dans laquelle l'information devient l'ingrédient principal aura tendance à suivre cette courbe d'apprentissage composée : ses performances progresseront tandis que ses prix baisseront. Prenez la médecine, où le « On ne sait pas pourquoi ça fonctionne, on se contente de constater » est en train de céder la place à un processus découlant des premiers principes de la biologie moléculaire (« À présent, on sait pourquoi ça fonctionne »). La science sous-jacente est information, tandis que l'efficacité observée est anecdote. Une fois qu'on comprend les bases, on peut créer plus vite une abondance de médicaments meilleurs.

Le prix du séquençage de l'ADN baisse de 50 % tous les 1,9 an ; et notre patrimoine génétique ne tardera pas à devenir lui aussi une industrie de l'information. De plus en plus de services médicaux et de diagnostics seront assurés par des logiciels (qui deviennent moins chers, jusqu'à la gratuité) plutôt que par des médecins (qui deviennent plus chers).

Idem pour les nanotechnologies, qui s'apprêtent à faire de l'industrie manufacturière une industrie de l'information supplémentaire avec l'autoassemblage de molécules taillées sur mesure. L'énergie qui, au lieu de brûler des combustibles fossiles, se met à utiliser massivement les cellules photovoltaïques pour transformer le soleil en électricité, ou qui conçoit des enzymes capables de convertir l'herbe en éthanol, connaîtra la même évolution. Dans tous ces cas, des industries qui n'ont rien à voir avec l'informatique se mettent à afficher des croissances exponentielles (et des baisses de prix) qui rappellent la loi de Moore dès que la matière grise y dépasse le muscle.

La loi de Mead

En réalité, Gordon Moore n'est pas l'auteur de la loi qui porte son nom. On la doit à un professeur de l'université Caltech, Carver Mead, qui a été le premier à s'intéresser au corollaire économique de la loi du doublement de la densité de transistors énoncée par Moore : si la quantité de puissance informatique disponible pour un coût donné double tous les deux ans, alors le coût d'une unité donnée de puissance informatique doit être divisé par deux sur la même période. Surtout, il a été le premier à envisager vraiment ce que cela signifiait pour notre manière de considérer et d'utiliser les technologies numériques. Et il a compris que nous nous en faisions une idée fausse.

À la fin des années 1970, Mead, qui enseignait la conception de semi-conducteurs, a énoncé les principes des circuits intégrés connus sous le nom de « *very large scale integration* » (VLSI). Ils définissent en grande partie le monde des ordinateurs tel qu'il existe aujourd'hui. Comme Moore avant lui, il a vu que le doublement des performances tous les dix-huit mois allait se poursuivre sans limite visible. Cela n'était pas seulement dû aux courbes standards d'apprentissage et d'expérience, mais aussi à ce qu'il a appelé la « courbe d'apprentissage composée », qui associe courbes d'apprentissage et fréquence des nouvelles inventions.

Depuis plus d'un demi-siècle, les créateurs de semiconducteurs imaginent à peu près tous les dix ans une innovation majeure qui relance à chaque fois ce secteur dans la partie en pente raide de la courbe. Quand un procédé de production s'approche de la fin de son cycle d'amélioration, cela stimule la recherche de quelque chose de radicalement nouveau et meilleur. Et, comme le monde à l'échelle atomique rendu accessible par la nouvelle physique de la fin du XXe siècle contient « beaucoup de place vers le bas », ainsi que le disait le physicien Richard Feynman, les chercheurs parviennent à trouver ces nouvelles voies avec une régularité presque surnaturelle.

Chaque fois, que ce soit avec un nouveau matériau, un nouveau procédé de gravure, une nouvelle architecture de composants ou une dimension entièrement nouvelle telle que le traitement parallèle, la courbe d'apprentissage recommence au niveau le plus vertigineux de sa pente. Si l'on additionne toutes ces innovations et ces courbes d'apprentissage pour l'ensemble de l'industrie informatique, on obtient un rythme de baisse des coûts sans précédent. Les transistors, comme presque toute autre unité de puissance informatique, avancent inévitablement vers le prix zéro.

COURBES D'APPRENTISSAGE COMPOSÉES

Chaque génération de lithographie pour semi-conducteurs suppose une nouvelle invention, qui relance la partie pentue de la courbe d'apprentissage.

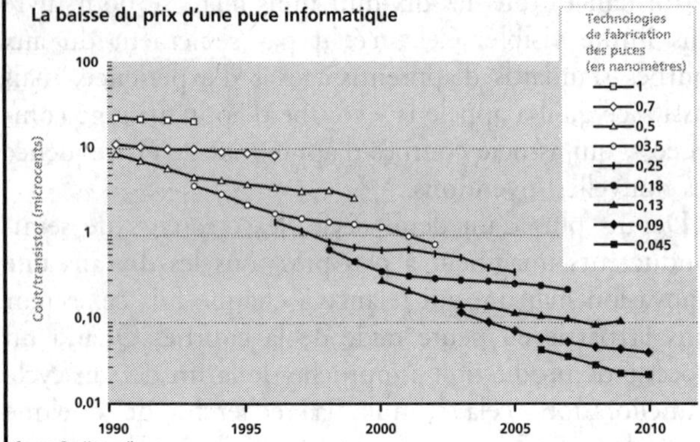

Source : Ray Kurzureil

Mead avait compris que cet effet économique s'accompagnait d'un impératif moral. Si les transistors deviennent trop peu coûteux pour qu'on les compte, alors cessons de les compter et de réfléchir à leur coût. Renonçons à les conserver comme un bien rare et traitons-les comme la fourniture abondante qu'ils sont. Autrement dit, on devrait littéralement se mettre à les gaspiller.

« Gaspillage » est un gros mot, et il l'était particulièrement dans le monde informatique des années 1970. Toute une génération d'informaticiens a été éduquée dans l'idée que les ressources étaient précieuses et devaient être utilisées avec parcimonie. Dans les salles blanches, à l'ère des grosses bécanes, les opérateurs système affirmaient leur pouvoir en choisissant les programmes qui auraient le droit de tourner sur leurs coûteuses machines. Leur rôle était d'économiser les transistors, et ils ne se contentaient pas de décider de ce qui en valait la peine : ils incitaient les programmeurs à économiser leur temps de machine.

À ses débuts, l'informatique était entre les mains de grands prêtres, les opérateurs système. Pour utiliser un ordinateur, il fallait passer par eux. Ce qui signifiait écrire un programme conforme à leur idée du bon usage des ressources informatiques. Un logiciel devait être resserré sur ses objectifs opérationnels, utiliser avec efficience les cycles de l'unité centrale et rester modeste dans ses ambitions. Si vous respectiez ces conditions, ils pouvaient accepter d'introduire votre carte perforée dans une fente ; deux jours plus tard, ils vous remettaient un listing de vos messages d'erreur pour que vous puissiez recommencer le processus.

Les programmateurs de ces temps héroïques consacraient donc un maximum de code au fonctionnement de leurs algorithmes essentiels et se souciaient peu de l'interface. À l'époque de la ligne de commande, le logiciel était au service de l'unité centrale, pas l'inverse.

Les ingénieurs de l'époque comprenaient la loi de Moore sur un plan : ils savaient qu'elle apporterait des ordinateurs plus petits et moins chers que les grands systèmes de l'époque. Ils auraient même pu les imaginer si petits et si peu chers qu'une famille ordinaire aurait pu en avoir un dans son salon. Mais pour quoi faire ? Après moult délibérations, à la fin des années 1960, l'élite des informaticiens n'avait trouvé qu'une raison : gérer des recettes de cuisine. Le premier micro-ordinateur du monde, un élégant appareil électroménager proposé par Honeywell en 1969, ne faisait pas autre chose ; il était même prévu pour être encastré dans les cuisines intégrées. Les magasins Neiman Marcus le mirent cette année-là à leur catalogue au prix modique de 10 600 dollars, alors que pour l'utiliser la ménagère devait jongler avec les connecteurs installés en façade et parler l'hexadécimal.

Arrive Mead, qui prétend convertir les programmeurs au gaspillage. Et ceux-ci de se gratter la tête, perplexes : comment fait-on pour gaspiller de la puissance informatique ?

La souris qui rugissait

Alan Kay, ingénieur au Palo Alto Research Center de Xerox dans les années 1970, allait leur montrer la voie. Au lieu de réserver les transistors aux fonctions de traitement centrales, il développa un concept informatique – le Dynabook – qui consacrait du silicium à de frivoles jeux d'affichage : dessiner des icônes, déplacer un pointeur avec une souris, partager un écran en fenêtres et même ajouter des animations juste pour faire joli.

Pourquoi ce dispendieux festin visuel ? Pour que l'ordinateur soit plus facilement utilisable par des gens normaux, même par des enfants. Le travail de Kay sur l'interface utilisateur graphique (GUI) allait inspirer le Xerox Alto, puis l'Apple Macintosh, qui a changé le monde en mettant l'informatique à la portée de tous.

Kay avait compris que le rôle du technologue n'est pas de trouver à quoi peut servir la technologie. C'est de faire qu'elle soit si peu coûteuse, si aisément utilisable, si répandue que n'importe qui puisse l'utiliser, de sorte qu'elle se propage à travers le monde et envahisse toutes les niches possibles. Nous, utilisateurs, nous trouverons quoi en faire, car nous sommes tous différents : nous n'avons ni les mêmes besoins, ni les mêmes idées, ni les mêmes connaissances, ni les mêmes relations avec le monde.

En montrant comment démocratiser l'informatique, Kay a permis au phénomène de Moore de sortir de sa cage de verre pour entrer dans chaque demeure, chaque véhicule et chaque poche. Cette exploration collective de l'espace potentiel de l'informatique nous a apporté aussi bien la photo numérique que les jeux vidéo, les magnétoscopes numériques ou l'iPod (fait révélateur, peu de gens considèrent la gestion des recettes de cuisine comme une grande priorité).

Les ingénieurs nous ont fourni l'infrastructure technique de l'Internet et du Web (TCP/IP et http://), mais c'est *nous* qui avons imaginé qu'en faire. Comme la technologie était gratuite et ouverte à tous, nous, utilisateurs, nous avons fait des expériences avec et l'avons truffée de nos contenus, de nos idées et de notre personne. Les technologues ont inventé un chaudron, nous l'avons rempli.

Bien sûr, technologie peu coûteuse ne veut pas dire technologie gratuite. Du temps de Kay, un ordinateur puissant coûtait cher, et c'est encore vrai aujourd'hui, comme vous le dira le pauvre responsable informatique qui vient de faire un chèque à six chiffres pour acheter un nouveau rack de serveurs. La technologie ne paraît assurément pas gratuite quand on l'achète en masse. Mais, vue par l'autre bout de la lorgnette, son économie change. Une très coûteuse batterie de disques durs (coûts fixes élevés) peut être au service de dizaines de milliers d'utilisateurs (coût marginal bas).

Le Web d'aujourd'hui est affaire d'échelle, de manière de trouver comment attirer un maximum d'utilisateurs vers des ressources centralisées, d'étaler ces coûts sur des publics de plus en plus larges au fur et à mesure que les capacités de la technologie progressent. Peu importe le coût des équipements installés dans les racks au centre de données ; l'important est ce que ces équipements peuvent faire. Et chaque année, comme une sorte de pendule magique, ils en font de plus en plus pour de moins en moins cher, rapprochant sans cesse de zéro les coûts marginaux de la technologie contenue dans les unités consommées par chacun de nous.

Ce qu'avaient annoncé Mead et Kay a exercé un effet profond sur les industries nées de l'informatique. Les développeurs de logiciels, quand ils n'ont plus eu à se préoccuper de la rareté des ressources de calcul comme la mémoire et les cycles de l'unité centrale, ont pu devenir de plus en plus ambitieux, en s'attachant à des fonctions d'un ordre plus élevé, comme les interfaces utilisateur, et à de nouveaux marchés comme celui du divertissement. Il en est résulté des logiciels plus agréables pour le commun des mortels, ce qui a attiré des utilisateurs plus nombreux, qui à leur tour ont imaginé des usages plus nombreux. Grâce au gaspillage, à force de jeter les transistors par les fenêtres, le monde a été transformé.

Fait intéressant, il n'est pas nécessaire que les transistors (ou le stockage, ou la bande passante) soient complètement gratuits pour que cet effet se déclenche. À un certain point, ils deviennent assez bon marché pour qu'on puisse sans risque les négliger. Le philosophe grec Zénon s'est penché sur ce concept dans un contexte un peu différent. Dans son paradoxe de la dichotomie, vous courez vers un mur. En courant, vous divisez par deux la distance qui vous sépare du mur, puis encore par deux, etc. Mais à force de subdiviser l'espace à l'infini, comment pourriez-vous réellement atteindre le mur ? (la bonne réponse est que vous ne le pouvez pas : une fois que vous vous trouvez à quelques nanomètres, les forces de répulsion atomiques deviennent si puissantes que vous ne pouvez plus vous en rapprocher davantage. Quant au paradoxe mathématique apparent, Newton l'a résolu en inventant le calcul intégral).

En économie, le parallèle est celui-ci : si le coût unitaire de la technologie (qu'on le calcule en mégaoctets, en mégabits par seconde ou en milliers d'opérations à virgule flottante par seconde) est divisé par deux tous les dix-huit mois, quand arrivera-t-il assez près de zéro pour dire qu'on est arrivé et qu'on peut l'arrondir à zéro sans risque ? Réponse : presque toujours plus tôt qu'on ne le croirait.

Mead avait compris qu'un basculement psychologique devrait se produire à l'approche du zéro. Même si l'on ne parvient jamais à la gratuité complète, quand les prix tombent, on a tout avantage à les traiter comme s'ils étaient effectivement gratuits. Pas trop peu coûteux pour qu'*on les compte*, comme l'annonçait Strauss, mais trop peu coûteux pour qu'*ils comptent*.

Fer et verre

L'histoire des semi-conducteurs est largement devenue la fable de l'économie numérique mais, comme on l'a noté plus haut, la vérité est que deux technologies voisines – le stockage et la bande passante – vont encore plus vite dans la course vers le bas.

Le premier, le stockage numérique, repose non pas sur la gravure du silicium en lignes de plus en plus fines, mais sur le dépôt de particules magnétiques sur une plaque métallique de telle manière qu'elles y prennent une position ou une autre. Ainsi fonctionne le disque dur de votre micro-ordinateur ou de votre iPod : une minuscule tête de lecture flotte à très faible distance au-dessus d'un disque en rotation et trace des spirales sur ce disque en modifiant la position des particules magnétiques pour représenter des 1 ou des 0 (par exemple, le PowerPoint sur lequel vous travaillez ou la vidéo que vous venez de télécharger). Pour faire tenir plus de bits sur une plaque, il faut réduire la taille de ces pistes, ce à quoi l'on parvient avec une tête de lecture plus petite, plus puissante, flottant encore plus près d'un disque recouvert de particules encore plus fines et plus fortement magnétisées.

L'essentiel est dans l'assemblage mécanique, plus précis qu'une montre suisse, et dans le plateau fait de matériaux ferreux capables de supporter des champs magnétiques intenses. Bien que le stockage ne repose pas sur la même physique que les semi-conducteurs, la courbe d'apprentissage de Mead reste valable. Sans avoir grand-chose à voir avec les effets des semi-conducteurs observés par Moore, la capacité de stockage progresse (et ses coûts baissent) à un rythme encore supérieur à celui de la loi de Moore. Là encore, le ratio entre esprit et matière est élevé et les innovations sont fréquentes.

Le second, la bande passante, fait elle aussi appel à un autre domaine de la physique et de la science des matériaux. L'envoi des données sur de longues distances est principalement affaire de photons, non d'électrons. Des commutateurs optiques convertissent les deux états des bits dans le code binaire en pulsations d'un laser à des fréquences différentes, et ces *lambdas* (la lettre grecque qui symbolise la longueur d'onde) voyagent dans des fils d'un verre si pur que la lumière rebondit sur leurs parois internes sur des centaines de kilomètres sans perte ni distorsion.

La science qui intervient ici est l'optique et non la science des matériaux ou la précision mécanique. Pourtant, une fois de plus, le rapport entre ingrédients intellectuels et ingrédients physiques est élevé, de sorte que des innovations interviennent à un rythme rapide pour relancer le cycle d'amélioration. Conformément toujours à la courbe d'apprentissage composée de Mead, les réseaux de fibre optique et la commutation optique s'améliorent encore plus vite que le traitement et le stockage, et l'on estime que le rapport prix/performance double en moins d'un an.

Ce que l'abondance permet

La bande passante trop peu coûteuse pour qu'on la compte nous amène à YouTube, qui révolutionne (détruit, disent certains) à grande vitesse l'industrie traditionnelle de la télévision. Le stockage trop peu coûteux pour être mesuré nous amène à Gmail et à sa boîte illimitée de courriers reçus, pour ne rien dire de TiVo, MySpace, ou, au moins pour les fichiers HP, de l'iPod.

Avant l'iPod, personne ne demandait à transporter toute une discothèque dans sa poche. Mais les ingénieurs d'Apple ont compris l'économie d'abondance du stockage. Ils voyaient bien que la capacité des disques durs, à prix égal, progressait encore plus vite que celle des processeurs. Le moteur de l'évolution n'était pas dans une demande aspirant à stocker de vastes catalogues musicaux, mais dans les laboratoires de physique et les bureaux d'études. Pour reprendre l'expression de Meade, les ingénieurs d'Apple ont « écouté la technologie ».

En 2000, ils ont noté en particulier l'annonce faite par Toshiba de la production prochaine d'un disque dur de 1,8 pouce capable de stocker 5 gigaoctets. Combien de capacité de stockage cela représente-t-il ? Eh bien, si vous faites le calcul, c'est assez pour enregistrer un millier de chansons sur un lecteur plus petit qu'un paquet de cartes à jouer. Apple s'est contenté de faire ce que la technologie rendait possible et a lancé son produit. L'offre a créé sa propre demande : les consommateurs n'avaient peut-être pas imaginé de transporter avec eux toute leur discothèque, mais quand on leur en a donné la possibilité, ils en ont tout de suite vu les avantages. Pourquoi s'astreindre à prévoir ce qu'on aura envie d'écouter et ne télécharger que cela quand on peut tout avoir à la fois ?

Les trois technologies – traitement, stockage et bande passante – ont ensemble formé le Web et les abondances se sont multipliées. Selon une blague du temps de la bulle des années 1990, l'Internet ne connaît que deux nombres : l'infini et le zéro. Le premier n'a pas tenu la distance, du moins dans son application boursière. Mais le second est bien vivace. Le Web est devenu le pays de la gratuité, non par idéologie, mais pour des raisons économiques. Le prix a chuté jusqu'au coût marginal, or le coût marginal de tout ce qui se trouve en ligne est si proche de zéro qu'il est préférable d'arrondir.

Il a fallu des décennies à l'industrie informatique pour comprendre ce qu'impliquait l'observation de Moore ; il en faudra d'autres pour comprendre les conséquences composées du lien établi par l'Internet entre le traitement et la bande passante et le stockage, les deux autres cavaliers de la « zérosphère ».

Quand Lewis Strauss a prédit qu'elle deviendrait trop peu coûteuse pour qu'on la compte, l'électricité touchait déjà toutes les parties de l'économie. Ce que cette abondance pourrait apporter était hallucinant. À présent, l'information a presque autant d'emprise sur l'économie que l'électricité.

L'argent circule sous forme d'information : hormis celui qui se trouve dans votre porte-monnaie, il n'est fait que de bits. Nos communications aussi : tout appel téléphonique est transformé en données à l'instant où les mots quittent nos lèvres. Et aussi la télévision et les films que nous regardons, la musique que nous écoutons : nés numériques, ils se transforment comme tout le reste dans le monde des bits, modifiant la manière dont ils sont produits et consommés. L'électricité elle-même devient de plus en plus une industrie de l'information, à la fois dans le centre de répartition qui forme le cœur du réseau et à ses extrémités, puisque des « réseaux intelligents » interactifs ne tarderont pas à réguler la demande et à faire circuler des électrons vers (ou depuis) des panneaux solaires et des véhicules électriques.

Tout ce que les bits touchent est aussi touché par leurs propriétés économiques uniques : moins cher, mieux, plus vite. Rendez numérique un détecteur d'intrusion, et voilà un capteur et un nœud de communications supplémentaires sur l'Internet, auxquels s'ajoutent gratuitement ou à peu près stockage, bande passante et puissance de traitement. C'est pourquoi il est si tentant de rendre les choses numériques : soudain, elles peuvent faire partie de quelque chose de plus gros, quelque chose qui ne se contente pas de fonctionner plus vite, mais qui va en accélérant.

Les bits sont des stéroïdes industriels comme l'électricité l'a été : avec eux, tout coûte moins cher et en fait davantage. La différence est que leur magie amélioratrice continue à fonctionner année après année. Ils n'apportent pas une transformation ponctuelle comme l'électricité, mais une révolution permanente, dans laquelle chaque génération au prix divisé par deux et aux performances multipliées par deux ouvre des possibilités entièrement nouvelles.

Mais que devient la leçon numéro un des cours d'économie, c'est-à-dire que le prix dépend de l'offre et de la demande, non de la science ? Ne craignez rien, elle reste valable. L'offre et la demande déterminent à tout moment le prix de toutes ces marchandises de base. Mais, les tendances de la formation des prix à long terme sont déterminées par la technologie elle-même : plus un produit de base est abondant, moins il sera cher. La loi de Say (du nom de Jean-Baptiste Say, économiste français du début du XVIIIe siècle) dit que « l'offre crée sa propre demande », ce qui revient à dire que si vous fabriquez un million de fois plus de transistors, le monde leur trouvera une utilisation.

À un instant donné, il se peut que le monde veuille un peu plus ou un peu moins qu'il n'est produit, et le prix instantané en tiendra compte, montant ou baissant en même temps que l'offre et la demande. Mais, sur le long terme, la baisse des coûts de production garantit que la tendance globale ira vers le bas, les déséquilibres offre/demande momentanés ne formant que de petites encoches dans une courbe inéluctablement dirigée vers le zéro.

Ainsi une économie entière est-elle aujourd'hui bâtie sur des courbes d'apprentissage composées. Il a fallu une génération pour comprendre ce phénomène étonnant, et il en faudra d'autres pour l'exploiter à plein. Or les premiers à s'apercevoir de ses implications ont été non pas les économistes, mais ces marginaux méconnus que sont… les amateurs de trains miniatures.

5

« Information wants to be free »

Histoire d'une formule emblématique de l'ère numérique

En 1984, le journaliste Steven Levy publiait *Hackers : Heroes of the Computer Revolution*, chronique de cette sous-culture marginale qui avait créé non seulement le micro-ordinateur (puis un jour l'Internet), mais aussi la mentalité bien particulière qui allait avec. « L'éthique hacker », écrivait-il, reposait sur les sept principes suivants :

1. L'accès aux ordinateurs – et à tout ce qui pourrait vous apprendre quelque chose sur la façon dont le monde fonctionne – devrait être illimité et total.
2. Toujours s'incliner devant l'impératif d'autonomie !
3. Toute information devrait être libre (*All information should be free*).
4. Ne pas se fier à l'autorité, promouvoir la décentralisation.
5. Les hackers doivent être jugés d'après leurs actes, non d'après des critères artificiels comme les diplômes, l'âge, la race ou la situation.
6. On peut créer de l'art et de la beauté sur un ordinateur.

7. Les ordinateurs peuvent changer la vie dans le bon sens.

Le n° 3, qui remonte à 1959, aurait été d'abord énoncé par Peter Samson, du Tech Model Railroad Club (TMRC) du MIT. Le TMRC était l'exemple même des communautés prototechnomanes et peut-être le groupe d'humains le plus polar qui ait existé à ce jour. Voici ce qu'en dit l'article qui lui est consacré sur Wikipédia, lui-même fondé sur le livre de Levy :

> Le club se composait de deux groupes, les amateurs de maquettes et de décors et les membres du sous-comité des signaux et de l'alimentation, qui créaient les circuits destinés à faire fonctionner les trains. Les seconds étaient de ceux qui ont popularisé le terme « hacker », entre autres termes argotiques ; ils ont fini par s'orienter vers les ordinateurs et la programmation. Ils gravitaient à l'origine autour de l'IBM 704, le gros système à plusieurs millions de dollars exploité dans le Building 26, mais l'accès à la machine et son temps d'utilisation étaient réservés à des gens plus importants qu'eux. Le groupe a vraiment commencé à s'intéresser à l'informatique quand l'un de ses anciens membres, Jack Dennis, lui a présenté le TX-0, un ordinateur à trois millions de dollars emprunté pour une longue durée au Lincoln Laboratory. En général, ils campaient jusque tard dans la nuit dans les locaux où le TX-0 était installé, en espérant que quelqu'un qui avait réservé du temps de machine ne viendrait pas.

Le livre de Levy parvint sous les yeux de Kevin Kelly, futur rédacteur en chef du magazine *Wired* (dont il reste le conseiller et Senior Maverick), et de Stewart Brand, ex-Merry Prankster [1] et créateur du *Whole Earth Catalog*,

1. Les Merry Pranksters (« joyeux farceurs »), groupe d'intellectuels et d'artistes de la côte ouest des États-Unis formé dans les années 1960, prônaient la vie en communauté et l'usage des drogues psychotropes comme le LSD ; rendus célèbres par diverses manifestations

édité par Kelly, peut-être la plus influente des publications engendrées par la contre-culture. En 1983, Brand reçut une avance de 1,3 million de dollars pour établir un *Whole Earth Software Catalog*. L'idée était de faire du livre le porte-flambeau de la bouillonnante culture micro-informatique tout comme le *Whole Earth Catalog* l'avait été pour les amateurs de retour à la terre à la fin des années 1960 et au début des années 1970.

Quand ils eurent découvert le livre de Levy, Brand et Kelly décidèrent d'organiser une conférence pour rassembler les trois générations de hackers. Comme Kelly le dirait plus tard à Fred Turner, professeur de communication à Stanford, Brand et lui cherchaient à savoir si le piratage était le « précurseur d'une culture plus vaste » et espéraient « être témoins de l'éthique du hacker ou la faire expliquer par le groupe ».

En novembre 1984, quelque cent cinquante hackers convergèrent vers fort Cronkhite, ancienne base militaire nichée au cœur des Marin Headlands, une zone verte située au nord de San Francisco, qu'on rejoint en empruntant le Golden Gate Bridge. Parmi les participants à ce séminaire d'une semaine figuraient Steve Wozniak, cofondateur d'Apple, Ted Nelson, l'un des inventeurs de l'hypertexte, Richard Stallman, chercheur en informatique du MIT qui créerait plus tard la Free Software Foundation et Theodore Draper, surnommé Captain Crunch pour avoir découvert qu'on pouvait téléphoner gratuitement à l'aide d'un sifflet (gratuit !) trouvé dans une boîte de céréales. Outre le coucher et les repas, Brand et Kelly fournissaient aux hackers des ordinateurs et un équipement audiovisuel.

« psychédéliques », ils se distinguaient du mouvement hippie par une attitude positive à l'égard de la technologie. (NdT)

Deux sujets revinrent sans cesse dans les conversations : comment définir « l'éthique hacker » et quels types d'entreprises on voyait naître dans l'industrie informatique. Ce fut alors que Brand reformula la règle n° 3 d'une manière qui allait définir l'économie numérique naissante :

> D'une part, l'information veut être coûteuse, tant elle est précieuse. La bonne information au bon endroit peut changer votre vie. D'autre part, l'information veut être gratuite (« information wants to be free »), car le coût de son obtention ne cesse de s'abaisser. Ces deux tendances s'opposent donc l'une à l'autre.

Cette phrase est probablement la plus importante – et la moins bien comprise – de l'économie internet. Ce qu'il y a de spécialement important dans cette citation est qu'elle établit le lien économique entre la technologie et les idées. La loi de Moore porte sur la mécanique physique de l'informatique. L'information, elle, est la matière première impalpable qui fait fonctionner cette mécanique. La physique déterminait qu'un transistor serait un jour pratiquement gratuit. Mais la valeur des bits qui passent par le transistor – l'information – aurait pu aller dans un sens comme dans l'autre.

Peut-être l'information deviendrait-elle moins coûteuse, tant les bits peuvent être reproduits aisément. Ou peut-être deviendrait-elle plus coûteuse, puisque la bonne utilisation des ordinateurs pourrait aboutir à des informations de plus haute qualité. D'où le commentaire de Brand, qui envisageait ces deux extrêmes.

D'ordinaire, on ne retient qu'une partie de la citation, celle selon laquelle « l'information veut être libre » (« information wants to be free »), ce qui s'écarte doublement de l'affirmation originale de Samson reprise par la liste de Levy. D'abord, quand Samson disait « free », il entendait par là « sans restriction » – car on était au temps des gros systèmes et la grande question était de savoir qui pourrait disposer de la machine. Brand, en revanche, faisait glisser le sens du mot « free » vers celui qu'il a dans ce livre, celui de gratuit, de prix zéro.

Deuxième différence, le « devrait être » de Samson est devenu « veut être » chez Brand. La force de la formulation de Brand est due à sa métaphore anthropomorphe qui consiste à imputer un désir à l'information, au lieu d'en faire l'objet d'une revendication politique (« devrait »). Cette présentation plus neutre arrachait le « free » aux hackers intégristes tels que Stallman, qui voulaient protéger une idéologie d'ouverture imposée, pour l'exprimer comme une simple force de nature. L'information veut être gratuite de la même manière que la vie veut se répandre et que l'eau veut couler vers l'aval.

Cette citation est mal comprise parce qu'on ne la retient qu'à moitié. L'autre moitié, « l'information veut être coûteuse, tant elle est précieuse », est ignorée, peut-être parce qu'elle paraît à la fois paradoxale et tautologique. Peut-être la comprendrait-on mieux sous cette forme :

> L'information fourniture (tout le monde obtient la même version) veut être gratuite. L'information sur mesure (vous obtenez quelque chose d'unique et ayant un sens pour vous) veut être coûteuse.

Mais, même ainsi, ce n'est pas tout à fait vrai. Après tout, qu'est-ce qu'une recherche de Google sinon un tri unique et personnalisé des informations du Web, effectué sur mesure, juste pour vous, afin d'apporter une réponse appropriée à votre requête ? Essayons encore :

L'information abondante veut être gratuite. L'information rare veut être coûteuse.

En l'occurrence, nous nous référons au coût marginal de l'information selon qu'elle est « abondante » ou « rare » : l'information susceptible d'être reproduite et diffusée moyennant un coût marginal bas veut être gratuite, l'information à coût marginal élevé veut être coûteuse. Vous pouvez donc télécharger gratuitement un exemplaire de ce livre (information abondante, banalisée), mais si vous voulez que je me rende dans votre ville pour délivrer un exposé personnalisé sur l'usage de la gratuité dans votre entreprise, je le ferai volontiers, mais vous devrez payer pour obtenir mon temps (rare). Je suis père de famille nombreuse et les frais de scolarité ne vont pas en diminuant.

Brand s'explique

Mais ce n'est là que mon interprétation. Étant donné la portée de cette prophétie, je me suis adressé à Brand directement pour mieux comprendre le contexte de sa phrase et la signification qu'il lui donnait.

Je l'ai d'abord interrogé sur la formulation particulière de sa remarque légendaire. D'abord, pourquoi avait-il modifié l'impératif *hacker* selon lequel l'information « devrait » être libre pour dire qu'elle « veut » l'être ?

Il a invoqué deux raisons. Premièrement, d'un point de vue sémantique, cela sonnait mieux : « C'est poétique et mythique tout en évitant ce “devrait” moralisateur. » La seconde raison est plus importante : « Cela renverse la perspective, qui devient celle du phénomène et non la vôtre, le phénomène étant que la valeur vient de cette forme de partage particulière. » Autrement dit, c'est une fonction de l'information plus qu'une décision prise par vous ou moi à son sujet. En réalité, peu importe que notre philosophie particulière nous porte vers la vente ou le don de l'information, l'économie implicite de l'information favorise clairement la seconde option.

Puis, continuant à décortiquer la phrase, je l'ai interrogé sur sa seconde partie si souvent oubliée : pourquoi Brand avait-il établi cette dualité du « gratuit » et du « cher » ?

Il m'a répondu qu'il aimait le paradoxe selon lequel l'information est attirée vers les deux extrêmes à la fois :

> Dans les débats que j'entendais à propos de la propriété intellectuelle, les deux camps avaient des raisonnements imparables, et telle est bien la définition du paradoxe. Les paradoxes régissent les choses auxquelles nous tenons. Le mariage est un paradoxe : je ne peux vivre avec elle et je ne peux vivre sans elle. Les deux phrases sont vraies. Et la dynamique entre l'une et l'autre préserve l'intérêt du mariage, entre autres choses.
>
> Les paradoxes sont l'inverse des contradictions. Les contradictions se détruisent mutuellement, tandis que les paradoxes se maintiennent en fonctionnement, car chaque fois que vous admettez que l'un des camps a raison, la véracité de l'autre camp vous saisira par-derrière.
>
> Certains participants de la conférence distribuaient des logiciels gratuits tandis que d'autres vendaient des logiciels d'entreprise protégés contre la copie à des milliers de dollars. Aussi le prix que vous pouviez facturer n'était-il pas stabilisé et continuait-il à évoluer à la fois vers le haut et vers le bas. En d'autres termes, le marché ne trouvait jamais son point normal d'équilibre. Les gens facturaient n'importe quel prix pouvant être supporté par le trafic, lequel s'accommodait de toutes sortes de prix aberrants. Vous pouviez racketter les entreprises sans scrupule.

Il y a une autre subtilité dans la phrase : sa manière d'utiliser le mot « information ». Elle en fait un emploi relativement moderne, qui renvoie au célèbre article sur la théorie de l'information publié par Claude Shannon en 1948. Auparavant, on utilisait en général des mots différents (ou pas de mot du tout) pour décrire le phénomène particulier des idées ou des instructions enfermées dans un code (dans ses écrits de 1939 sur ses idées naissantes, Shannon lui-même utilisait à la place le mot « intelligence »). L'un de ces mots était évidemment « langue », mais on trouvait aussi « symboles » et « signes ». Avant l'ère de l'information, le mot « information » était utilisé d'ordinaire à propos des actualités : « j'ai reçu une information nouvelle ». Ou simplement à propos de faits.

Shannon travaillait chez AT&T et sa théorie reposait sur un contexte de traitement du signal. Il définissait l'information comme l'inverse du bruit – des signaux cohérents par opposition aux signaux incohérents – et calculait comment extraire l'une de l'autre. Cela peut être fait sous forme de signaux analogiques ou numériques mais, quand on parle d'information aujourd'hui, on songe d'ordinaire aux bits numériques, ces signaux binaires qui signifient tout ou rien selon la manière dont on les décode.

Pour un traitement de texte, vos fichiers MP3 ne sont que du bruit, et votre magnétoscope numérique est incapable de lire une feuille de calcul mais, du point de vue de l'information, les uns et les autres sont tous une seule et même chose : un flux de bits. Un bit reflète tout simplement la différence entre deux états, qui peut avoir ou non une signification. Mais l'information est ce que l'anthropologue britannique Gregory Bateson décrivait comme « une différence qui fait une différence ».

Quand Brand utilise le mot « information », il parle d'information codée sous forme numérique, en se référant à son expérience des premiers réseaux numériques, en particulier celui dont il était le cofondateur, le Whole Earth 'Lectric Link (Well). Elle lui a appris que les bits et leur signification étaient des choses entièrement différentes. Les bits étaient pratiquement gratuits, économiquement du moins, mais leur signification avait une valeur extrêmement variable, de rien du tout à inestimable, en fonction de la personne qui les recevait.

« L'un des modèles que j'ai utilisés pour le Well est l'opérateur téléphonique », explique-t-il. « Il ne vous vend pas des conversations. Ce que les uns peuvent dire aux autres lui est bien égal. Tout ce qui l'intéresse est que vous payiez votre abonnement et un certain temps d'utilisation. Les contenus n'ont aucune importance. »

Dans le monde matériel, on pourrait comparer cela à un bistro. On y trouve de la chaleur humaine et des conversations, mais on ne le paie pas pour cela. On ne lui paie que la bière qui lubrifie le tout. « Vous trouvez quelque chose d'autre à facturer, que ce soit le demi de bière ou la tonalité du téléphone, ou quelque autre équivalent comme la publicité adjacente. Vous finissez toujours par faire payer autre chose que l'information. »

Et n'est-il pas irrité que, depuis vingt-cinq ans, les gens ne citent que la moitié de sa phrase ? C'est ce qui arrive aux « mèmes », dit-il : ils se propagent sous leur forme la plus efficiente, que cela corresponde ou non à l'intention initiale. Après tout, ajoute-t-il, Winston Churchill n'a pas dit : « Du sang, de la sueur et des larmes ». Il a dit : « Du sang, de la sueur, du labeur et des larmes ». Cela paraît peut-être mieux, mais l'un des mots ne désigne pas un liquide corporel. La propagation mimétique a corrigé la phrase pour lui donner une forme optimale.

6

LE GRATUIT, MOYEN DE CONCURRENCE

Microsoft a mis des dizaines d'années à apprendre, Yahoo n'a eu que quelques mois

Le 3 février 1975, Bill Gates, alors « associé-gérant de Microsoft », se fendit d'une « Lettre ouverte aux passionnés » expliquant que sa jeune entreprise avait dépensé 40 000 dollars pour développer un logiciel que certains copiaient gratuitement. Si cela continuait, avertissait-il, elle serait incapable de développer de nouveaux logiciels dans l'avenir, et tout le monde y perdrait.

> Comme la majorité des informaticiens amateurs doivent le savoir, la plupart d'entre vous volent leurs logiciels. On est obligé de payer le matériel, mais le logiciel est quelque chose qu'on s'échange. Qui se soucie de savoir si les gens qui ont travaillé dessus sont payés ?

En fin de compte, cela fonctionna. Quand le micro-ordinateur passa du monde des amateurs technophiles à celui des utilisateurs ordinaires, moins à même de copier les logiciels, l'idée selon laquelle le code devait être payé s'imposa. Avec l'Apple II et l'IBM PC, on vit se multiplier les boutiques vendant des logiciels en boîte avec leurs manuels d'utilisation. Le logiciel devint une industrie et Microsoft, désormais sans trait d'union, fit fortune.

Mais il n'en avait pas fini avec le gratuit. Le piratage n'a jamais complètement disparu, et quand le logiciel abandonna les disquettes difficiles à copier au profit de CD susceptibles d'être dupliqués de la même manière que les CD musicaux, il fit un bond. Microsoft introduisit des codes de sécurité que les utilisateurs trouvaient dans ses emballages officiels, mais les pirates se contentèrent de les copier aussi, tout comme les hologrammes imprimés sur les boîtes. Procès, campagnes de sensibilisation, syndicats professionnels et même actions diplomatiques entravèrent le piratage dans le monde développé, mais il devint effréné ailleurs.

En Chine, le marché des micro-ordinateurs a passé la surmultipliée sous l'action des pirates, qui ne vendaient pas seulement les logiciels de Microsoft, mais aussi ceux de n'importe qui d'autre, des jeux jusqu'aux didacticiels. Officiellement, Microsoft les attaquait à boulets rouges. Mais Gates & Co. étaient aussi réalistes. Ils savaient que le piratage de leurs produits ne pourrait être totalement éliminé, et que s'y essayer serait à la fois coûteux et pénible pour leurs clients payants, qui devraient passer par toutes sortes d'épreuves de vérification. Et le piratage n'avait pas que du mauvais. Si les gens pirataient leurs logiciels, au moins, ils les utilisaient, et cette part de cerveau pourrait un jour devenir une part de marché réelle quand ces pays se développeraient.

« Alors qu'il se vend 3 millions d'ordinateurs chaque année en Chine, les gens ne paient pas nos logiciels », disait Gates en 1998 à un groupe d'étudiants de l'université de Washington. « Un jour où l'autre ils le feront, pourtant, et tant qu'à en voler, nous préférons qu'ils volent les nôtres. Ils finissent par ne plus pouvoir s'en passer, et dans les dix ans qui viennent nous trouverons bien comment leur faire payer quelque chose. »

Ce moment est en train d'arriver. La Chine s'est enrichie, les ordinateurs sont devenus moins chers (la catégorie en vogue aujourd'hui est celle des mini-ordinateurs ou *netbooks*, des portables en réduction dont certains ne coûtent pas plus de 250 dollars), et Microsoft a abaissé le prix de ses systèmes d'exploitation pour ces machines aux environs de 20 dollars, soit moins d'un quart de ce qu'il facture pour les versions habituelles. Le piratage a créé une dépendance et contribué à abaisser le coût d'adoption là où cela avait de l'importance. Aujourd'hui, en Chine, après quelques décennies de piratage, un énorme marché payant coexiste avec le marché pirate. Microsoft est toujours dominant et les consommateurs, qui ont plus d'argent, tolèrent moins les tracas propres aux logiciels illicites. La stratégie de Gates, en faire juste assez pour limiter le piratage à un bruit de fond au lieu d'imposer les brutalités qui auraient été nécessaires pour l'éliminer réellement, a été payante.

Essais gratuits

Dans les années 1990, tandis que Microsoft luttait contre le piratage à l'étranger, il était confronté chez lui à un type de gratuité différent. Après avoir remporté la guerre des systèmes d'exploitation, il ferraillait pour rester en tête dans les logiciels applicatifs, des traitements de texte aux tableurs. Ses concurrents, tels WordPerfect Office ou Lotus SmartSuite, proposaient aux constructeurs de micro-ordinateurs des prix planchers pour qu'ils vendent leurs logiciels préinstallés (bundle) sur les ordinateurs neufs. Ils espéraient que les acheteurs utiliseraient les logiciels fournis avec la machine, y investiraient sous forme de temps d'apprentissage et des fichiers, et que, quand viendrait le moment d'une mise à jour vers une version payante, ils seraient coincés.

Cela ralentissait assez la progression de la part de marché de Microsoft pour contrarier Gates. Il décida de rendre coup pour coup. Microsoft développa sa propre version minimaliste d'Office, appelée Microsoft Works, facturée seulement 10 dollars aux constructeurs qui la vendaient avec un ordinateur neuf. Ce prix minime correspondait à celui proposé par les concurrents et, comme les fichiers Works étaient compatibles avec ceux d'Office en version complète, c'était une manière de conserver les consommateurs dans la sphère d'influence de Microsoft, même si ce produit d'entrée ne rapportait pas grand-chose.

La même stratégie a bien fonctionné pour Microsoft quand le monde est passé au Web. Netscape a diffusé gratuitement son navigateur, Navigator, démonétisant instantanément cette industrie naissante. Pis, le navigateur gratuit de Netscape était prévu pour fonctionner de manière optimale avec son logiciel serveur web propriétaire, ce qui visait à mordre sur le marché des systèmes d'exploitation pour serveurs, très lucratif pour Microsoft.

Une fois de plus, Microsoft était forcé de réagir. Il s'empressa de développer son propre navigateur web gratuit, Internet Explorer, et le donna automatiquement avec toutes les versions de son système d'exploitation. L'effet recherché fut atteint, la croissance de Netscape fut stoppée, mais Microsoft en paya le prix par une décennie de poursuites antitrust et d'amendes pour comportement anticoncurrentiel. Les limiers antitrust l'attaquèrent pour avoir « ficelé » un produit gratuit à un produit payant. La gratuité, c'est bien, disaient les régulateurs, mais pas si vous êtes en situation de monopole et que vous utilisez la gratuité pour écarter la concurrence.

Dans la théorie antitrust, comme l'entreprise qui domine le marché est seule capable de subventionner un produit gratuit avec un produit payant (dont elle pourrait tirer des rentes monopolistes), elle ne doit utiliser la gratuité qu'avec modération. En fin de compte, Microsoft a pu continuer à pratiquer le *bundle* de logiciels gratuits, du navigateur aux utilitaires de sauvegarde, avec ses systèmes d'exploitation, mais au prix de centaines de millions de dollars d'amendes, de frais de justice et de dégâts pour sa réputation.

Gare au pingouin

Il existe une autre forme de logiciel gratuit, l'open source, contre lequel Microsoft se bat depuis des décennies, quoique pas toujours sous ce nom. Avant 1998, le logiciel qu'on pouvait utiliser et modifier sans rien payer était appelé « freeware » (en français, « logiciel libre »), et allait des systèmes d'exploitation (tels que des variantes d'Unix) aux traitements de texte en passant par les langages de programmation. Mais avec l'essor du Web en tant que plate-forme de communication, les communautés informelles de programmeurs qui écrivent ce code sont devenues de plus en plus vastes et efficaces. Des licences spéciales sont apparues qui permettaient au logiciel de se diffuser et d'attirer davantage de contributeurs. Le logiciel gratuit est devenu une force avec laquelle il fallait compter.

La décision prise par Netscape en 1998 de diffuser publiquement le code du navigateur Netscape a été le catalyseur qui a institutionnalisé le logiciel gratuit. Au

COMMENT UN LOGICIEL DE SANTÉ PEUT-IL ÊTRE GRATUIT ?

Depuis novembre 2007, des milliers de médecins ont accepté de recevoir un logiciel gratuit d'enregistrement électronique des données de santé et de gestion des habitudes de santé fourni par Practice Fusion, une start-up de San Francisco. Un logiciel médical professionnel peut coûter 50 000 dollars. Comment une entreprise peut-elle donner son système d'enregistrement électronique sans rien faire payer ?

Vendre des données peut être plus rentable que de vendre des logiciels

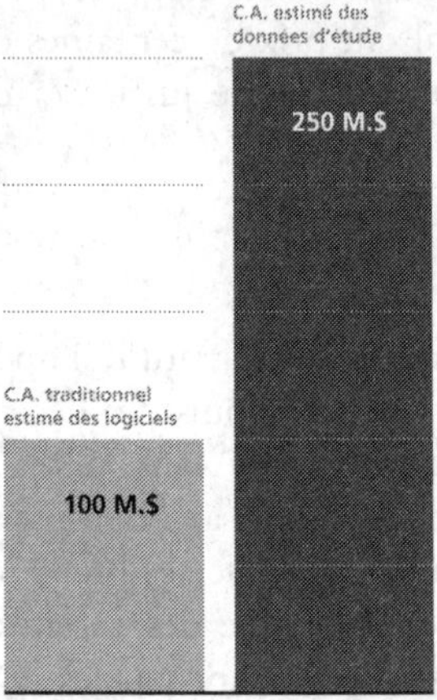

▸ ***Freemium* + publicité.** En application du modèle du *freemium*, Practice Fusion propose deux versions de son logiciel : une version gratuite qui affiche des annonces publicitaires (façon Google AdSense), et une version sans publicité qui coûte 100 dollars par mois. Sur les 2 000 premiers médecins à avoir adopté le système d'enregistrement électronique de Practice Fusion, moins de 10 % ont choisi de payer. Mais les revenus véritables sont ailleurs…

▸ **Vendre l'accès à vos données.** Grâce à son logiciel gratuit, Practice Fusion attire une masse critique d'utilisateurs (médecins) qui eux-mêmes créent une base de données toujours plus vaste sur leurs patients. Les associations médicales effectuant des recherches sur des maladies spécifiques ont besoin d'enregistrements médicaux longitudinaux portant sur de grandes séries de patients. En fonction du sujet de l'étude (par exemple, les hommes blancs d'âge moyen, obèses et souffrant d'asthme), un graphique anonyme concernant un patient peut rapporter entre 50 et 500 dollars. Un médecin généraliste suit en général quelque 250 patients, de sorte que les 2 000 premiers clients de Practice Fusion se traduisent par 500 000 enregistrements. Chaque graphique peut être vendu plusieurs fois en fonction des études conduites par différentes institutions. Si chaque graphique lui rapporte à la longue 500 dollars, Practice Fusion aura gagné plus d'argent qu'en vendant ses logiciels 50 000 dollars aux mêmes 2 000 médecins.

cours d'une réunion organisée la même année par l'éditeur Tim O'Reilly, un consensus s'établit autour du terme « *open source* ». Il avait le grand avantage de ne pas utiliser le mot « *free* », pollué par l'extrémisme idéologique de Richard Stallman, ancien agitateur du MIT dont la Free Software Foundation essayait d'orienter le mouvement vers ses thèses anticapitalistes.

L'un des participants à cette réunion était Linus Torvalds, alors âgé de 29 ans. Sept ans plus tôt, à

Helsinki, il avait commencé à travailler sur un projet modeste visant à créer une variante simplifiée du système d'exploitation Unix qu'il avait appelée Linux. Grâce à la qualité de son code, à son dynamisme, à ses qualités d'organisateur et surtout au véhicule de collaboration mondiale qu'était devenu le Web, ce fut un succès (la crainte de la domination de Microsoft et le sentiment général anti-Redmond des puristes du logiciel jouèrent aussi en sa faveur).

À l'époque de la réunion organisée par O'Reilly, Linux était déjà considéré comme la vitrine de cette nouvelle catégorie de logiciels, comme un exemple de code fonctionnel, populaire, dont la licence imposait à quiconque l'utilisait et le modifiait de mettre ces modifications à la disposition de tous gratuitement. N'importe qui pouvait vendre le logiciel si cela lui chantait, mais personne ne pouvait en être propriétaire.

Au début, Linux s'est surtout trouvé en concurrence avec les autres variantes d'Unix, des versions gratuites aux versions commerciales de Sun et IBM. Mais son succès, à la fois par ses possibilités techniques et par l'extraordinaire mobilisation d'un talent et d'un travail gratuits, commençait à se faire remarquer aussi à Redmond, où Microsoft se trouvait confortablement assis sur un marché de plusieurs milliards de dollars, celui des systèmes d'exploitation pour serveurs.

Il m'est arrivé d'interroger des dirigeants de Microsoft sur la manière dont ils comptaient affronter efficacement l'*open source*. L'une des choses les plus étonnantes à mes yeux est le caractère tardif de leur réaction. Alors que l'entreprise connaissait Linux depuis le début et que ses commerciaux s'en moquaient en public depuis la fin des années 1990, le système n'était considéré chez Microsoft que comme un coup d'épingle à sa cuirasse, insuffisant pour justifier un changement de stratégie. Le début de ce que son directeur, Peter Houston, appelle une stratégie « d'offensive crédible contre Linux » ne date que du Linux World 2002, une conférence organisée en septembre de cette année-là.

À titre de référence, notons que cette épiphanie venait dix ans après le lancement du projet Linux par Torvalds et quatre ans après le sommet *open source* d'O'Reilly. Elle était en retard de trois ans sur la « bulle Linux » et l'introduction au Nasdaq de sociétés comme VA Linux et Redhat, dont les cours avaient décollé en flèche. Et, en 2002, la part de Linux sur le marché des logiciels d'exploitation pour serveurs était d'environ 25 %, quand celle de Microsoft était de 50 %.

Pourquoi a-t-il fallu si longtemps et que s'est-il passé ensuite ? Cette histoire obéit aux cinq phases du deuil selon la psychiatre Elisabeth Kübler-Ross.

Phase 1 : refus

Que faisait donc Microsoft pendant la première décennie de Linux ? Il espérait surtout que le système d'exploitation gratuit disparaîtrait ou resterait insignifiant, comme la plus grande partie des autres logiciels gratuits à l'époque. Même s'il ne disparaissait pas totalement, les dirigeants de Microsoft espéraient qu'il ne séduirait que les utilisateurs d'Unix et non ceux de leurs propres systèmes d'exploitation. Sans être entièrement rassurant – ces clients Unix formaient un marché sur lequel Microsoft lorgnait aussi –, c'était mieux qu'une concurrence directe. Mais, plus que tout, les dirigeants de Microsoft ne comprenaient pas bien pourquoi un client aurait voulu d'un logiciel gratuit, avec tous les tracas provoqués par un produit ne bénéficiant pas d'une finition professionnelle.

Pourtant, les clients en voulaient, surtout quand ils se mirent à créer des centres de données de plus en plus grands pour faire fonctionner un Web en expansion rapide. Un serveur Linux peut être plus difficile à gérer que son homologue Microsoft, mais si vous voulez en déployer des centaines ou des milliers, se mettre à Linux une bonne fois pour toutes peut vous apporter à terme des économies colossales. En 2003, la part de Linux sur le marché des serveurs web se rapprochait d'un tiers. Il y aurait eu un moyen pour endiguer la marée : s'aligner sur le prix de Linux, c'est-à-dire zéro. Mais c'était trop effrayant pour être envisageable. Microsoft se contenta donc de canarder le pingouin.

Quelques ingénieurs commençaient pourtant à mettre la société en garde : Linux représentait une menace concurrentielle à long terme pour le modèle économique central de Microsoft et il aurait fallu organiser une riposte plus crédible. En 1998, un programmeur diffusa une note présentant les logiciels *open source* comme « une menace directe pour les revenus et la plate-forme de Microsoft ». Le document fuita et circula sous le nom de « Halloween Memo » (référence à la fois à la date de la fuite et au caractère terrifiant de son contenu) ; il avertissait au passage que « le libre échange des idées sur les systèmes d'exploitation a des avantages qui ne sont pas reproductibles dans notre modèle actuel de licences et qui présentent donc une menace quant aux préférences des développeurs sur le long terme ».

En public, cependant, Microsoft affichait une tout autre position. « Pour les dirigeants de Microsoft, l'*open source* n'est que de l'esbroufe », lisait-on dans un article de décembre 1998. « Face à la complexité des projets futurs, il faudra de grosses équipes et beaucoup d'argent, assure Ed Muth, chef de groupe marketing chez Microsoft. C'est le genre de choses que Robin des Bois et sa joyeuse bande de la forêt de Sherwood auront du mal à faire. »

Phase 2 : colère

Quand il fut devenu clair, non seulement que Linux durait, mais qu'il concurrençait réellement son produit, Microsoft commença à montrer les dents. Certes, Linux était gratuit, disaient ses vendeurs aux clients hésitants, gratuit comme un chiot nouveau-né. La perspective des pâtées, des crottes et des promenades biquotidiennes pendant des années avait de quoi les refroidir.

Microsoft décida d'axer sa stratégie d'attaque sur l'économie. Sa formule clé serait le « coût total de possession » (« *total cost of ownership* »). Le coût véritable d'un logiciel n'était pas dans son prix d'achat, mais dans ses frais d'entretien. Linux, soutenaient-ils, posait plus de problèmes et les benêts qui le choisiraient comprendraient leur douleur en voyant les armées de programmeurs et d'informaticiens nécessaires pour faire fonctionner cette usine à gaz.

En octobre 1999, Microsoft durcit le ton et publia une dénonciation des « cinq mythes de Linux ». Elle répertoriait ses déficiences techniques et concluait que les performances de Linux étaient loin de celles des produits Microsoft, et que sa gratuité était un trompe-l'œil. « Avec Linux, les administrateurs système doivent passer énormément de temps à comprendre les derniers bogues du logiciel et à trouver comment y remédier », avertissait-elle. « La communauté Linux vous dira que

Linux est gratuit ou peu coûteux. Il faut bien comprendre que, pour nos clients, le coût de la licence n'est qu'une petite partie du processus de décision global. »

Mais cela ne marcha pas : faute de preuve, les clients y virent une nouvelle tentative de déstabilisation de la part de Microsoft. Linux et les autres projets de logiciels en *open source*, comme le serveur web Apache, la base de données MySQL ou les langages de programmation Perl et Python continuèrent à gagner du terrain. En novembre 2002, un responsable de programme Windows mécontent bombarda le service des relations publiques de Microsoft d'une note où on lisait : « Nous devons réagir plus efficacement aux articles de presse disant que des administrations publiques ou d'autres grandes institutions envisagent des alternatives [*open source*] à nos produits [...] Nous devons être prêts à réagir [...] vite et avec des faits pour ne pas laisser s'installer la perception que les grandes institutions déploient [des logiciels *open source*] ou Linux, quand elles ne font qu'envisager ou expérimenter cette technologie. »

Phase 3 : marchandage

Lorsque arriva le Linux World 2002, il apparut clairement aux gens de Microsoft qu'il leur fallait une nouvelle stratégie. IBM avait déjà créé une division Linux et chargé ses ingénieurs de commencer à écrire du code. Le moment était venu de renoncer aux giclées de vitriol habituelles et de regarder la réalité en face : Linux n'allait pas disparaître et l'une des raisons en était le mécontentement soulevé chez les clients par les tactiques de Microsoft. « Nous avons compris qu'il nous fallait dépassionner la question si nous voulions que quelqu'un nous prenne au sérieux », explique Houston, ex-patron de l'équipe chargée de la concurrence avec Linux chez Microsoft. « En l'état, tout ce que nous disions ne faisait que nous enfoncer un peu plus, à la grande joie de nos concurrents. » Au Linux World, les représentants de Microsoft portaient des T-shirts sur lesquels était écrit : *Let's Talk* (« discutons »).

Après la conférence, Houston comprit pourquoi Microsoft avait fait chou blanc. « Nous aurions dû *prouver* ce que nous disions, c'est-à-dire que le coût total de possession de Linux était plus élevé. » Il demanda donc à la société de conseil IDC de réaliser une étude indépendante pour savoir si Windows l'emportait vraiment sur Linux une fois ce coût pris en compte. L'étude conclut à une nette victoire de Microsoft, mais les dirigeants étaient partagés quant à l'idée de l'exploiter ou pas. Après tout ce qu'ils avaient dit depuis si longtemps sans en avoir la preuve, cela ferait-il changer d'avis qui que ce soit ?

Peut-être pas, mais cela valut à Microsoft une place à table. Les clients prirent conscience que Microsoft ne racontait pas d'histoires : Linux était vraiment plus compliqué et coûtait plus cher qu'il n'en avait l'air. Cependant, Microsoft décida de tremper un orteil dans l'*open source*. Il annonça un programme en *shared source* (source partagée) dans le cadre duquel ses clients du secteur public pourraient voir le code sous-jacent de Windows et de ses autres produits. Puisque la transparence était l'un des atouts de l'*open source*, Microsoft donnerait de la transparence – mais seulement après avoir fait jurer le secret à ses clients et en prenant d'autres mesures pour éviter les fuites. Quelques acheteurs publics s'engagèrent dans cette voie, mais cela n'eut guère d'effet sur la vogue de Linux. L'heure était venue de faire quelque chose de plus radical.

Phase 4 : dépression

Fin 2003, à la surprise générale, Microsoft embaucha Bill Hilf, qui avait dirigé avec succès la stratégie Linux d'IBM. « Nous devons avoir une réponse au gratuit », lui avait dit Steve Ballmer, PDG de Microsoft, au cours de leurs discussions préalables. Rien de ce que la société avait fait jusque-là n'avait pu endiguer la marée, et Hilf comprit pourquoi dès qu'il commença à discuter avec les ingénieurs. « Il était clair qu'ils n'avaient aucune idée de la manière de fonctionner de l'*open source* », expliqua-t-il. « Il y avait un malentendu colossal : ils le voyaient uniquement comme une menace. »

L'une des raisons pour lesquelles Microsoft en savait apparemment si peu sur l'*open source* était que ses juristes avaient interdit à ses ingénieurs de l'utiliser. La licence utilisée par Linux et autres logiciels *open source* du même genre, dite GPL (pour *general public license*), impose que tout « travail dérivé » d'un logiciel *open source* soit lui aussi *open source*. Aux yeux des juristes, cela en faisait un virus : tout programmeur Microsoft qui le touchait risquerait d'infecter tout ce sur quoi il travaillerait, au risque même que Windows se trouve *open* sourcé par accident.

C'est pourquoi, quand Hilf voulut installer chez Microsoft un laboratoire *open source*, celui-ci fut traité comme un établissement à haut risque biologique. La direction immobilière perça un trou dans le mur d'un ancien débarras pour qu'il puisse tirer des câbles de réseau. Pour le reste, à lui de se débrouiller, sans l'ombre d'un budget. Hilf dut utiliser des ordinateurs recyclés et lancer une campagne « Aidez Bill » pour obtenir des équipements inutilisés. Quiconque travaillait sur l'*open source* ne pouvait travailler sur aucun autre projet de

Microsoft, de peur qu'il ne propage la maladie du GPL. Hilf était « l'homme le plus solitaire de Redmond », disait de lui le *Seattle Post-Intelligencer.*

Phase 5 : acceptation

De nos jours, le labo open source de Hilf est plein de superbes serveurs bourdonnants, flambant neufs. Il dispose d'un budget et d'une équipe de programmeurs penchés sur des projets open source. Qu'est-ce qui a changé ? Le pragmatisme au sommet. Gates et Ballmer s'étaient escrimés contre Linux et cela n'avait fait que le renforcer. Il était temps pour Microsoft de s'adapter à la nouvelle réalité. La position de Microsoft est désormais qu'il faut « interfonctionner avec le gratuit », c'est-à-dire veiller à ce que ses logiciels fonctionnent avec l'open source et vice versa. Pour ne pas inquiéter les juristes, ses programmeurs se contentent de travailler sur des « patchs » et non sur le cœur du code open source.

Les parts de marché sont éloquentes. Microsoft domine toujours le marché des serveurs et Linux n'en détient qu'autour de 20 %. Sur d'autres marchés, comme ceux des systèmes d'exploitation pour micro-ordinateurs de bureau ou des suites bureautiques, la part de Microsoft est plus proche de 80 %. Le marché a décidé qu'il y avait place pour trois modèles : le totalement gratuit, le logiciel gratuit avec assistance payante et la bonne vieille formule du tout payant.

Les petits utilisateurs, des jeunes entreprises du Web aux particuliers économes, choisissent souvent le logiciel *open source*, qui s'améliore de jour en jour. Mais les grandes entreprises se soucient davantage de réduire les risques : elles sont disposées à payer leurs logiciels, qu'ils viennent de Microsoft ou de distributeurs de versions commerciales de Linux comme Red Hat, car quand elles font un chèque, elles reçoivent un contrat. Et ce contrat s'accompagne d'un « engagement de service », autrement dit, elles ont quelqu'un à qui parler si quelque chose ne marche pas.

Aujourd'hui, l'*open source* aussi bien que les logiciels fermés sont des marchés énormes. Financièrement parlant, le chiffre d'affaires de Microsoft écrase celui de n'importe lequel de ses concurrents *open source*. En nombre d'utilisateurs, la balance est bien moins inégale. Le navigateur Firefox, par exemple, gagne sans cesse du terrain sur Internet Explorer de Microsoft (il occupe à présent 30 % du marché environ), et l'entreprise sans but lucratif qui l'édite, Mozilla, finance son développement presque entièrement avec la fraction des recettes publicitaires que lui reverse Google quand il traite des recherches saisies dans la barre de recherche de Firefox. Mozilla emploie moins d'une centaine de personnes, ce qui ne l'empêche pas de damer le pion à l'équipe du navigateur de Microsoft. Voilà encore une entreprise bâtie sur la gratuité, sans imposer de lien avec un système d'exploitation commercial.

La plupart des grands sites web, de Google à Amazon, fonctionnent principalement avec des logiciels *open source*. Même dans les entreprises les plus raisonnables, l'*open source* s'infiltre avec des langages comme Java ou PHP. C'est un monde hybride, où coexistent le gratuit et le payant. La leçon du cas de Microsoft est que ce n'est pas seulement possible, c'est probable. Une taille unique ne peut convenir à tout le monde.

Deuxième cas : Yahoo ! contre Google

Le 1er avril 2004, Google diffusait un communiqué de presse annonçant la création d'un nouveau service web de messagerie appelé Gmail. Comme Google était un adepte des poissons d'avril, cette annonce souleva quelque perplexité.

Mais, à une dizaine de kilomètres au sud du Googleplex, au siège de Yahoo !, nul ne doutait que l'annonce de Google fût parfaitement sérieuse. Les dirigeants de Yahoo ! attendaient ce jour depuis des années, depuis qu'ils avaient appris que Google projetait de lancer un produit de courrier électronique et avait déposé le nom de domaine gmail.com.

Yahoo ! était de loin le premier fournisseur de courrier électronique sur le Web avec autour de 125 millions d'utilisateurs. L'affaire était bonne. La plupart des gens utilisaient la version gratuite, qui offrait 10 mégaoctets de stockage. Ceux qui en voulaient plus pouvaient opter pour divers services payants, de la formule à 25 mégaoctets jusqu'à celle à 100 mégaoctets et libre de publicité. L'entreprise gagnait de l'argent et creusait l'écart avec ses concurrents comme Microsoft ou AOL.

Mais, début 2004, les rumeurs qui attribuaient à Google l'intention d'entrer sur le marché avaient de quoi inquiéter. Ce n'était pas seulement que Google paraissait transformer en or tout ce qu'il touchait, mais il se murmurait que Google allait dès le départ proposer gratuitement 1 gigaoctet de stockage (1 000 mégaoctets) – cent fois plus que Yahoo !.

Les dirigeants de Yahoo !, Dan Rosensweig, Brad Garlinghouse et Dave Nakayama, se réunirent en petit comité pour examiner les options ouvertes. Il leur fallait faire quelque chose – Google disposait d'un élan terrifiant et était assez gros pour s'arroger une énorme portion du courrier électronique s'il le voulait vraiment. Mais si Gmail offrait vraiment 1 gigaoctet de stockage

COMMENT LES OPÉRATIONS DE BOURSE PEUVENT-ELLES ÊTRE GRATUITES ?

Si E*Trade a été le premier à perturber le secteur des sociétés de Bourse en profitant de la productivité des services en ligne, Zecco.com représente la vague suivante. Sur Zecco.com les épargnants effectuent jusqu'à dix opérations de Bourse par mois sans rien payer. Depuis que ce courtier en ligne a commencé à proposer ses opérations gratuites en 2006, plus de 15 000 adhérents l'ont rejoint. Même lors de la chute de la Bourse, à l'automne 2008, les ouvertures de comptes ont augmenté de 50 % et le nombre quotidien d'opérations d'un tiers. Comment Zecco peut-il se permettre de ne prendre aucune commission là où un courtier à prix réduits facturerait peut-être 100 dollars ?

Comment Zecco gagne 179 dollars par an avec un client modérément actif

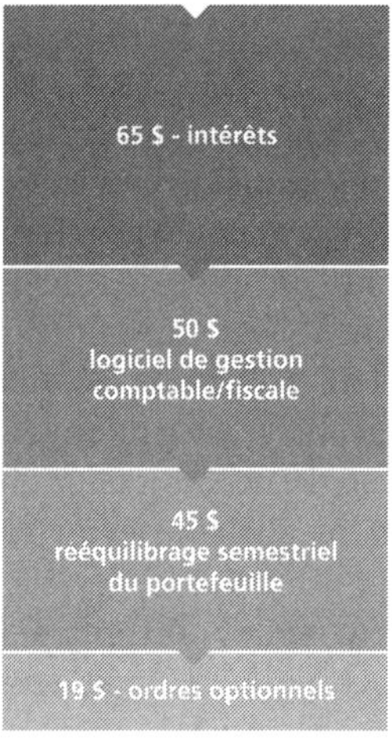

- **Fixer des minimums, faire payer les ordres supplémentaires.** Les utilisateurs ont droit à dix ordres de Bourse gratuits à condition de maintenir un solde de 25 000 dollars d'avoirs sur leur compte. S'ils tombent au-dessous de ce plancher, Zecco leur prélève 4,50 dollars. De même, toute opération effectuée au-delà des dix premières coûte 4,50 dollars. Un quart des clients de Zecco effectuent plus de dix opérations par mois (au moins 170 000 dollars par mois pour Zecco). Bien que la plupart des utilisateurs ne passent qu'un ou deux ordres par mois et conservent un solde supérieur à 25 000 dollars, certains rééquilibrent leur portefeuille une ou deux fois par an. Chaque fois, ils passent en moyenne quinze ordres (45 dollars par an pour quarante-cinq opérations, dont dix ou vingt gratuites).
- **Gagner de l'argent sur les capitaux non investis.** C'est le B.A.-BA du métier. Tous les courtiers en ligne en profitent. L'utilisateur moyen de Zecco conserve peut-être 1 500 dollars de liquidités non investies sur son compte, juste pour le cas où une opportunité de placement intéressante se présenterait. Comme une banque, Zecco perçoit 2 % d'intérêt (en l'occurrence, 30 dollars par an). Si le solde est de 500 dollars, Zecco prend 7 % (35 dollars supplémentaires par an).
- **Ajouter des services et des annonces payants.** Pour les clients désireux de réduire leur impôt sur les plus-values, Zecco vend des logiciels d'optimisation fiscale et de gestion de portefeuille. Après deux mois d'essai (gratuit, bien entendu), les clients paient 25 dollars tous les six mois (50 dollars par an). Ceux qui font beaucoup d'opérations s'abonnent aussi à des fils d'information boursière moyennant 20 dollars par mois (240 dollars par an). Et, comme la plupart des sites commerciaux, Zecco accueille de petites annonces bannières spécialisées.

gratuit, en faire autant risquait d'être ruineux pour Yahoo !.

Ce problème est un classique de la gratuité. Il est plus facile pour le nouveau venu que pour les entreprises en place. Ce n'est pas seulement que ces dernières risquent de cannibaliser leur flux de recettes. C'est aussi qu'elles ont beaucoup plus d'utilisateurs et que la desserte de millions de clients peut avoir un coût astronomique.

Google n'avait pas de clients pour son courrier électronique et pouvait donc proposer 1 gigaoctet de stockage à moindre frais : quelques serveurs suffiraient à gérer les premiers milliers de clients (en réalité, il allait même s'en tenir à un service seulement sur invitation pour la première année, afin de s'assurer qu'il pourrait faire face à la demande sans devoir acheter beaucoup de matériel). Yahoo !, en revanche, avait des millions de clients. S'il en proposait autant, il lui faudrait peut-être acheter tout un entrepôt de serveurs pour satisfaire à la demande de stockage accrue.

Plus les dirigeants de Yahoo ! y réfléchissaient, plus la situation paraissait grave. Leur affaire d'abonnements payants, qui leur rapportait des recettes directes et non seulement de la publicité, n'allait-elle pas se vaporiser le jour où les gens pourraient avoir dix fois plus de stockage gratuitement ? Les clients n'allaient-ils pas abuser du système en utilisant le stockage offert par Yahoo ! comme une forme de sauvegarde gratuite ? Et, le pire de tout, ils se rendaient compte qu'égaler Google ne suffirait probablement pas : pour rester en tête, ils allaient devoir proposer *encore plus*.

Les dirigeants imaginaient leur immeuble plein de *spinning disks* – la forme de stockage la plus coûteuse, aussi bien en matériel qu'en notes d'électricité – qu'il leur aurait fallu acheter rien que pour opposer une parade au communiqué de presse de Google. C'était déprimant – et injuste. Mais que faire d'autre ?

Garlinghouse et Nakayama firent leurs calculs. Ils en couvrirent des tableaux blancs. Il y avait le coût du stockage qui, lui du moins, chutait. Puis il y avait la demande de stockage attendue, qui suivait une forme classique de courbe à longue traîne : un petit nombre d'utilisateurs consommeraient beaucoup, tandis que le plus grand nombre ne consommeraient qu'un peu. Mais à quelle vitesse cela changerait-il, les gens conserveraient-ils l'habitude d'éliminer les courriers après lecture le jour où ils n'auraient plus de raison de supprimer quoi que ce soit ?

Il fallait aussi prendre des décisions à propos des différentes sortes de stockage sur lesquels Yahoo ! pourrait répartir ses courriers : rapide, lent, plus lent encore. Peut-être les courriers plus anciens pourraient-ils être conservés sur des matériels lents et bon marché, en réservant les stockages rapides plus coûteux aux courriers plus récents, qu'on pouvait avoir besoin de rechercher et de récupérer en vitesse. Cela exigerait une architecture logicielle entièrement nouvelle, ce qui aggravait encore les risques et les coûts.

Enfin venait la question des revenus. Pour Yahoo !, le courrier électronique n'était pas seulement une source de revenus grâce à la publicité et aux abonnements privilégiés : il renforçait aussi l'attachement de ses clients à ses autres activités. Quand les utilisateurs passaient du courrier à la page d'accueil de Yahoo ! ou à n'importe lequel de ses autres services, de la finance aux informations, l'entreprise gagnait beaucoup plus d'argent. Yahoo ! ne pouvait se permettre de perdre des parts de marché dans le courrier électronique tant ces utilisateurs étaient importants pour le reste de son activité. Et la valeur de chaque utilisateur augmentait en parallèle avec les tarifs publicitaires (voir le graphique de la page 158).

À l'aube de 2004, il devint clair que Google allait vraiment lancer Gmail. Yahoo ! devait se tenir prêt à riposter. Le 1er avril, Gmail fut lancé exactement comme Yahoo ! le craignait : avec 1 gigaoctet de stockage gratuit. Rosensweig, alors directeur général

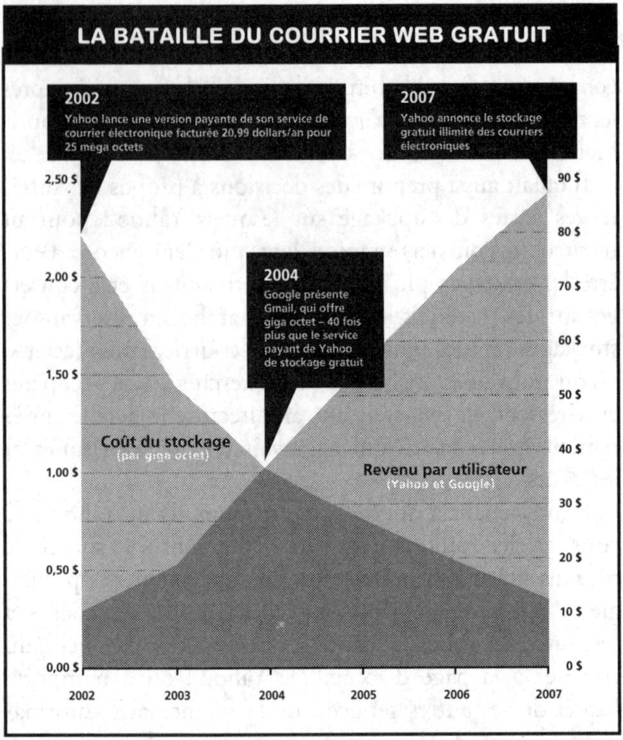

adjoint de Yahoo !, lança la contre-attaque en autorisant l'achat de serveurs et d'équipements de stockage pour un montant qui se chiffrait en dizaines de millions de dollars. Le 15 mai, lors d'une réunion d'analystes, Yahoo ! annonça que le stockage gratuit des courriers électroniques passait immédiatement de 10 à 100 mégaoctets et ne tarderait pas à aller plus haut ; les utilisateurs privilégiés, pour qui ce volume de stockage était payant, pouvaient demander un remboursement. À la fin de l'année, Yahoo ! égalait le gigaoctet de Gmail et, en 2007, il ouvrait les vannes en annonçant un stockage gratuit illimité (dans le même temps, Gmail avait progressivement augmenté le sien, qui est aujourd'hui un peu inférieur à 8 gigaoctets).

Ce qui se passa alors fut une surprise pour tous les dirigeants de Yahoo !. Leur service payant de luxe ne souffrit d'aucune hémorragie. Certaines fonctionnalités justifiaient encore son prix, comme les courriers électroniques sans publicité, et même ceux qui ne renouvelaient pas leur abonnement tendaient à rester quelque temps puisqu'ils étaient engagés pour une année. Les comportements à l'égard du courrier électronique ne changèrent pas radicalement et les utilisateurs continuèrent à effacer leurs messages : la consommation de stockage progressa moins vite qu'on ne l'avait craint.

L'équipe de Nakayama écrivit un logiciel qui luttait efficacement contre les abus et écartait les émetteurs de *spam*. Yahoo ! joua aussi sur la définition du stockage « illimité ». Vous pouviez y mettre autant de courriers électroniques que vous le vouliez, mais Yahoo ! veillait : si votre rythme était trop rapide, c'était le signe d'un abus. Comme le disait Nakayama, « vous pouvez aller aussi loin que vous voulez, mais pas aussi vite que vous voulez ». Yahoo ! parviendrait ainsi à ralentir l'accroissement de ses capacités de stockage, et plus il pourrait attendre, moins le stockage serait coûteux.

À la fin, cela marcha : Yahoo ! ne perdit pas une grosse part du marché. Il reste aujourd'hui numéro un et Gmail est loin derrière en numéro trois. Yahoo ! Mail, au lieu de se transformer en un trou noir financier, est resté rentable. Il a lutté contre la gratuité de Google par *encore plus* de gratuité – en arrivant le premier à l'aboutissement inéluctable, la capacité illimitée à prix nul. Yahoo ! a « arrondi vers le bas » et cela a été payant.

COMMENT UNE CONFÉRENCE EXCLUSIVE PEUT-ELLE RESTER CHÈRE SI ELLE EST GRATUITE EN LIGNE ?

Le billet d'entrée au TED, conférence sur la technologie, le divertissement et le design réservée aux invités, coûte 6 000 dollars. Chaque année, PDG, gratin de Hollywood et anciens présidents des États-Unis se réunissent dans une station balnéaire de Californie (aujourd'hui Long Beach, après un quart de siècle à Monterey) pour assister à des exposés de 18 minutes prononcés par des personnalités comme le darwiniste Richard Dawkins, le créateur des Sims Will Wright, ou l'ancien vice-président Al Gore (et à l'occasion moi-même). En 2006, après des années d'exclusivité, le TED a commencé à diffuser ses interventions sur son site web, gratuitement. À ce jour, les TEDTalks ont été regardés plus de 50 millions de fois. Comment le TED peut-il faire cadeau de ses joyaux de la couronne ?

TED Conférence, prix et fréquentation

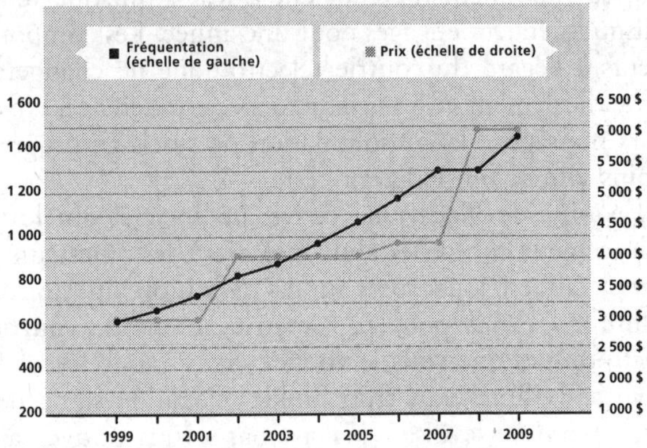

▶ **Visualiser un contenu en ligne n'est pas la même chose que d'en être.** Regarder les exposés n'est qu'une partie de l'expérience ; il est tout aussi important de frayer avec les autres participants, souvent du même calibre que ceux qui sont sur scène. On vient pour les orateurs, on reste pour les conversations de couloir. Et puis il est chic d'être le premier au courant. Le billet d'entrée au TED n'est pas dévalué parce que les discours sont accessibles peu de temps après ; au contraire, il est d'autant plus précieux que les autres savent maintenant ce qu'ils manquent. En 2006, première année où TEDTalks est devenu accessible à tout titulaire d'une connexion internet, l'entrée coûtait 4 400 dollars. L'année suivante, elle avait bondi à 6 000 dollars (deux fois le tarif de 1999). Certes, ce prix incluait des DVD et des courriers spéciaux destinés aux adhérents, mais il faut bien voir que l'incitation réelle était le billet lui-même. L'an dernier, un billet vendu aux enchères sur eBay au profit d'un organisme de bienfaisance est parti pour 33 850 dollars. Le lot était assorti de quelques à-côtés comme un café avec Pierre Omidyar, fondateur d'eBay, et un repas en tête-à-tête avec l'actrice Meg Ryan. Mais, là encore, les participants ordinaires au TED peuvent en faire autant : ces deux personnalités sont des habitués.

▶ **La demande de billets augmente, le nombre de participants aussi.** Depuis 1998, la participation au TED a presque triplé en progressant de 10 % par an. En fait, 2008 a été la seule année où elle n'a pas augmenté. Tout simplement parce que les locaux de Monterey étaient trop petits pour accueillir davantage de monde. En 2009, trois ans après le début de la diffusion gratuite de TEDTalks, la conférence a déménagé vers le sud de la Californie, dans des locaux deux fois plus vastes.

Mais Google ne s'avouait pas vaincu. Il commençait à peine à utiliser la gratuité pour entrer et se faire une place sur n'importe quel marché où l'économie du logiciel et de l'information pourrait démanteler d'anciennes entreprises et en créer de nouvelles.

7

DÉMONÉTISATION

Google et la naissance d'un modèle économique pour le XXIe siècle

C'est aujourd'hui une attraction touristique : 1600 Amphitheatre Parkway, Mountain View, Californie, la citadelle du gratuit, autrement dit le Googleplex, quartier général de la plus grande entreprise de l'histoire bâtie en faisant des cadeaux. Au dehors, des ingénieurs en pleine forme jouent au beach-volley et circulent sur des VTT. À l'intérieur, ils remettent leur chemise et imaginent de nouvelles manières d'utiliser l'extraordinaire avantage dû au coût marginal de leurs énormes centres de données pour s'imposer dans de nouvelles industries et élargir l'emprise du géant de la recherche sur Internet.

Aujourd'hui, Google propose près d'une centaine de produits, des logiciels de retouche photographique aux traitements de texte et aux tableurs, presque tous gratuits. Vraiment gratuits – aucun traquenard. Il le fait comme devrait faire toute entreprise numérique moderne : en distribuant plein de choses pour faire de l'argent sur quelques-unes.

Google gagne tant d'argent avec la publicité sur une poignée de produits essentiels – surtout les résultats de recherche et les annonces publicitaires placées sur les pages d'autres sites qui en partagent les recettes – qu'il peut adopter la gratuité dans toutes ses autres activités. Les nouveaux services naissent en fait de fantasmes technophiles formulés sous couvert de questions du genre : « Est-ce que ça ne serait pas sympa ? », « Est-ce que les gens en veulent ? » ou « Est-ce que ça utilise bien notre technologie ? » et non du prosaïque : « Va-t-il gagner de l'argent ? »

Cela paraît aberrant ? Pour General Motors ou pour General Electric, peut-être, mais pour des entreprises appartenant au domaine du numérique pur, cette démarche peut être parfaitement raisonnable. Chercher à se constituer un énorme public avant d'avoir un modèle économique n'est plus aussi idiot aujourd'hui qu'à l'époque de la bulle des dot.com, à la fin des années 1990, où l'on n'aurait pu en faire autant sans une brouette de capital-risque et des palanquées de serveurs Sun. Aujourd'hui, n'importe quelle start-up du Web peut faire appel à d'énormes fermes de serveurs du genre de celles de Google, ce qui permet d'offrir des services en ligne à un coût incroyablement faible. Grâce à des « services d'hébergement » comme celui d'Amazon, EC2, qui permettent de se lancer sans la moindre infrastructure physique, il suffit presque d'une carte de crédit pour procurer des services à des millions de personnes.

Des entreprises peuvent ainsi partir petit et viser grand sans prendre de risques financiers énormes ni savoir exactement quand elles gagneront de l'argent. Paul Graham, fondateur de la firme de capital-risque Y Combinator, spécialiste des start-up de petite taille, donne un conseil simple aux apprentis entrepreneurs : « Bâtissez quelque chose que les gens désirent. » Il les finance quelquefois à hauteur de 5 000 dollars seulement et les incite à utiliser des outils *open source*, des serveurs hébergés, et à installer leur bureau chez eux. La plupart d'entre eux se servent du gratuit pour tester leur idée et apprécier son écho auprès des consommateurs. Si le résultat est bon, alors il faut se demander ce que les consommateurs pourraient réellement payer, ou bien comment gagner de l'argent autrement. Il peut se passer des années avant que ce jour ne vienne (et parfois il ne vient jamais), mais le lancement du service coûte peu cher que le risque financier est rarement énorme.

Aujourd'hui, il existe sur le Web d'innombrables entreprises de ce genre, grandes ou petites. Mais la plus grande, de loin, est Google, qui gagne tant d'argent avec certaines de ses activités que la gratuité n'est pas uniquement une étape intermédiaire en direction d'un modèle économique, c'est le cœur de sa philosophie du produit.

Pour comprendre comment Google est devenu le porte-étendard du gratuit, il est bon de savoir d'où il vient. On peut résumer son histoire en trois phases :

1. 1999-2001 : invention d'une méthode de recherche qui s'améliore au lieu de se dégrader au fur et à mesure que le Web grossit (contrairement à tous les moteurs de recherche antérieurs).
2. 2001-2003 : adoption d'une méthode permettant aux annonceurs de créer en libre-service des annonces correspondant à des mots clés ou à des contenus, puis d'enchérir les uns contre les autres pour qu'elles soient les mieux placées.
3. 2003 à nos jours : création d'innombrables autres services et produits pour élargir la présence de Google, renforçant ainsi l'attachement des consommateurs à l'entreprise. Quand cela se justifie, extension de la publicité à ces autres produits, à condition que cela ne soit pas gênant pour le public.

Cela a fonctionné étonnamment bien. Aujourd'hui, dix ans après sa fondation, Google pèse 20 milliards de dollars et fait plus de bénéfices (plus de 4 milliards de dollars en 2008) que l'ensemble des compagnies aériennes et des constructeurs automobiles américains réunis (ce qui, il est vrai, ne représente peut-être pas grand-chose par les temps qui courent !). Il n'est pas seulement le pionnier d'un modèle économique fondé sur la gratuité, mais il invente une manière entièrement nouvelle de faire de l'informatique, en déplaçant de plus en plus les fonctions ordinairement assurées sur nos ordinateurs vers le « nuage » du *cloud computing*, c'est-à-dire vers des centres de données distants, accessibles en ligne au moyen d'un navigateur web (et, dans l'idéal, de son propre navigateur, Chrome).

Où se trouve ce nuage ? Eh bien, rendez-vous à une autre adresse (à demi-secrète) à The Dalles, une zone de l'Oregon longée par la rivière de Columbia à quelque 130 kilomètres de Portland, et vous pourrez en voir un morceau, au moins de l'extérieur. C'est l'un des centres de données de Google – un énorme immeuble d'aspect industriel bourré de dizaines de milliers de cartes mères et de disques durs assemblés en racks dans des conteneurs portables tous reliés par un réseau qui aboutit en fin de compte à un épais massif de câbles en fibre de verre connectant l'immeuble à l'Internet.

Ces centres de données sont l'incarnation même du *triple play* des technologies : traitement informatique, bande passante et stockage. Au fur et à mesure que Google accroît le nombre de ses usines à information autour du monde, leur coût ne baisse pas, mais leur puissance augmente. Les ordinateurs de chaque nouveau centre de données sont plus rapides que ceux des précédents, et ses disques durs contiennent plus d'informations. Les centres ont donc besoin de tuyaux plus gros pour communiquer avec le monde extérieur. Additionnez toutes ces capacités et vous comprendrez pourquoi chaque nouvelle usine de données construite par Google peut en faire deux fois plus pour le même prix que celle construite un an et demi plus tôt.

Tous les dix-huit mois, par conséquent, le coût que représente pour Google votre boîte de courrier reçu sur Gmail chute environ de moitié. Il ne se comptait qu'en centimes dès le départ, mais c'est chaque année moins de centimes. Il en va de même pour vos itinéraires dans Google Maps, vos titres dans Google Actualités et vos trois minutes de distraction sur YouTube. Google continue à construire de tels centres de données à coups de centaines de millions de dollars, mais comme le trafic géré par chacun d'eux croît encore plus vite que les dépenses d'équipement, le coût par octet nécessaire pour répondre à vos besoins diminue tous les jours.

On estime que Google possède aujourd'hui un demi-million de serveurs répartis dans plus de trente-six centres de données, installés surtout là où l'électricité est bon marché, par exemple dans les parages des nouvelles centrales hydroélectriques au nord-ouest de la côte Pacifique (chez Google, paradoxalement, l'électricité fait partie des rares ressources qui ne sont pas trop peu coûteuses pour qu'on les compte ; en fait, les spécialistes estiment que l'électricité consommée par un serveur moyen de Google sur sa durée de vie coûte aujourd'hui plus cher que le serveur lui-même. D'où le programme d'énergie renouvelable lancé par l'entreprise pour contribuer à l'invention de sources d'énergie moins chères et libérant moins de carbone).

Cette infrastructure massive est sans équivalent au monde, même si Microsoft, Yahoo !, IBM, HP, Amazon et quelques autres n'en sont pas loin. Elle confère à

COMMENT LES RENSEIGNEMENTS TÉLÉPHONIQUES PEUVENT-ILS ÊTRE GRATUITS ?

AT&T et ses concurrents empochent 7 milliards de dollars par an avec les renseignements téléphoniques qu'ils facturent entre 50 cents et 1,75 dollar par appel. Google, en revanche, propose gratuitement son service automatisé GOOG-411. Comment le géant de la recherche peut-il se permettre de ne rien faire payer ?

Google renonce à des recettes aujourd'hui pour avoir accès plus tard à un marché porteur

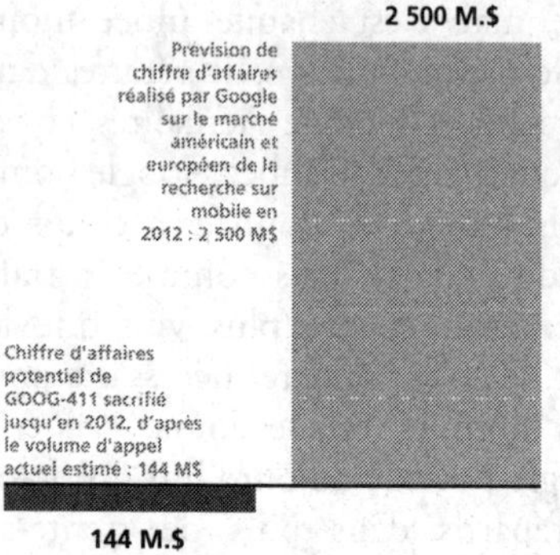

Sources : Jingle Networks, Linguistic Data Consortium, Opus Research

▶ **Obtenir des données gratuitement.** Chaque fois que quelqu'un demande un numéro à GOOG-411, il fournit à Google des informations précieuses. Chaque appel apporte des données vocales représentant autant de variantes dans l'accent, le phrasé et les noms d'entreprise, avec lesquelles Google améliorera ses algorithmes de reconnaissance vocale. La valeur commerciale des données ainsi réunies depuis le lancement du service au printemps 2008 est estimée à 14 millions de dollars.

▶ **Investir dans la prochaine révolution.** La valeur des données vocales est difficilement comparable avec les bénéfices que Google pourrait faire en facturant 1 dollar par appel. Pourquoi s'en priver ? À en croire son grand patron, Peter Norvig, GOOG-411 sert de banc d'essai à un moteur de recherche piloté par la voix pour les téléphones mobiles. Si Google envoie des publicités à ces téléphones, sa part de ce marché pourrait se chiffrer en milliards de dollars.

Google un grand avantage dans la course à la gratuité. Si bas soient les coûts des données des autres entreprises, ceux de Google le sont plus encore, et chutent plus vite, en raison de ses économies d'échelle. Ses volumes sont tels que Google peut négocier les meilleurs tarifs pour ses matériels, sa bande passante et même son électricité (si les racks d'ordinateurs de Google ont des roues, plaisantait son PDG Eric Schmidt, c'est pour pouvoir les déplacer quand le propriétaire du centre de données fait faillite, comme l'ont fait toutes les sociétés auxquelles Google s'est adressé avant de posséder ses propres centres de données. La poursuite du gratuit peut être périlleuse pour ceux qui se trompent dans leurs calculs).

Stratégies max

Pourquoi Google préfère-t-il le gratuit ? Parce que c'est le meilleur moyen pour toucher le marché le plus vaste possible et se faire massivement adopter. Schmidt, qui parle à ce sujet de « max strategy », pense que cette stratégie deviendra la règle sur les marchés de l'information. C'est très simple : « Prenez ce que vous faites, quoi que ce soit, et faites-en un max en termes de distribution. Autrement dit, comme le coût marginal de distribution est gratuit, vous pouvez très bien être partout. »

Il prend comme exemple une émission de télévision. Imaginez que nous soyons vous et moi les créateurs de la série *The Sopranos*. Vous vous demandez comment nous allons la distribuer. La chaîne de télévision HBO est d'accord pour faire une série hebdomadaire et lui a réservé un budget. C'est très bien, donc, mais ce n'est qu'une partie de la stratégie.

Nous nous disons alors qu'il nous faut un blog pour attirer un peu l'attention avant la diffusion de l'émission. Puis, à l'approche du lancement, il nous faudra une agence de relations publiques pour obtenir des articles de presse. Peut-être quelques autres générateurs de *buzz* en ligne, aussi, comme une page Facebook ou quelque sorte de vidéo virale. Puis, une fois l'émission lancée, nous tiendrons le public au courant par des SMS et par Twitter. Cela l'attirera vers le site web de l'émission, où il pourra en savoir plus sur les personnages, ce qui renforcera son intérêt.

Puis nous prendrons toutes les prises de vues non conservées pour les épisodes de chaque dimanche et nous les mettrons sur YouTube. À force de filmer pour *The Sopranos*, nous aurons beaucoup de petites scènes supplémentaires. Aussi, pour attirer encore plus l'attention, nous organiserons un concours pour savoir quelle scène aurait dû être conservée pour l'émission. Et ainsi de suite. Nous trouvons un moyen de reprendre l'idée centrale de *The Sopranos* pour la distribuer à toutes les niches possibles d'attention du consommateur. Peut-être seul le moyen central – le contrat avec HBO – fera-t-il de l'argent, mais tous les autres contribueront à son succès.

Voilà ce qu'est une stratégie max.

Comme le souligne Schmidt, une telle stratégie fonctionne à merveille à condition d'avoir une HBO. Et, en un sens, c'est ce que Google a avec sa mécanique publicitaire (AdWords pour les annonceurs et AdSense pour les éditeurs). Mais que faire, sinon ? En ce cas, une stratégie max peut encore vous valoir l'attention des masses, et peut-être une réputation, mais il reste à trouver comment la transformer en espèces sonnantes et trébuchantes. Ce n'est pas le pire problème qui soit – la plupart des entreprises se battent pour parvenir à la popularité, non pour la monétiser – mais, à défaut de régler ce petit détail, « max » peut signifier de grosses factures de télécommunications pour pas grand-chose.

Heureusement, tel n'est pas le problème de Google. Il a eu la chance de trouver un moyen de gagner de l'argent qui croît aussi vite que l'usage du Web (voire plus, puisqu'il continue à gagner des parts de marché sur ses concurrents publicitaires). La seule chose qui limite la croissance de Google est le rythme de croissance du Web lui-même. La plupart de ses autres produits sont donc conçus, en tout ou partie, simplement pour étendre l'utilisation de l'Internet, depuis les accès sans fil gratuits jusqu'au stockage gratuit.

Ces autres produits sont ce que les économistes appellent des « compléments ». Les compléments sont des produits ou services qui tendent à être consommés ensemble, comme la bière et les cacahuètes grillées, ou les automobiles et les prêts automobiles. Pour Google, presque tout ce qui se passe en ligne peut être vu comme un complément de son activité principale. Tout article d'un blog est une information supplémentaire pour son robot web et l'aide à fournir de meilleurs résultats de recherche. Tout clic sur Google Maps est une information supplémentaire sur le comportement du public, tout courrier dans Gmail est un indice sur notre réseau humain de connexions, le tout pouvant lui servir à inventer de nouveaux produits ou simplement à mieux vendre ses annonces publicitaires.

La chose intéressante à propos de la consommation de produits complémentaires est qu'ils ont tendance à progresser en tandem. Plus les gens utilisent l'Internet, mieux c'est pour le cœur de métier de Google. Si Google peut utiliser la gratuité pour inciter les gens à passer plus de temps en ligne, il finira donc par gagner plus d'argent.

Aujourd'hui, la grande majorité des salariés de Google passent leur temps à rêver de nouvelles choses à donner gratuitement. L'entreprise a des services qui cherchent à faire cadeau du Wi-Fi, d'autres qui écrivent des logiciels *open source*. Elle offre à des chercheurs de l'espace de stockage de données gratuit et copie des classiques de la littérature pour les mettre en ligne. Elle donne des logiciels d'albums photographiques et un emplacement pour stocker ces photos en ligne. Elle distribue gratuitement Google Earth et, pour faire bonne mesure, s'est assuré l'exclusivité des nouvelles images d'un satellite orbital pour établir de meilleures cartes. Elle gère un service gratuit d'annuaire téléphonique fonctionnant à la voix (voir l'encadré de la page 168). Et, si vous voulez créer un nouveau téléphone portable, elle vous donnera le système d'exploitation qui le fera fonctionner. Pour pas un sou.

Schmidt s'appuie sur un exemple pour expliquer la logique de cet apparent altruisme : « Selon les études initiales sur Google Actualités, il était deux fois plus probable que ses utilisateurs cliqueraient sur les annonces de recherche lors d'une recherche ultérieure, aussi tout le monde dit : « Parfait », c'est un produit d'appel, un aspirateur de trafic. Bien sûr, c'est un service rendu au monde et tout le tralala mais, si l'on y réfléchit davantage, le produit est Google tout court et non Google Actualités. C'est votre présence dans Google et le fait que si à un moment quelconque vous utilisez cette présence pour quelque chose que nous sommes capables de monétiser, le total est positif. »

Ou, comme le dit Nicholas Carr, auteur de *The Big Switch,* « Google veut que l'information soit gratuite, car plus le coût de l'information diminue, plus il gagne d'argent. »

Telle est la puissance des compléments.

Comme son activité principale est très rentable et repose sur une infrastructure informatique massive, tout ce que Google fait, il le fait pour moins cher et plus efficacement. Pour Google, il est plus facile de développer de nouveaux produits, car ils s'appuient sur le travail déjà fait, et d'assurer leur succès après leur lancement, grâce à sa mainmise sur l'attention mondiale. Il peut lancer des produits avant qu'ils ne soient finis (versions « bêta ») et savoir rapidement s'il est intéressant d'aller plus loin avec un essai massif. Même les « échecs » de Google, comme son réseau social Orkut ou comme Google Chat, ont des millions d'utilisateurs. Comme l'échec ne lui coûte pas cher, Google ne craint pas d'essayer des formules risquées.

Tout cela paraît très astucieux, mais ce n'est pas tout à fait aussi calculé qu'il y paraît. Même si Google a ses propres économistes et ses propres stratèges, il a surtout des ingénieurs payés pour réfléchir à ce que leur technologie rend possible et à ce que le public pourrait vouloir. Ensuite seulement, une poignée de MBA (citoyens de seconde classe dans ce milieu technophile) se demanderont comment ce que les ingénieurs ont pondu pourrait accroître le chiffre d'affaires de la publicité.

Il arrive que les dirigeants disent non à une création dont le « coût de distraction » (les perturbations qu'il entraîne pour les autres projets des ingénieurs) est trop élevé, ou qui n'est pas tout à fait aussi sympathique que les ingénieurs le pensent, mais ils ne disent jamais non au seul motif qu'elle ne gagnera pas d'argent. Dans la citadelle du gratuit, la gratuité est la solution normale. Pas besoin de grande théorie. C'est simplement la conclusion qui s'impose dès lors que vous êtes installé au cœur de la plus grosse machine à réduire les coûts que le monde ait jamais vu.

Un énorme bruit de succion

Tout cela peut aussi paraître très effrayant. La technologie pousse les prix vers le bas, très bien. Sauf quand l'un de ces prix est votre salaire. Des mineurs de charbon gallois aux ouvriers de l'automobile à Detroit, la course aux modèles les moins coûteux et les plus efficients a un vrai coût humain. « Le secteur de la télévision est terrifié à l'idée d'échanger des dollars analogiques contre des cents numériques », déclare Jeff Zucker, patron de NBC Universal. Pourtant, il semble que ni lui ni un autre n'y peuvent quoi que ce soit : la télévision est un métier de rareté (le nombre de chaînes est limité), mais pas le Web. Il est impossible de faire payer des prix de rareté sur un marché d'abondance ; ce n'est d'ailleurs pas nécessaire, car les coûts sont eux aussi plus bas.

On voit aisément pourquoi cela épouvante les industries qui perdent leur pouvoir de fixer les prix. La « démonétisation » est un traumatisme pour ceux qui la subissent. Mais prenez du recul et vous verrez que la valeur n'est pas tant perdue que redistribuée d'une manière qui ne se mesure pas toujours en termes monétaires.

Pour voir cet effet à l'œuvre, observez le site américain de petites annonces gratuites Craigslist. En treize ans d'existence, on lui reproche d'avoir ôté au moins 30 milliards de dollars à la capitalisation boursière des éditeurs de journaux américains. Pourtant, Craigslist lui-même gagne juste assez d'argent pour payer les coûts de ses serveurs et les salaires de quelques dizaines de personnes. En 2006, les quelques choses qu'il fait payer – offres d'emploi dans onze grandes villes et annonces immobilières à New York City – lui auraient rapporté 40 millions de dollars. Soit à peu près 12 % des 326 millions de dollars perdus cette année-là par le marché des petites annonces.

Mais la gratuité n'est pas tout à fait aussi simple – ou aussi destructrice – qu'elle le paraît. Le fait que des produits soient gratuits ne signifie pas en soi qu'il n'y a pas quelqu'un, quelque part, à qui ils rapportent beaucoup d'argent, ou des tas de gens à qui ils en rapportent un peu. Craigslist relève de la seconde catégorie. La plus grande partie de la valeur ne va pas à Craig Newmark, son fondateur : elle est répartie entre les centaines de milliers d'utilisateurs du site.

Par rapport à quelqu'un qui passerait une petite annonce dans un journal imprimé, ces derniers font des économies et peuvent présenter des textes plus longs. Pour ceux qui parcourent les annonces, Craigslist présente les avantages habituels du Web, de la simple recherche aux notifications automatiques. Comme ces deux avantages attirent beaucoup de monde (rappelez-vous la stratégie max), ceux qui déposent des annonces ont plus de chances de trouver un acheteur pour leur appartement ou un candidat pour leur poste à pourvoir. Et comme la gratuité accroît le volume des participants, il est probable que l'appartement, ou l'emploi, ou le candidat seront mieux que celui qu'on aurait pu trouver avec une annonce payante.

La gratuité apporte plus de liquidité à n'importe quel marché, ce qui signifie que le marché tend à mieux fonctionner. Telle est en réalité la raison pour laquelle Craigslist a raflé une grande partie des petites annonces : le gratuit a fait venir les gens, les efficiences du marché dues au gratuit les ont fait rester.

Le mot « liquidité » est considéré en général comme purement financier, mais en vérité il s'applique à tout système dans lequel des parties sont en relation. En technologie, on emploie le mot « échelle ». Cela signifie en fin de compte que *plus est différent*. Si seulement 1 % des cent élèves d'une classe de sixième est volontaire pour participer à la réalisation de l'annuaire, celui-ci ne se fera pas. Mais si seulement 1 % des visiteurs de Wikipédia décident de créer un article, vous obtenez une profusion d'informations sans précédent (en fait, la proportion des contributeurs actifs parmi les visiteurs de Wikipédia est plus proche de un sur *dix mille*). Plus est différent en ce sens qu'il permet à de petits pourcentages d'avoir un grand effet. Voilà pourquoi plus, c'est mieux, tout simplement.

L'Internet, en ouvrant à quiconque un libre accès sur un marché mondial de centaines de millions de personnes, est une machine à liquidité. Il touche tant de gens qu'il peut fonctionner avec des taux de participation qui seraient désastreux dans le monde traditionnel à coûts marginaux non nuls. YouTube fonctionne avec seulement un utilisateur sur mille qui y dépose ses propres vidéos. Les expéditeurs de courrier électronique en masse peuvent faire fortune avec des taux de réponse de un sur un million (à titre de comparaison, dans la presse magazine, un taux de réponse inférieur à 2 % sur les offres d'abonnement par courrier est considéré comme un échec).

Quels que soient ses avantages de coût, ce qu'on fait en ligne apporte des avantages de liquidité encore plus grands. Il existe un peu partout d'énormes réserves d'offre sous-exploitée (de bons produits et de bons services qui n'ont pas tout le succès qu'ils méritent) et de non moins énormes réserves de demande non satisfaite (des désirs et des besoins que les gens éprouvent sans savoir quoi faire ou dont ils ne sont même pas conscients). Des entreprises comme Craigslist servent à les mettre en contact. Leur succès vient de ce qu'elles peuvent le faire à faible coût et à très grande échelle (les utilisateurs de Craigslist déposent plus de 30 millions de petites annonces chaque mois, soit des dizaines de milliers de fois plus que n'en publient les plus grands journaux).

Pourtant, Craigslist gagne très peu d'argent, juste une fraction minuscule de ce qu'il a fait perdre aux journaux. Où cette fortune est-elle allée ?

Pour suivre l'argent, il faut renoncer à la vision simpliste qui fait du marché la rencontre de deux parties – acheteurs et vendeurs – pour le considérer plus largement comme un écosystème formé de nombreuses parties, dont certaines seulement échangent de l'argent directement. Étant donné la taille de Craigslist aujourd'hui (50 millions d'utilisateurs par mois), on voit aisément pourquoi plus d'argent y change de main que dans les petites annonces de n'importe quel journal, ce qui conduit à une amélioration de l'équilibrage offre/demande et des résultats économiques pour les participants, même si le marché lui-même reçoit moins d'argent. La valeur du marché des petites annonces a tout simplement été transférée d'un petit nombre à un grand nombre de personnes.

Le capital-risque a une expression pour décrire cette utilisation de la gratuité, qui rétrécit une industrie tout en en ouvrant d'autres potentiellement : « créer une entreprise de zéro milliard de dollars ». Fred Wilson, associé chez Union Square Ventures, l'explique ainsi : « Cela décrit une entreprise qui entre sur un marché comme celui des petites annonces ou des actualités et, par la vertu de son étonnante efficacité, peut vivre avec une fraction des revenus nécessaires aux leaders du marché pour fonctionner profitablement. »

Un autre capital-risqueur, Josh Kopelman, en donne l'exemple suivant :

> Ma première entreprise, Infonautics, était une entreprise de recherches et de documentation en ligne destinée aux étudiants. Du temps où j'y travaillais, j'ai reçu une éducation de première main sur ce qu'est la « concurrence asymétrique ». En 1991, quand nous avons commencé, le marché des encyclopédies pesait approximativement 1,2 milliard de dollars. Le leader du marché était Britannica ; avec un

chiffre d'affaires de 650 millions de dollars environ, elle faisait figure d'étalon-or des encyclopédies. World Book Encyclopedia occupait solidement la deuxième place. Britannica et World Book vendaient l'une et l'autre des centaines de milliers d'encyclopédies à plus de 1 000 dollars.

Mais, en 1993, l'industrie a subi un changement définitif. Cette année-là, Microsoft a lancé Encarta au prix de 99 dollars. Au début, Encarta n'était rien de plus qu'une encyclopédie de seconde zone, celle de Funk & Wagnall, reconditionnée sur CD – mais Microsoft avait compris que l'évolution de la technologie et des coûts de production lui permettait de bouleverser le paysage concurrentiel. En 1996, Britannica ne faisait plus que 325 millions de dollars de chiffre d'affaires – à peu près moitié moins qu'en 1991 – et licenciait sa célèbre équipe de vendeurs en porte-à-porte. Le marché des encyclopédies s'était réduit à moins de 600 millions de dollars. La même année, on estimait que les ventes d'Encarta aux États-Unis s'élevaient à 100 millions de dollars.

Ainsi, en trois ans seulement, à l'aide d'une technologie de rupture (le CD-Rom), d'une infrastructure de coûts (des contenus sous licence plutôt qu'une équipe interne de rédacteurs), d'un modèle de distribution (la vente au détail dans les boutiques informatiques plutôt qu'une force de vente de terrain) et d'un modèle tarifaire (99 dollars au lieu de 1 000 dollars), le marché des encyclopédies avait été divisé par deux. Plus d'un demi-milliard de dollars en avait disparu. Ce que Britannica considérait comme une force (sa force de vente en porte-à-porte) était devenu une faiblesse. Tout en récoltant 100 millions de dollars, Microsoft avait rétréci le marché de plus de 600 millions de dollars. Pour chaque dollar de recette obtenu par Microsoft, ses concurrents en perdaient six : ses gains provoquaient des dégâts asymétriques sur le marché. Il gagnait de l'argent en réduisant le marché.

Et voilà qu'aujourd'hui Wikipédia, qui ne coûte rien du tout, a encore rétréci le marché, décimant le marché de l'encyclopédie sur CD-ROM aussi bien que celui de l'encyclopédie imprimée. Wikipédia ne gagne pas un centime mais, du fait de la masse d'informations mise gracieusement à la disposition de tous, notre propre aptitude à gagner de l'argent grâce à ce surcroît de connaissance se trouve améliorée.

Autrefois, la valeur créée par Britannica pouvait être calculée en additionnant d'une certaine manière son chiffre d'affaires direct et le gain de productivité apporté à ceux qui avaient la chance de détenir ses volumes. Wikipédia, encyclopédie gratuite, facile d'accès, énorme et en fin de compte plus utile à plus de gens, accroît la productivité d'un bien plus grand nombre de travailleurs que ne le faisait Britannica. Mais elle ne gagne pas un centime directement ; au lieu de cela, elle en enlève beaucoup à Britannica. Autrement dit, elle réduit la valeur mesurable (le chiffre d'affaires direct) tout en augmentant énormément la valeur non mesurable (notre savoir collectif).

Tel est l'effet du gratuit : il transforme des industries pesant des milliards de dollars en industries pesant des millions de dollars. Mais en général la richesse n'est pas vaporisée comme on pourrait le croire. En fait, elle est redistribuée d'une manière difficilement mesurable.

Dans le cas des petites annonces, les journaux, leurs propriétaires, leurs salariés et leurs actionnaires ont beaucoup perdu, tandis que les autres gagnaient un peu. Mais ces « autres » sont bien plus nombreux. Et il est tout à fait possible que les 30 milliards de dollars de capitalisation boursière perdus par les journaux se retrouvent en fin de compte dans une augmentation bien supérieure du PIB, même si un tel lien ne pourra jamais être établi explicitement.

Les entreprises qui adoptent cette stratégie ne calculent pas nécessairement le nombre total de gagnants et de perdants. Elles vont au plus simple : elles donnent aux gens ce qu'ils veulent, gratuitement, et ne se soucient de modèle économique que quand elles y sont obligées. Mais vu de l'extérieur, cela passe pour un acte révolutionnaire. Comme l'écrivait Sarah Lacy dans *BusinessWeek,* « On dirait Robin des Bois, qui prend les richesses de l'élite pour les redistribuer à tous les autres, y compris les clients qui peuvent garder une plus grande partie de leur argent et les nouvelles entreprises qui peuvent plus aisément bâtir des offres concurrentes. »

On le voit partout. Aux États-Unis, les téléphones portables ont démonétisé la téléphonie à longue distance en rendant gratuits les appels interurbains nationaux. Voit-on quiconque s'en plaindre, hormis les opérateurs de longue distance ? Expedia a démonétisé le métier des agences de voyage et E*Trade celui des agents de change (tout en préparant le terrain pour d'autres entreprises d'opérations de Bourse gratuites, dont Zecco – voir l'encadré de la page 155). Dans tous ces cas, les gagnants sont bien plus nombreux que les perdants. La gratuité crée des ruptures, c'est certain, mais elle tend à laisser des marchés plus efficients dans son sillage. Le tout est de miser du côté gagnant.

Ce que coûte le gratuit

Mais que se passe-t-il si l'équation n'est pas tout à fait aussi égale ? Que se passe-t-il si la richesse n'est pas nettement transférée du petit nombre au grand nombre, permettant à mille fleurs de s'épanouir ? Que se passe-t-il si en réalité elle ne fait que disparaître ou, pire, si les gagnants sont encore moins nombreux qu'auparavant ?

C'est ce qui inquiète Schmidt, le patron de Google. L'Internet est un excellent exemple de marché dominé par ce que les économistes appellent les « effets de réseau ». Dans ce genre de marché, où les participants communiquent aisément entre eux, on a tendance à suivre les autres, ce qui aboutit à un comportement moutonnier. Comme de petites différences entre les parts de marché peuvent s'amplifier et devenir grandes, l'écart entre le numéro un d'un secteur et les suivants tend à être plus large.

Dans les marchés traditionnels, s'il y a trois concurrents, le numéro un aura 60 % du marché, le deuxième 30 % et le dernier 5 %. Mais, sur les marchés dominés par les effets de réseau, ce serait plutôt 95 %, 5 % et 0 %. Les effets de réseau poussent à une concentration du pouvoir : les riches deviennent plus riches.

Bien que cet argument ait été utilisé pour justifier les poursuites antitrust contre Microsoft dans les années 1990, ce ne sont pas les monopoles durables qui inquiètent Schmidt en l'occurrence. Sur le marché contemporain du Web, où les barrières à l'entrée sont basses, de nouveaux concurrents peuvent facilement apparaître (ce qui est bien sûr l'argument brandi par Google quand on l'accuse d'être un monopole). Ce n'est pas non plus la limitation du choix : la faiblesse des barrières à l'entrée, qui assure la présence de nombreux concurrents, permet aussi aux petites entreprises et autres habitants de la longue traîne de partager collectivement un gros marché. Non, Schmidt s'inquiète simplement de la possibilité de gagner de l'argent : tout le monde peut utiliser un modèle économique de gratuité, mais de façon trop générale, seul le numéro un peut vraiment faire fortune.

Pourquoi Google devrait-il s'inquiéter de l'avantage économique tiré par d'autres entreprises de l'utilisation du gratuit ? Parce qu'il a besoin que d'autres créent des informations qu'il pourra ensuite indexer, organiser et emballer à son profit. Si la gratuité numérique démonétise des industries avant que de nouveaux modèles ne parviennent à les remonétiser, tout le monde est perdant.

Considérez seulement l'état dramatique de la presse écrite. Le succès des petites annonces gratuites de Craigslist a obligé les quotidiens des grandes villes à réduire la voilure en ôtant de la circulation un grand nombre de journalistes professionnels. Mais l'essor de solutions de rechange « hyperlocales » à petit prix, créées par les lecteurs, n'a pas totalement comblé le vide. Cela viendra peut-être, mais ce n'est pas encore le cas. Ce qui signifie que Google a moins d'actualités locales à indexer. Peut-être y a-t-il plus d'informations locales, mais il ne peut plus utiliser comme indicateur de qualité le fait qu'elles viennent d'organes de presse professionnels. Il doit déterminer lui-même ce qui est fiable ou non, et cela lui complique la vie.

Google aimerait donc bien que les journaux survivent, alors même que la réussite de son propre modèle publicitaire leur complique la tâche, puisqu'il leur prend des parts de marché. Tel est le paradoxe qui dérange Schmidt. Peut-être arrivons-nous à un moment où les conséquences négatives immédiates de la démonétisation se font sentir avant ses conséquences positives à long terme. Se pourrait-il que le gratuit, au lieu de nous rendre tous plus riches, ne fasse que rendre quelques-uns richissimes ?

De la part du milliardaire qui commande la citadelle du gratuit, cette observation peut sembler paradoxale, mais il est important pour Google que les gagnants soient nombreux, car ce sont eux qui paieront la création de la nouvelle vague d'information organisée par lui.

« Traditionnellement, les marchés sont segmentés par prix et laissent donc de la place pour les producteurs de luxe, intermédiaires et bas de gamme », explique Schmidt. « Le problème de la gratuité est qu'elle élimine la texture de discrimination par le prix sur le marché. Au lieu d'un éventail de produits à différents prix, on tend à avoir un gagnant qui rafle tout. » Son souci, en bref, serait que la gratuité fonctionne trop bien pour lui et pas assez bien pour tous les autres.

Sur les quatre cents Américains les plus riches, dont *Forbes* dresse la liste chaque année, je n'en vois que onze dont la fortune repose sur des modèles économiques de gratuité. Quatre d'entre eux, dont Schmidt lui-même, viennent de Google. Deux viennent de Yahoo !, deux autres de Broadcast.com, société de vidéo des premiers temps du Web qui s'est vendue à Yahoo ! au sommet de la bulle des dot.com et dont les fondateurs, Mark Cuban et Todd Wagner, ont bien géré leurs investissements ultérieurs. Puis il y a Mark Zuckerberg, de Facebook, et, si l'on veut, la présentatrice de télévision Oprah Winfrey, qui doit sa fortune de 2,7 milliards de dollars à la télévision diffusée gratuitement.

Je ne range pas dans ma liste tous les magnats des médias, de Rupert Murdoch à Barry Diller, car leurs conglomérats diversifiés sont des mélanges de gratuit et de payant. Et dans la liste de *Forbes* n'entrent pas bon nombre de gens devenus riches, mais pas hyperriches, grâce au gratuit, tels les fondateurs de MySpace et quelques héros du logiciel *open source* comme les fondateurs de MySQL (vendu 1 milliard de dollars à Sun en 2008). Mais cela n'infirme pas la remarque de Schmidt : si l'on mesure le succès par la création de richesses abondantes réparties entre davantage qu'un petit nombre de personnes, le gratuit n'est pas encore comparable au payant.

Cependant, certains signes dénotent un changement. Pour s'en rendre compte, il faut s'intéresser à la nature évolutive de la première activité fondée sur la gratuité : la presse.

8

Les nouveaux modèles des médias

La presse gratuite n'a rien de nouveau.
La nouveauté est que le modèle s'étend
à tout le reste en ligne

C'était en 1925 – à l'aube de la radio commerciale. La frénésie du sans fil submergeait l'Amérique, rassemblant les familles autour d'un cœur électronique, et l'on s'émerveillait de pouvoir capter des émissions venant de villes situées à des centaines ou à des milliers de kilomètres de là. La miraculeuse capacité de la radiodiffusion à toucher des millions de gens simultanément obligeait les stations à inventer ce qui allait donner les mass media : des divertissements, des actualités et des informations attirantes pour le plus grand nombre. C'était le début de la culture pop du XXe siècle. Il n'y avait qu'un problème : personne ne savait comment la financer.

Jusqu'alors, la programmation radio était soit faite avec des queues de cerise (dans certaines stations régionales, il suffisait d'entrer pour parler au micro), soit payée par les constructeurs de postes récepteurs eux-mêmes. « Nous émettons essentiellement pour que ceux qui achètent des postes de radio RCA aient quelque chose à se mettre sous le récepteur », expliquait alors David Sarnoff, directeur de Radio Corporation of America (RCA). Mais l'essor pris par la radio montrait à l'évidence que la demande insatiable de nouveaux contenus ne pourrait être satisfaite par une poignée d'industriels.

Le magazine *Radio Broadcast* annonça un concours dont l'objet était de trouver la meilleure réponse à la question : « Qui va payer la radiodiffusion, et comment ? » Comme le raconte Susan Smulyan dans *Selling Radio*, 800 candidats proposèrent des idées qui allaient des cotisations bénévoles (hello, NPR [1]) à la vente de licences par l'État et, astucieusement, à la facturation de la diffusion. Le vainqueur réclamait une taxe sur les tubes à vide, considérés comme « indicateur de la consommation de radiodiffusion » (tel fut en réalité le modèle adopté au Royaume-Uni, où auditeurs et téléspectateurs paient une redevance annuelle sur leurs postes de radio et de télévision et disposent en échange de la BBC, sans publicité [2]).

Certains suggérèrent la publicité, mais cette solution était loin d'être populaire. Il paraissait scandaleux de polluer ce nouveau mode d'expression par des messages payants. Un article s'inquiétait de « l'emphase publicitaire… [qui] va contre la nature de la radiodiffusion en suscitant l'apathie du public, en ennuyant l'auditeur et en réduisant les ventes de récepteurs ».

Mais NBC, l'une des nouvelles entreprises de radio, était déterminée à faire un essai pour voir si la publicité

1. National Public Radio, organisation associative de stations de radio américaines financée en grande partie par des dons. (NdT)

2. Plusieurs autres pays européens, dont la France, ont adopté des systèmes analogues. (NdT)

radio fonctionnait. En 1926 elle embaucha Frank Arnold, le plus connu des partisans de la publicité radiophonique, comme directeur du développement. Selon Arnold, la radio était la « quatrième dimension de la publicité », elle s'ajoutait aux trois dimensions prosaïques qu'étaient la presse quotidienne, les magazines et l'affichage. D'autres évoquaient l'aspect magique de la radio, qui permettait aux annonceurs de « s'inviter dans la demeure de l'auditeur ».

Mais l'un des problèmes de la radio était qu'elle avait beau défier la distance, la distance commençait à se venger. Les mégastations de la côte est avaient recours à des émetteurs de plus en plus puissants pour couvrir des milliers de kilomètres de territoire, mais leurs signaux se trouvaient submergés par ceux plus proches de nouvelles radios régionales et locales (la Federal Communications Commission a été créée en partie pour mettre de l'ordre dans les ondes hertziennes). De ce fait, la radio paraissait cantonnée à la publicité locale, pas assez lucrative pour nourrir toute la demande de contenus.

Le salut vint de l'opérateur téléphonique AT&T. William Peck Banning, qui en serait plus tard vice-président, rappelait que, au début des années 1920, « personne ne savait où allait vraiment la radio. Pour ma part, je me disais que puisque la radiodiffusion était une forme de téléphonie, nous allions sûrement nous en mêler d'une manière ou d'une autre. » Cette intervention prit la forme de transmissions lointaines de programmes de radio sur les lignes d'AT&T en vue de leur rediffusion dans tout le pays, sans interférence, à partir d'émetteurs locaux. Ainsi naquirent les réseaux radiophoniques nationaux, et le premier marché national de publicité radiophonique (auparavant, ce marché se limitait à de petits groupements de publicité locale pour des entreprises situées dans la zone de couverture des différentes stations).

Quelques décennies plus tard, la télévision suivit la même voie. La radio comme la télévision étaient radiodiffusées gratuitement et financées par la publicité. Ce fut le début du modèle des médias gratuits : une tierce partie (l'annonceur) subventionne les contenus afin que la seconde partie (l'auditeur ou le téléspectateur) en dispose sans payer.

Aujourd'hui, ce modèle tripartite est au cœur d'une industrie publicitaire qui pèse 300 milliards de dollars. Non seulement il finance les médias gratuits comme la radiodiffusion hertzienne traditionnelle, mais il subventionne aussi la plupart des supports payants, des journaux et magazines à la télévision par câble, en leur permettant de se vendre bien au-dessous de leur prix normal. Et, à présent, avec le Web, sur lequel aucun média n'occupe de position privilégiée, le modèle publicitaire finance tout le reste.

Les annonces au-delà des supports

Qu'est-ce qui change dans la publicité quand elle sort des médias pour financer des logiciels, des services ou des contenus créés par des gens ordinaires, et pas seulement par des entreprises de presse ? Beaucoup de choses. Pour commencer, les règles habituelles de la confiance sont inversées. Voici un exemple tiré de mon univers personnel.

Il y a quelque temps, un ami qui travaillait chez Google est venu me voir dans les bureaux de *Wired*. Je lui ai montré notre « salle du magazine », où toutes les pages du numéro en préparation sont affichées sur le mur. Au fur et à mesure que les pages prennent forme, nous les déplaçons pour rendre le numéro aussi coulant et rythmé que possible et éviter les voisinages indésirables entre articles ou illustrations.

L'un des autres objectifs de ce mur est la surveillance des « conflits presse/pub », c'est-à-dire des annonces qui auraient apparemment un rapport avec le contenu voisin. En effet, la plupart des organes de presse traditionnels dressent une « muraille de Chine » entre leurs équipes rédactionnelles et publicitaires afin d'éviter toute influence des annonceurs sur les textes. Mais ce n'est pas suffisant. Pour inspirer confiance aux lecteurs, nous évitons même toute apparence d'influence en veillant à ne pas placer une annonce automobile à côté d'un article sur l'automobile, ou une annonce de Sony à proximité du compte-rendu d'essai d'un produit Sony. Dans l'idéal, on va jusqu'à éviter de les placer dans le même numéro.

Tandis que j'expliquais le principe à mon ami, il me regardait avec une incrédulité croissante. À juste titre, puisque Google fait exactement l'inverse.

L'intérêt du programme AdSense de Google, qui rencontre un succès phénoménal, est qu'il adapte les annonces publicitaires aux contenus. Google est payé très cher pour faire exactement ce que nous interdisons : placer les annonces Sony à côté d'articles sur Sony. Et les lecteurs adorent cela – on appelle cela la pertinence.

Pourquoi cette association est-elle mauvaise sur le papier et bonne en ligne ? Au cœur de cette question se trouve la mutation subie par la publicité lors de son passage en ligne.

L'explication que j'en donne, pas tout à fait exacte, est que le public nourrit des attentes différentes à l'égard du monde en ligne. Quelque part, intuitivement, il est conscient de tout ce que mon ami de Google et moi avons débattu dans cette salle aux murs couverts de papiers. Les magazines sont mis en pages par des gens, et les gens peuvent être corrompus par l'argent. Mais la publicité sur le Web est placée par des algorithmes logiciels et, d'une certaine manière, cela la rend plus pure.

C'est une fiction, bien sûr. Quantité d'annonces du Web sont placées manuellement et il n'est que trop aisé de corrompre un algorithme. Mais quand c'est Google qui place l'annonce sur le contenu de quelqu'un d'autre, la relation entre eux est si lointaine que les gens ne paraissent pas craindre une influence perverse.

Il est aussi très possible que nous ayons tout faux, nous, gens de la presse traditionnelle. Peut-être nous berçons-nous d'illusions avec nos prétentions à la pureté, peut-être les lecteurs sont-ils indifférents ou même aveugles à la proximité entre annonce Sony et un article sur Sony. Peut-être même l'apprécient-ils, les vrais obstacles étant alors nos rédacteurs, effrayés à l'idée qu'on pourrait penser qu'ils ont été achetés. Je n'en sais rien, mais je sais que notre syndicat professionnel a instauré des règles strictes contre ce genre de choses et, si je passe outre, mon magazine n'aura plus droit à aucune distinction officielle, entre autres sanctions.

Mais ce qui est clair est que la nature des annonces est différente en ligne. Le vieux modèle de la radiodiffusion était, en somme, celui-ci : ennuyez les 90 % de vos auditeurs qui ne sont pas intéressés par votre produit pour atteindre les 10 % qui pourraient l'être (songez aux publicités des dentifrices pendant les matchs de football).

Le modèle de Google est l'exact inverse : utilisez le logiciel pour ne montrer l'annonce qu'aux gens pour qui elle est plus pertinente. N'ennuyez que 10 % des internautes qui ne sont pas intéressés pour toucher les 90 % qui pourraient l'être.

Bien entendu, cela ne fonctionne pas toujours ainsi, et vous avez sans nul doute vu quantité d'annonces agaçantes présentées par Google. Mais comme une offre croissante d'annonces étroitement ciblées rencontre une demande croissante de contenus étroitement ciblés, les accordailles s'améliorent. Sur mon site de robotique aérienne, par exemple, qui affiche des annonces Google AdSense hyper-spécialisées pour des produits aussi ésotériques que des « accéléromètres tri-axes », j'ai sondé nos lecteurs à propos d'une éventuelle suppression de la publicité.

En majorité, ils m'ont demandé de les garder, car elles étaient si pertinentes qu'elles comptaient comme des contenus. Un groupe moins nombreux n'avait même pas remarqué leur présence. Ceux qui voulaient les supprimer formaient le plus petit contingent. (Je les ai gardées.)

Comment les nouveaux médias modifient les anciens

L'un des aspects intéressants du modèle de gratuité financé par la publicité est qu'il était en réalité sur le déclin dans les médias traditionnels. Au fur et à mesure que la télévision renonçait à la diffusion hertzienne gratuite au profit du câble, payant, ses contenus étaient de plus en plus financés par un mélange de flux de recettes, entre autres la syndication et des redevances qui n'avaient pas grand-chose à voir avec la publicité. Même la radio, sous la forme de la radio par satellite, allait vers un cocktail d'abonnements directs et de publicité. Elle commençait à ressembler davantage à la presse écrite, qui associe abonnements, ventes au numéro et revenus de la publicité.

Mais l'essor du Web a inversé le mouvement. Après quelques années d'expérimentations, où il a été demandé aux internautes de payer les contenus, il est devenu clair à peu près pour tout le monde qu'on n'arriverait à rien en combattant l'économie numérique, et le gratuit l'a emporté. Qui plus est, les attentes nées en ligne à l'égard des prix ont commencé à se répandre aussi hors ligne.

La presse a compris que la génération Google risquait de ne pas prendre comme ses parents l'habitude de payer un journal chaque jour. Elle a donc lancé des journaux d'information gratuits ciblant les jeunes adultes, distribués au coin des rues et dans le métro. D'autres journaux ont maintenu leur prix, mais se sont mis à donner des cadeaux gratuits, de la musique à l'argenterie (voir encadrés des pages ## et ##). Alors que le reste du secteur de la presse quotidienne déclinait, les journaux gratuits sont devenus un îlot d'espérance, croissant de 20 % par an (surtout en Asie et en Europe) ; ils représentaient 7 % de la diffusion totale des journaux en 2008.

Le public de la télévision hertzienne, quant à lui, semble en recul, au moins dans la catégorie recherchée des 18-24 ans, qui de plus en plus regarde des clips ou même des émissions entières en ligne, gratuitement, sur YouTube ou Hulu. Le haut débit a aujourd'hui pris la place de la radiodiffusion hertzienne et l'emprise du câble sur le téléspectateur semble s'éroder.

La fin des contenus payés

Cette mutation s'inscrit dans une vaste dévaluation des contenus, due non seulement à la différence de goûts entre générations, mais aussi à des évolutions technologiques. Jonathan Handel, juriste dans le secteur du divertissement (et ancien chercheur en informatique) à Los Angeles, explique la migration vers le gratuit par six grandes raisons. Je les paraphraserai ainsi :

1. L'offre et la demande. L'offre de contenus a grossi des millions de fois, mais pas la demande : nous n'avons toujours que deux yeux, deux oreilles et vingt-quatre heures par jour. Bien entendu, tous les contenus ne naissent pas égaux et les pages de Facebook ne peuvent se comparer au *New York Times* – sauf quand ce sont celles de vos amis, auquel cas elles peuvent être plus intéressantes que le *Times* (selon vous). La différence est que les pages de Facebook sont bien plus nombreuses que celles du *Times* et que ceux qui les créent n'attendent pas de rémunération.

2. L'absence de forme physique. Nous n'y pouvons rien : les atomes ont pour nous plus de valeur que les bits. Une fois sortis des disques placés dans des boîtiers pour devenir des fichiers circulant dans des fils, les contenus deviennent intangibles et même abstraits. Et puis, voler un objet matériel en prive quelqu'un d'autre et coûte du vrai argent à quelqu'un – ce qui n'est pas le cas avec un fichier numérique.

3. Facilité d'accès. Il est souvent plus facile de télécharger un contenu que de le trouver et de l'acheter dans un magasin. Au fur et à mesure que ces « coûts de recherche » diminuent, nous devenons moins disposés à payer pour obtenir que des contenus deviennent disponibles.

4. Le basculement vers des contenus financés par la publicité. Les habitudes prises sur le Web se diffusent dans le reste de la vie courante. Si les contenus sont gratuits en ligne, ne devraient-ils pas l'être ailleurs aussi ?

5. L'industrie informatique veut que les contenus soient gratuits. Apple ne gagne pas ses milliards en vendant des fichiers musicaux, mais en vendant ses iPod. La gratuité des contenus accroît la valeur des appareils sur lesquels on les écoute, comme l'industrie de la radio le savait déjà en 1920.

6. Génération gratuité. L'économie numérique est en quelque sorte inscrite dans l'ADN de la génération qui a grandi avec le haut débit. Qu'elle ait ou non entendu parler de « coût marginal proche de zéro », elle comprend intuitivement de quoi il s'agit. C'est pourquoi elle est indifférente ou hostile au droit d'auteur. Elle ne le comprend pas, tout simplement.

COMMENT DE L'ARGENTERIE PEUT-ELLE ÊTRE GRATUITE ?

Controlinveste, l'un des premiers groupes de presse du Portugal, est présent dans la presse quotidienne, la télévision, la radio, la presse magazine et le Web. Deux de ses journaux sont les plus diffusés dans le pays : *Global Notícias*, qui est gratuit, et *Jornal de Notícias*, qui est payant. Comme beaucoup de journaux payants européens, ce dernier est principalement vendu en kiosque, où il faut chaque jour conquérir les clients. C'est pourquoi le marketing recourt souvent aux cadeaux promotionnels (comme l'a fait le *Daily Mail* au Royaume-Uni en offrant un CD de Prince gratuit). Mais Controlinveste est allé plus loin que la plupart de ses confrères.

En 2008, Controlinveste a distribué une ménagère de soixante pièces en cadeau gratuit avec le *Jornal de Notícias* pour fêter son 120e anniversaire. Chaque jour, du lundi au vendredi, une pièce était attachée au journal. Le samedi, votre journal s'accompagnait de l'un des douze ustensiles de service. Si vous sautiez un jour, une fourchette ou une cuillère manquait à votre ménagère. Les couverts étaient distribués sous emballage individuel au marchand de journaux, qui les remettait avec les exemplaires du journal. Le succès fut énorme : en trois mois seulement, la diffusion augmenta de 36 %.

Sur un marché parvenu à maturité, où la diffusion payante recule chaque année, ces résultats sont extraordinaires. Mais comment cela peut-il être rentable ? Deux réponses. Un, l'argenterie est bien meilleur marché qu'on ne le croit, surtout quand on l'achète en gros. Deux, le profit marginal sur les ventes supplémentaires des journaux est aussi plus élevé qu'on ne l'imaginerait. Le *Jornal de Notícias* est vendu 0,88 euros en kiosque (moyenne du lundi au samedi). Compte tenu des impôts, des coûts d'impression et de distribution et de la marge du kiosque, le journal est d'une bonne rentabilité et tous les coûts fixes (personnel, immeubles et autres installations) sont couverts par la diffusion et la publicité. Mais si vous vendez davantage d'exemplaires, les coûts fixes se trouvent répartis sur des quantités plus grandes, le public augmente et la marge bénéficiaire aussi. Comment en vendre plus ? Donnez quelque chose avec !

Le coût de chaque pièce des ménagères achetées en gros par Controlinveste en Chine se chiffre en centimes. Mais les lecteurs perçoivent sa valeur comme bien plus élevée (probablement plus élevée que le coût du journal lui-même).

Quand l'entreprise donne une cuillère avec chaque exemplaire du quotidien, elle abandonne une fraction significative de sa marge, mais une fois ses coûts fixes couverts, le tableau économique s'éclaircit considérablement tant le coût marginal des exemplaires supplémentaires est bas. Si ces cadeaux élargissent beaucoup la diffusion, on peut aussi promettre aux annonceurs un lectorat plus large et leur vendre l'emplacement plus cher.

Controlinveste ne s'est pas contenté de donner de l'argenterie. Rien qu'en 2008, l'entreprise a aussi proposé les cadeaux suivants :

- **Une boîte à outils garnie gratuite.** La boîte était donnée avec le journal du dimanche (le jour des meilleures ventes, à un prix plus élevé que les éditions des jours de la semaine). Puis un nouvel outil chaque jour, du lundi au vendredi (177 pièces au total). Résultat : 20 % de diffusion en plus sur trois mois.
- **Des DVD gratuits chaque samedi.** Pour y avoir droit, il fallait découper un coupon dans le journal du vendredi et le remettre en achetant l'édition du samedi. Résultat : 47 % de diffusion en plus sur deux mois.
- **Un service de table gratuit.** Il fallait découper un coupon le samedi pour obtenir une assiette le dimanche. Ce qui obligeait à acheter les deux éditions les plus chères de la semaine. Un service complet se composait de dix-neuf assiettes. Résultat : 70 % d'augmentation de la diffusion sur quatre mois.
- **Des cours de langue gratuits.** Un logiciel multimédia pour l'apprentissage de l'anglais, de l'espagnol, du chinois, du français, du russe, de l'italien, de l'allemand, de l'arabe, du grec, du japonais et de l'hébreu était donné par morceaux. Chaque jour, vous receviez l'un de ses quarante-huit disques, vingt-deux livres et deux coffrets. Résultat : 63 % d'augmentation de la diffusion sur quatre mois.

Voilà pourquoi les modèles financés par la publicité dominent en ligne et pourquoi cela continuera.

Ici, le lecteur sceptique se sentira sur ses gardes. Les budgets publicitaires ne sont sûrement pas inépuisables. La publicité ne peut pas tout payer.

C'est vrai, d'autant plus que certaines publicités peuvent valoir encore moins en ligne que hors ligne. La raison en remonte à la rareté et à l'abondance. « La publicité dans les médias traditionnels, que ce soit les quotidiens, les magazines ou la télévision, revient à vendre une ressource rare : l'espace », souligne Scott Karp, fondateur du cabinet d'analyse et de service d'actualités Publish2. « Le problème est que sur le Web, l'espace est presque infini. Ainsi, quand les sociétés de presse traditionnelles essaient de vendre de l'espace en ligne comme elles le font hors ligne, elles s'aperçoivent qu'elles ont beaucoup moins la maîtrise des prix. »

Un magazine sur papier glacé peut facturer à un annonceur plus de 100 dollars par millier de lecteurs de sa version imprimée, mais il aura de la chance s'il obtient plus de 20 dollars par millier de lecteurs en ligne. Tout simplement, il y a plus de concurrence en ligne – les annonceurs ont plus de choix et les prix tombent jusqu'au niveau supportable par le marché. Mais cela vaut pour la publicité « affichée », les bannières et images destinées à promouvoir une marque sans nécessairement conduire à une vente immédiate.

Il existe une autre sorte de publicité dont l'exemple même sont les annonces textes de Google placées à côté de ses résultats de recherche et sur des sites tiers. Les annonceurs ne paient que quand les lecteurs cliquent sur l'annonce. Google ne vend pas d'espace. Il vend les intentions des utilisateurs – les centres d'intérêt qu'ils ont déclarés sous forme d'une requête de recherche. Et cela, c'est une ressource rare. Le nombre de gens qui saisissent « nettoyage à sec Berkeley » un jour donné est limité.

Résultat : alors que la publicité traditionnelle en ligne est peu abondante, la publicité telle que redéfinie par Google – établir un lien entre des produits et des désirs exprimés – continue à progresser fortement. Eric

Schmidt, PDG de Google, estimait que le marché potentiel de la publicité en ligne s'élevait à 800 milliards de dollars, soit trois fois le total actuel de la publicité en ligne et hors ligne. On voit bien pourquoi : les entreprises ne paient que les résultats. Si vous êtes sûr de gagner un dollar chaque fois que vous dépensez dix cents en marketing, vous n'aurez pas besoin de vous limiter. On est loin du vieux dicton de Madison Avenue : « La moitié de mon budget publicitaire est dépensée en pure perte, mais je ne sais pas laquelle. » Il n'y a pas photo.

Le triomphe du modèle de la presse

Voilà pourquoi le financement publicitaire s'est répandu si loin au-delà de la presse en ligne. C'est là qu'est l'argent, tout simplement. Selon le capital-risqueur new-yorkais Fred Wilson, « la plupart des applications du Web seront monétisées en suivant un modèle de média quelconque. Quand je dis cela, ne pensez pas aux annonces bannières. Pensez à tous les moyens différents par lesquels le public qui fait attention à votre service peut être payé par les entreprises et les gens qui voudraient attirer son attention ».

On peut considérer le Web comme l'extension du modèle économique de la presse à une palette illimitée d'autres industries. Google n'est aucunement une entreprise de presse, mais il gagne des milliards avec ce modèle. Tout comme Facebook, MySpace ou Digg. Tous sont à la base des créateurs de logiciels. Certains organisent les contenus d'autres personnes, d'autres fournissent aux gens un endroit où créer leurs propres contenus. Mais ils ne créent ni ne distribuent des contenus de la même manière que les sociétés de presse traditionnelles.

Mais, quand il est question de « modèle traditionnel de la presse », on pense généralement à la seule publicité. Elle en forme une grosse partie, certes, mais comme le savent ceux qui travaillent dans la presse, le modèle va bien au-delà.

D'abord, l'arrivée de la publicité en ligne a donné naissance à des quantités de nouvelles formes publicitaires qui ne se limitent pas au modèle traditionnel de paiement au millier de lecteurs ou d'auditeurs (ce qu'on appelle le « coût par mille », ou CPM). Les variantes en ligne comprennent le « coût par clic » (CPC), utilisé par Google, et le « coût par transaction » (CPT), dans lequel les annonceurs ne paient que lorsqu'un internaute devient un client payant, comme dans le programme Partenaires d'Amazon.

Puis vient la « génération de prospects » dans laquelle les annonceurs paient pour obtenir le nom et l'adresse électronique de gens qui ont été attirés par un contenu gratuit, ou d'autres d'informations sur ces consommateurs. Les annonceurs peuvent parrainer un site en tout ou partie pour un montant fixe, non déterminé par le trafic. Ils peuvent payer pour figurer dans les résultats de recherche, ce que proposent Google et d'autres. Ils peuvent aussi se tourner vers la bonne vieille formule du placement de produit et payer pour que leurs marques et leurs marchandises apparaissent dans un jeu ou une vidéo.

Ajoutez-y des versions texte, vidéo, animation, audio et virtuelles (jeux vidéo) et vous voyez à quel point le monde de la publicité a changé en passant en ligne. Il y a vingt ans, on pouvait répartir la publicité en cinq grandes catégories : presse (annonces et petites annonces), télévision, radio, extérieur (affiches et affichettes) et documents distribués (prospectus, etc.). Aujourd'hui, il existe au moins cinquante modèles différents en ligne, et tous évoluent de jour en jour. Il est étourdissant – et réjouissant – de regarder une industrie se réinventer elle-même face à un nouveau support.

L'économie des orques

Quant on dit « médias », on pense radio, télévision, magazines, journaux et sites web journalistiques. Mais, en réalité, les médias sont les contenus de toutes sortes, et la meilleure façon de mesurer leur impact dans notre société est de savoir combien de temps les gens leur consacrent. À l'aune de cet indicateur, la plupart des supports ci-dessus ne font pas le poids face à une forme de contenu rarement incluse dans les médias, même si elle est en concurrence directe avec eux sur le terrain de l'attention du public : les jeux vidéo, des shooters pour Xbox 360 aux mondes multijoueurs en ligne sur micro-ordinateurs.

Non seulement l'industrie des jeux en est venue rivaliser avec Hollywood pour le chiffre d'affaires et avec la télévision pour le temps qu'y passent les consommateurs, mais elle évolue plus vite. Aucun secteur ne va aussi vite vers la gratuité que celui des jeux vidéo.

Il fut un temps où l'on achetait les jeux vidéo dans des boutiques. Présentés dans des boîtiers, ils coûtaient d'ordinaire 40 ou 50 dollars. On les rapportait à la maison, on insérait le disque et l'on y jouait pendant une semaine, et l'on y rejouait rarement ensuite. Un jeu réalisait la quasi-totalité de son chiffre d'affaires dans les six semaines suivant sa mise en vente. C'était comme Hollywood, mais sans le lucratif marché des DVD et autres reprises – un marché où le hit régnait, sans seconde chance en cas d'échec.

En fait, telle est encore la principale manière dont on achète des jeux vidéo, aussi idiot que cela puisse paraître.

Mais les jeux sont l'un des derniers produits numériques qui soient encore vendus principalement de cette manière, et ce modèle est en voie d'extinction. Comme aujourd'hui la musique et les logiciels, les jeux vidéo deviendront un marché en ligne. Et une fois qu'on a renoncé à la circulation des atomes (boîtiers en plastique et disques) au profit de la transmission de bits, la gratuité devient inévitable. Dans les dix prochaines années, cette industrie de 10 milliards de dollars va cesser d'être une activité traditionnelle de biens manufacturés pour devenir une activité en ligne bâtie sur des prix d'entrée nuls.

Les premiers signes en sont apparus en Asie vers 2003. À cause du piratage, il devenait difficile de vendre des jeux de la manière habituelle en Chine et en Corée du Sud. Les éditeurs de jeux se sont donc tournés vers les marchés en ligne, en forte croissance. Les cybercafés étaient en plein essor en Chine, apportant l'Internet à une population qui, pour sa plus grande part, n'avait pas les moyens de posséder un ordinateur à domicile. En Corée du Sud, les PC *baangs*, ou salles de jeux informatiques, commençaient à remplacer les classiques salles d'arcades où adolescents et jeunes avaient l'habitude de se réunir dans un pays où la plupart d'entre eux vivent avec leurs parents jusqu'au mariage.

Pour les joueurs, l'avantage des jeux en ligne réside dans la qualité et la diversité des concurrents : on joue contre des vrais personnes et non seulement contre une intelligence artificielle soumise à un scénario écrit à l'avance. Dans l'une des catégories les plus courues, celle des jeux massivement multijoueurs (songez à World of Warcraft ou à ses prédécesseurs, comme Everquest), les jeux ne cessent jamais et peuvent devenir une obsession qui consume les joueurs pendant des années. Ce n'est pas pour rien que le champion actuel est souvent appelé « World of War*crack* ».

Pour les éditeurs de jeux, passer en ligne présente de nombreux avantages. Au lieu d'imprimer disques, manuels et boîtiers puis de convaincre les détaillants de les détenir en stock, il leur suffit de laisser les joueurs télécharger un logiciel. Ils font ainsi d'énormes économies sur la fabrication et la distribution. Passer en ligne ouvre des « rayonnages » illimités d'où les jeux anciens ou spécialisés ne sont pas chassés par les produits plus nouveaux et plus généralistes, tous étant également accessibles en ligne. Et cela facilite la diffusion des mises à jour destinées à ajouter des fonctions ou supprimer des bogues.

Mais la raison la plus importante du passage en ligne est pécuniaire. Cela permet aux éditeurs de passer d'un modèle de revenus « au point de vente », où le non-succès signifie échec absolu, à une relation durable avec le joueur, exactement comme les lames de rasoir jetables de Gillette ont fait passer le marché du rasage de la vente de rasoirs à la vente de lames tout au long de la vie.

Voilà pourquoi l'industrie du jeu en ligne est devenue le terrain de gratuité le plus frénétique du monde. Entre les jeux uniquement distribués en ligne et ceux réellement joués en ligne, cette industrie pesait, estime-t-on, 1 milliard de dollars en 2008 aux États-Unis, et encore plus en Chine, où elle est partie pour atteindre 2,67 milliards de dollars en 2010. Elle inclut tout à la fois des jeux pour iPhone qu'on peut télécharger à partir d'iTunes (gratuits, payants ou hybrides), des « petits jeux » joués en ligne comme le poker et le sudoku, des jeux pour enfants comme Club Penguin, Neopets ou Webkinz, et le domaine en plein essor des univers massivement multijoueurs.

Tous ces marchés sont devenus une boîte de Petri pour les nouvelles formes de gratuité, et c'est ce qui en fait l'industrie à observer si l'on veut trouver de nouveaux modèles économiques innovants, dont beaucoup sont applicables hors du monde des jeux. La gratuité n'est pas nouvelle pour les jeux, bien entendu : le modèle de base du *freemium* est depuis longtemps une figure imposée de l'industrie du jeu, sous forme de versions de démonstration bridées, distribuées gratuitement en ligne ou dans les magazines de jeu, et qui permettent de jouer quelques niveaux sans rien payer. Si l'on aime ce qu'on voit, on peut soit acheter la version complète, soit payer pour obtenir un code de déblocage des niveaux supérieurs. Mais ces dernières années ont vu une explosion de modèles économiques innovants bâtis autour de la gratuité, rendus possibles uniquement par l'omniprésence des accès internet haut débit. Voici les cinq catégories qui ont le plus le vent en poupe.

1. Vente d'articles virtuels

En 2008, Target a vendu pour plus de un million de dollars de cartes en plastique totalement déconcertantes pour la plupart de ses clients. Elles ne contenaient qu'un code numérique fonctionnant avec quelque chose appelé Maple Story et se vendaient par tranches de 10 et 25 dollars. Qu'est-ce que Maple Story ? Posez donc la question à un gamin de 12 ans (ou à ses parents). C'est un jeu multijoueur en ligne qui fait un tabac dans son pays natal, la Corée du Sud, où il a plus de 15 millions d'adeptes, et que son éditeur, Nexon, exporte vers les États-Unis. Il compte aujourd'hui plus de 60 millions d'utilisateurs inscrits dans le monde.

Comme beaucoup d'autres jeux multijoueurs en ligne, Maple Story est gratuit ; vous pouvez sans problème passer d'un niveau à l'autre, entrer en contact avec d'autres joueurs et vous amuser tant que vous voulez sans dépenser un sou. Mais si vous avez envie de le faire *plus vite*, vous achèterez peut-être une « pierre de téléportation » qui vous permettra de sauter de lieu en lieu sans devoir battre la campagne. Il vous faudra alors des *mesos* (« crédits ») que vous pouvez gagner ou obtenir à partir de cette carte (ou acheter en ligne, si vous êtes majeur et possédez une carte de crédit).

Maple Story vous proposera pareillement d'acheter des articles virtuels qui vous permettront de récolter plus vite des *mesos* ou de circuler d'un univers à l'autre sans attendre le « bus ». Vous pouvez acheter un « ange gardien » qui vous ramènera à la vie immédiatement sans avoir à rejoindre un point de réapparition. Avec vos points Nexon, vous pouvez changer de vêtements, de coiffure, de visage. Détail important, vous ne pouvez acheter de super-arme, car ce serait déloyal – l'entreprise ne veut pas que certains puissent accéder au pouvoir par l'argent, créant ainsi une société à deux vitesses. Non, l'argent sert à gagner du temps, à avoir meilleure mine ou à en faire plus avec moins d'efforts. Les occasions de payer sont « non punitives », dit Alex Garden, ancien patron de Nexon en Amérique du Nord. Vous n'êtes pas obligé de payer, mais vous pouvez en avoir envie.

Mais l'exemple le plus colossal de ce marché des biens virtuels concerne principalement des adultes et non des enfants. Début 2008, les dirigeants de Google ont remarqué que le mot « WOW » figurait régulièrement parmi les dix plus recherchés au niveau mondial. Signe d'une crise mondiale d'émotivité[1] ? Pas vraiment. Il s'agit en fait de l'abréviation de World of Warcraft, et ce que les gens recherchent sur Google est de l'or. Pas de

1. L'interjecti*on wo*w ! peut signifier quelque chose comme « super ! » ou « sensass ! ». (NdT)

l'or véritable, mais de l'or virtuel, le WOW *gold* – la monnaie interne du jeu. À la date de la rédaction de ce livre, le taux de change était de l'ordre de 20 WOW *gold* par dollar des États-Unis. Il y a en Chine des immeubles pleins de travailleurs qui cliquent à travers le jeu pour gagner ces biens virtuels qu'ils revendront au dehors, sur des marchés secondaires.

Le négoce de biens virtuels est un bon métier, qui dans bien des cas rapporte plus que les revenus directs du jeu. Après tout, pourquoi vendre des disques de plastique à un prix prohibitif si vous pouvez les vendre par petits morceaux en ligne pendant des années ? Les gens qui choisissent de payer sont, par définition, les utilisateurs les plus engagés, les plus motivés, et donc les moins sensibles au prix et les plus disposés à payer (notez que ce n'est pas l'apanage des jeux : c'est aussi le modèle utilisé par Facebook avec les « cadeaux » numériques que les joueurs peuvent s'acheter l'un l'autre et dont on estime qu'ils représentent chaque année 30 millions de dollars pour le réseau social).

Quand on vend des disques, on risque l'effet « deuxième semaine » tel qu'il existe à Hollywood : quand le film n'est pas aussi bon que la bande-annonce le disait, les gens se sentent floués et le bruit s'en répand. Mais, avec les jeux gratuits qui ne font payer des articles qu'une fois que les gens savent pourquoi ils en ont envie, le risque de déception est moins grand et les chances de voir les clients revenir sont plus élevées. En somme, on fait payer les gens qui le *désirent*, car ils connaissent la valeur de ce qu'ils obtiennent.

« Si le modèle des jeux vendus sur étagère ressemble davantage à celui des films, nos jeux en ligne sont davantage comme la télévision », dit Garden. Le but est d'instaurer une relation durable avec le client et pas de vendre énormément le jour du lancement.

Dans certains cas, l'entreprise qui gère le jeu vend elle-même les articles numériques. Dans d'autres, elle ne fait que créer un marché sur lequel les joueurs peuvent se les vendre les uns aux autres et se rémunère par une commission sur les transactions, comme chez eBay. Le marché Station Exchange créé par Sony avec son jeu Everquest II en 2005 est un exemple de ce deuxième modèle. Les joueurs pouvaient y proposer des articles destinés au jeu moyennant un droit d'inscription de 1 dollar et une commission de 10 % sur le prix final des ventes réalisées. Un service de mise en dépôt était même proposé pour que les gens soient sûrs d'obtenir ce qu'ils payaient. Le succès fut modeste, mais assez prometteur pour que les dirigeants de Sony déclarent que l'avenir de l'industrie était là.

2. Abonnements

En 2007, Disney a annoncé qu'il allait payer 700 millions de dollars un site web où les enfants jouaient le rôle de petits pingouins de bande dessinée sur un carré de neige. Si vous trouvez que c'est payer cher un jeu consacré à des oiseaux incapables de voler, fussent-ils adorables, c'est probablement que vous n'avez pas d'enfants en bas âge. Sinon, vous auriez toutes les chances de connaître déjà Club Penguin, une communauté en ligne qui, à la date de son rachat, avait attiré 12 millions d'enfants (dont certains des miens). En 2006 et 2007, la mode de Club Penguin s'est répandue dans les cours de récréation à un rythme habituellement réservé aux poux.

Jouer à Club Penguin est gratuit et l'on estime que 90 % de ses utilisateurs, âgés de 6 à 12 ans pour la plupart, ne versent jamais un sou. Mais ceux qui veulent « améliorer leur igloo » avec des meubles ou acheter un animal de compagnie pour leur pingouin doivent décider leurs parents à dégainer leur carte de crédit pour payer 6 dollars (ou 4,95 euros) d'abonnement par mois. Lors de son rachat par Disney, Club Penguin comptait 700 000 abonnés payants (6 % de l'ensemble de ses utilisateurs) qui lui rapportaient plus de 40 millions de chiffre d'affaires par an.

Ce modèle est l'un des plus répandus parmi les jeux en ligne, surtout pour les plus accrocheurs par leur sociabilité. RuneScape, monde web peuplé lui aussi d'orques et d'elfes, compte plus de 1 million d'abonnés (sur plus de 6 millions d'utilisateurs) payant 5 dollars par mois (ou 5,95 euros), soit un total de 60 millions de dollars par an. À titre de référence, cela correspond au nombre d'utilisateurs et au chiffre d'affaires annuel du site web réservé aux abonnés du *Wall Street Journal*, plus grand site de presse payant au monde. C'est aussi plus que le *New York Times* n'avait d'abonnés en ligne payants avant qu'il ne renonce à ce modèle en faveur de la gratuité en 2008. Il s'avère que les gens sont prêts à dépenser davantage pour jeter des sortilèges que pour lire des articles dignes du prix Pulitzer (je laisserai à d'autres le soin de dire si c'est une bonne ou une mauvaise chose).

3. Publicité

Peu avant l'élection présidentielle américaine de 2008, les joueurs d'un jeu de course sur Xbox Live appelé Burnout Paradise ont pu remarquer au bord de leurs circuits habituels un panneau publicitaire particulièrement au goût du jour : c'était un portrait de Barack Obama avec une invitation à visiter l'un des sites web de sa campagne, voteforchange.com. Ce n'était pas une prise de position politique de l'éditeur du jeu, mais une annonce payante de la campagne d'Obama. Et ce n'est là que l'un des milliers d'annonces qui peuplent aujourd'hui les jeux vidéo pour consoles comme la Xbox 360 ou la Sony PS3 et pour micro-ordinateurs.

Certaines de ces annonces apportent des flux de recettes supplémentaires à des jeux payants, mais un nombre croissant d'entre elles servent à financer un modèle de jeu gratuit. Parfois, ces annonces sont intégrées au jeu d'origine, mais comme de plus en plus de jeux sont créés de façon à utiliser une connexion internet, il devient possible d'insérer les annonces à la volée, en mettant à jour les panneaux publicitaires et affichettes posées sur les murs des villes, et même les vêtements portés par les personnages du jeu.

En un sens, la publicité placée à l'intérieur des jeux représente le summum du placement de produit : non seulement chaque joueur peut recevoir des annonces différentes, mais les annonces peuvent changer chaque fois qu'il joue, dans un souci de pertinence et de variété. Les annonces ressemblent quelquefois à celles du monde réel ; d'autres fois, elles sont plus subtiles et peuvent aller de la marque des bottes portées dans un jeu de snowboard aux groupes musicaux de la bande sonore. Il arrive même que le jeu entier soit une publicité, comme les jeux Burger King pour Xbox qui mettent en scène le personnage emblème de la chaîne de restauration, King.

La forme la plus courante est celle des *casual games*, de petits jeux relativement simples auxquels on joue dans son navigateur. Leur nombre est pharamineux : Yahoo !

Games et AddictingGames, de MTV, touchent chacun plus de 10 millions d'utilisateurs par mois, tous deux étant gratuits et financés par la publicité. Globalement, ce marché pèse déjà plus de 200 millions de dollars par an et la société d'études Yankee Group estime qu'il dépassera 700 millions de dollars en 2010.

4. Immobilier

Second Life n'est pas exactement un jeu – c'est un univers où l'on peut se promener, faire des rencontres –, mais il est tout aussi populaire, avec un demi-million de comptes d'utilisateurs actifs. Il est gratuit et vous pouvez télécharger le logiciel et en explorer le contenu à votre gré sans carte de crédit. Mais si vous accrochez vraiment, vous voudrez peut-être vous y installer à demeure. Pour cela, il vous faudra posséder un terrain, et c'est là que l'éditeur Linden Labs se rémunère.

Linden Labs vend de l'immobilier virtuel ; l'affaire marche bien. À la différence des agents immobiliers réels, Linden Labs peut fabriquer autant de terrains qu'il lui en faut, et le terrain est rendu attrayant par les utilisateurs eux-mêmes, qui y bâtissent des villes entières – maisons, immeubles de bureaux, magasins, etc. Les loyers mensuels s'étagent de 5 à 195 dollars, selon la taille du lot. Vous pouvez aussi acheter votre propre île pour un versement unique de 1 675 dollars, plus 295 dollars par mois.

Cela ne finance pas seulement Linden Labs. Des agents immobiliers ont créé un marché secondaire au sein de Second Life pour revendre des biens déjà aménagés. L'un des plus prospère d'entre eux, « Anshe Chung », assure être ainsi devenu millionnaire.

De nombreux autres jeux en ligne utilisent ce modèle. Certains ne vendent pas des terrains mais des stations spatiales, des châteaux ou même des couchettes sur des galions pirates. En un sens, c'est juste un sous-ensemble de la catégorie des biens virtuels, comme l'or de Warcraft ou les vêtements de Club Penguin. Ce qui le distingue est qu'on n'y pratique pas vraiment des ventes mais des « redevances d'utilisation des terrains », des loyers : quand vous cessez de payer, le terrain ou la résidence est en général revendu à quelqu'un d'autre.

5. Produits dérivés

Noël 2008. Sous le sapin de millions de logements américains attend un animal en peluche tout à fait normal hormis son étiquette. Elle comporte un code qui permettra à l'heureux bénéficiaire d'aller jouer en ligne avec une version virtuelle de sa peluche. Cette combinaison simple – une peluche jumelée à un animal virtuel – a fait de Webkinz le numéro un américain du jouet deux ans de suite.

Le Webkinz réunit astucieusement gratuit et payant. Quelle est la principale attraction, la peluche ou le jeu ? Difficile à dire, mais il est probable qu'aucun des deux n'aurait été un tel succès sans l'autre. En un sens, c'est seulement l'expression naturelle d'un fonctionnement en tandem de l'économie du XXe siècle et de celle du XXIe siècle : les atomes (la peluche) coûtent de l'argent, mais les bits (le jeu en ligne) sont gratuits. Alors que la plupart des enfants éprouvent un intérêt limité pour les animaux en peluche dans le monde réel, la façon la plus gratifiante de jouer au jeu en ligne consiste à rassembler toute une ménagerie. Et, pour avoir plus d'animaux virtuels, il faut acheter plus de peluches. Ainsi est né un cercle vertueux qui a valu des centaines de millions de chiffre d'affaires à une catégorie de produits qui n'avait plus connu de grand succès depuis les poupées Beanie Babies.

Le modèle hybride en ligne/hors ligne est aujourd'hui utilisé par tout le monde, de Lego à Mattel, dont les jouets s'accompagnent de codes secrets qui déverrouillent des biens virtuels dans les jeux en ligne gratuits de leurs sites web. Autre jeu en ligne gratuit pour les enfants, Neopets vend des paquets de cartes à collectionner représentant ses animaux favoris ; Maple Story en fait autant pour ses propres personnages. D'autres jeux vendent toutes sortes de choses, des figurines à collectionner aux T-shirts.

L'économie du coût marginal se présente là dans sa forme la plus pure : donner la version dont la distribution ne coûte rien pour renforcer la valeur de ce qui se vend dans les boutiques avec 40 % de marge. Le gratuit rend le payant plus rentable.

Musique gratuite

Si l'industrie du jeu vidéo fonce vers la gratuité pour accélérer sa croissance, la musique y va cahin-caha pour ralentir son déclin. Mais les premières expériences sont encourageantes. L'expérience de fixation du prix par l'auditeur menée par Radiohead avec *In Rainbows* est devenue légendaire. Au lieu de diffuser son septième album dans les boutiques comme d'habitude, le groupe l'a diffusé en ligne en demandant à chacun de payer ce qu'il voulait. Certains ont choisi de ne rien payer, comme moi (non parce que je pensais que cela ne valait rien, mais parce que je voulais voir si c'était vraiment permis), d'autres ont versé jusqu'à 20 dollars et plus. Globalement, le prix moyen a été de 6 dollars.

In Rainbows a été l'album le mieux vendu de Radiohead. À une époque où la plupart des ventes de musique sont en chute libre, Radiohead affiche des statistiques sidérantes :

- L'album s'est vendu à 3 millions d'exemplaires dans le monde, y compris les téléchargements depuis le site du groupe, les CD, un ensemble de luxe double CD en coffret vinyle, ainsi que les ventes depuis iTunes et autres distributeurs numériques.
- Le coffret de luxe à 80 dollars s'est vendu à 100 000 exemplaires.
- Radiohead a gagné plus d'argent avec sa formule numérique, avant la mise en vente des CD, qu'avec toutes les formes de son album précédent.
- Lorsque le CD a été mis en vente, plus de deux mois après la version numérique « dites votre prix », il a quand même pris la première place dans les classements américains et britanniques, et le téléchargement numérique payant sur iTunes a aussi pris la première place avec 30 000 ventes la première semaine.
- La tournée effectuée par Radiohead après le lancement de l'album a été la plus importante que le groupe ait jamais faite, avec 1,2 million de billets vendus.

Quantité d'artistes comprennent comme Radiohead l'intérêt de la gratuité pour toucher un vaste public susceptible de se transformer un jour en acheteurs payants de places de concert, de T-shirts ou même – ça alors ! – de musique. De Trent Reznor, fondateur de Nine Inch Nails, jusqu'à Prince, d'autres musiciens ont adopté des stratégies analogues de distribution gratuite. Et la musique gratuite bénéficie largement à bon nombre d'entreprises qui ne font pas partie du noyau dur de l'industrie musicale, à commencer par Apple, dont les puissants iPod coûteraient des milliers de dollars s'ils étaient remplis de musique payante.

COMMENT UN CD MUSICAL PEUT-IL ÊTRE GRATUIT ?

En juillet 2007, Prince a lancé son nouvel album, *Planet Earth*, en glissant un CD –vendu 19 dollars au détail – dans chacun des 2,8 millions d'exemplaires de l'édition du dimanche du *Daily Mail* de Londres. Ce journal donne souvent des CD, mais c'était la première fois que ce CD était une nouveauté d'une vedette de la chanson. Comment un artiste adulé peut-il donner un CD qui vient de sortir ? Et comment un journal peut-il le distribuer gracieusement ?

Prince a gagné de l'argent en donnant son nouveau disque

Prince	
Revenu potentiel des licences	5,6 M$
Revenu de la licence accordée au *Daily Mail*	1 M$
Recettes des concerts à Londres	23,4 M$
Produit net	**18,8 M$**

Daily Mail	
Redevance	1 M$
Production/promotion	1 M$
Ventes en kiosque supplémentaires	1,3 M$
Déficit	**0,7 M$**

Sources : Daily Mail, 02 Arena

▶ Prince s'est rattrapé sur les ventes de billets. À strictement parler, l'artiste a perdu de l'argent dans l'opération. Il a facturé au *Daily Mail* un droit de 36 cents par disque au lieu des 2 dollars qu'il perçoit habituellement. Mais il a plus que couvert la différence en ventes de billets. Le Purple One a vendu 21 spectacles dans la gigantesque salle de concert O2 de Londres au mois d'août, ce qui lui a rapporté un total de recettes sans précédent dans la région.

▶ Le *Daily Mail* a renforcé son image. Le cadeau a fait bondir de 20 % la diffusion du journal ce jour-là. Cela lui a rapporté des revenus supplémentaires, pas assez cependant pour couvrir les frais. Pourtant, les dirigeants du *Daily Mail* considèrent que le cadeau a été un succès. Selon son rédacteur en chef, Stephen Miron, le gadget a été efficace sur le plan rédactionnel et financier : « Comme nous sommes des pionniers, explique-t-il, les annonceurs veulent être chez nous. »

Mais quand on dit « industrie musicale », on pense généralement aux labels traditionnels, qui imputent leurs maux à la gratuité (principalement sous la forme du piratage). Cette accusation est peut-être justifiée, mais on aurait tort de confondre les intérêts des labels avec ceux de l'ensemble du marché musical. Traditionnellement, les labels mettent en boîte et vendent de la musique enregistrée, ce qui est, chacun le sait bien, un métier en voie de disparition. Mais, labels mis à part, pratiquement toutes les autres parties du marché de la musique sont en croissance, souvent en adoptant la gratuité.

Les groupes sont plus nombreux et créent plus de musique que jamais. En 2008, iTunes, plus grand distributeur de musique des États-Unis, a inscrit 4 millions de nouvelles pistes à son catalogue (soit l'équivalent d'à peu près 400 000 albums !). Aujourd'hui, il est rare qu'un groupe n'ait pas une page MySpace où l'on peut écouter gratuitement trois ou quatre chansons. Un plus grand nombre de gens écoutent de la musique pendant plus d'heures chaque jour grâce aux iPod, avec lesquels on peut emporter partout avec soi la musique qu'on a envie d'écouter. Les licences musicales pour la télévision, le cinéma, la publicité ou les jeux vidéo sont aussi plus importantes que jamais. Et l'industrie de la musique pour téléphones mobiles – sonneries, tonalités de retour d'appel ou *ringbacks* et vente de chansons à l'unité – est en plein boom. Et puis il y a Apple lui-même, dont un vieux slogan en faveur du Mac – *« Rip, Mix, Burn »* (« ripper, mixer, graver ») – annonçait déjà que la musique gratuite allait puissamment contribuer à faire vendre ses ordinateurs, ses lecteurs et ses téléphones.

Surtout, les concerts sont une activité très prospère, en partie parce que la musique gratuite élargit leur public. La scène a toujours été l'une des parties les plus rentables du métier. En 2002, les trente-cinq premiers groupes engagés dans des tournées, dont les Eagles et Dave Mathews Band, ont gagné quatre fois plus d'argent avec leurs concerts qu'avec leurs ventes de disques et de licences, indique Allen Krueger, économiste à Princeton. Plus de 90 % des recettes de certains orchestres comme les Rolling Stones provenaient des tournées. Le prix des places peut se chiffrer en centaines de dollars, ce qui suscite un marché de revente prospère (l'an dernier, eBay a racheté StubHub, l'un des principaux sites de revente de billets). Et pourquoi pas ? Les souvenirs inoubliables sont la rareté suprême.

Aujourd'hui, la saison des festivals d'été dure la moitié de l'année et la jeune génération organise son emploi du temps autour d'elle. Les recettes ne proviennent pas seulement des spectateurs : les tournées sont souvent parrainées (à l'instar du festival itinérant Vans Warped Tour) et des entreprises comme Camel paient le droit de distribuer des cigarettes ou autres produits gratuits aux festivaliers. Entre la nourriture, la boisson, les produits dérivés et le logement, les festivals sont une activité touristique tout entière bâtie sur l'attrait d'une musique que de nombreux passionnés n'auraient jamais l'idée de payer.

Les grands labels ne sont que trop conscients du rétrécissement de leur rôle en ce monde. « L'industrie musicale est en expansion, pas l'industrie du disque », disait Edgar Bronfman, président de Warner Music, à ses actionnaires en 2007. Qu'y faire ? C'est une autre question. Certains ont décidé de se battre pour garder ce qu'ils ont, à coups de procès contre les pirates et de redevances souvent ruineuses réclamées aux entreprises qui tentent de proposer aux consommateurs de nouvelles façons de se procurer de la musique, comme la radio internet. D'autres ont décidé d'innover pour sortir du bourbier en passant au « modèle 360 », dans lequel ils représentent tous les aspects de la carrière des artistes, y compris les tournées, licences, contrats publicitaires et produits dérivés (avec un succès limité à ce jour, principalement parce que les labels ne maîtrisent pas encore très bien ces autres métiers et que les artistes leur reprochent souvent le niveau élevé de leurs commissions).

Mais certains petits labels innovent avec plus de succès, souvent en recourant à la gratuité sous une forme ou une autre. RCRD LBL, une entreprise créée par le blogueur vedette Pete Rojas, propose de la musique gratuite financée par la publicité. Les modèles du genre « fixez vous-même votre prix » prolifèrent. Et les petits labels qui vendent la catégorie nouvellement réapparue des vinyles 33 tours à des amateurs éclairés proposent des téléchargements numériques gratuits en guise d'échantillon. À Nashville, INO Records a effectué une expérience fin 2006 avec un disque de Derek Webb intitulé *Mockingbird*. Voici ce qu'en dit l'artiste :

> J'avais un disque dont j'étais fier, mais le label avait épuisé son budget publicitaire et il ne se vendait presque plus. J'ai donc convaincu l'éditeur de me laisser le donner gratuitement. Mais il y avait un truc. À ceux qui téléchargeraient le disque, nous demanderions non seulement de nous donner leur nom, adresse électronique et code postal, mais aussi de conseiller le disque à cinq de leurs amis susceptibles de l'aimer, en saisissant leur adresse électronique (que nous ne conserverions pas). J'ai distribué gratuitement plus de 80 000 disques en trois mois. Depuis lors, j'ai pu filtrer la liste des adresses électroniques en fonction des codes postaux pour savoir où mes fans se trouvaient et je leur ai envoyé des courriers électroniques pour les joindre chez eux. À présent, je joue à guichets fermés. Et je vends beaucoup de produits dérivés. J'ai une carrière.

Les histoires comme celle-là se comptent par milliers. Mais ce qui est particulièrement intéressant est que les plus grands bénéficiaires des anciennes méthodes admettent avec le même pragmatisme que l'industrie doit changer de modèles. Interrogé en 2008 à propos des conséquences du partage de fichiers pour son label, G-Unit Records, le chanteur de rap 50 Cent avait l'avantage de raisonner aussi en artiste. Bien entendu, le partage de fichiers faisait du tort à son label, mais l'enjeu était plus large :

> Les progrès de la technologie ont des conséquences pour tout le monde et nous devons tous nous adapter. L'important pour l'industrie musicale est de comprendre qu'en réalité cela ne pénalise pas les artistes. Un jeune fan peut être

aussi enthousiaste et motivé, qu'il ait acheté ou volé la musique. Les concerts sont bondés et l'industrie doit comprendre qu'il lui faut gérer tout ce qui tourne autour des artistes. Elle doit tirer un maximum de revenus des concerts et des produits dérivés.

Livres gratuits

Ce chapitre ne serait pas complet sans un mot à propos des livres gratuits, dont celui-ci fait naturellement partie (au moins sous forme numérique). Les livres sont un cas spécial pour lequel, comme pour certains magazines sur papier couché, la plupart préfèrent encore la forme matérielle de l'imprimé. L'industrie du livre n'est pas en perdition, heureusement, mais cela n'empêche pas des centaines d'auteurs (et quelques éditeurs) de conduire leurs propres expériences de gratuité.

La grande différence entre les livres et la musique est que, pour la plupart des gens, la meilleure version est encore celle qui repose sur des atomes et non des bits. Quels que soient leurs handicaps de coût, les arbres morts débités en feuilles de papier conservent une autonomie de fonctionnement, une définition d'écran et une portabilité excellentes, pour ne rien dire de leur aspect flatteur sur les étagères du salon. Mais le marché des livres numériques – audiolivres, ebooks et téléchargements web – se développe vite, surtout pour satisfaire des demandes auxquelles les livres papier ne peuvent répondre, comme de pouvoir consommer tout en conduisant ou d'obtenir quelque chose instantanément, où qu'on se trouve.

La plupart des modèles de livres gratuits reposent d'une manière ou d'une autre sur le *freemium*. Que ce soit sous forme du téléchargement gratuit de quelques chapitres pendant une durée limitée, ou de volumes complets formatés sous forme d'un fichier PDF disponible indéfiniment, la forme numérique est un moyen de faire goûter le livre à un maximum de gens dans l'espoir que certains l'achèteront.

Neil Gaiman, auteur de science-fiction, a ainsi offert *American Gods* en téléchargement numérique pendant quatre semaines en 2008. On lui a d'abord opposé les craintes et les objections habituelles : cela cannibaliserait les ventes en librairie ou, à l'opposé, une disponibilité limitée serait contre-productive, car le temps que de nombreuses personnes aient entendu parler du livre, il serait parti. La seconde inquiétude est difficile à vérifier, mais la première s'est révélée mal fondée. Non seulement *American Gods* est devenu un best-seller, mais les ventes de *tous* les livres de Gaiman chez les libraires indépendants ont progressé de 40 % au cours de la période où ce titre a été disponible gratuitement. Quatre-vingt-cinq mille personnes ont testé le livre en ligne, lisant en moyenne quarante-cinq pages chacune. Plus de la moitié d'entre elles ont dit que lire en ligne ne leur avait pas plu, mais que cela les incitait à acheter le livre en version reliée, plus facile à lire. Gaiman a alors décidé de faire cadeau de son prochain livre pour enfants, *The Graveyard*, sous forme de lectures en ligne gratuites dans des vidéos en flux continu, un chapitre à la fois, et ce livre aussi est devenu un best-seller.

Les livres gratuits qui ne relèvent pas de la fiction, surtout ceux consacrés à des sujets économiques, s'inspirent plus souvent du modèle de la musique gratuite. Un livre numérique à coût marginal bas est en réalité du marketing pour des interventions publiques ou des prestations de conseil à coût marginal élevé, tout comme la musique gratuite est du marketing pour les concerts. Vous pouvez obtenir les idées de l'auteur pour rien dans leur version abondante à taille unique, mais si vous voulez qu'elles soient retaillées pour votre entreprise, votre congrès professionnel ou votre assemblée d'actionnaires, vous devrez payer pour que l'auteur vous consacre de son temps rare (oui, je fonctionne aussi selon ce modèle. Tous les détails sont sur mon site web !).

Cela peut même fonctionner pour les livres sur papier. Souvent, les consultants achètent des milliers d'exemplaires de leurs recueils de pensées stratégiques afin de les distribuer gracieusement à des clients potentiels, tactique si courante que ceux qui dressent des listes de best-sellers ont mis au point des méthodes spéciales pour détecter et ignorer ces ventes en gros. En Europe, les journaux offrent parfois de petits livres brochés, éventuellement sous forme de collections, gratuitement avec leurs numéros vendus en kiosque, pour soutenir leurs ventes. Et les auteurs offrent de plus en plus des exemplaires gratuits à tout blogueur qui le désire – la « longue traîne des critiques de livres » – au motif que ce bouche-à-oreille vaut bien les quelques dollars que chaque exemplaire coûte.

Comme pour tout le reste du gratuit, cela ne va pas sans controverse. Howard Hendrix, alors vice-président du syndicat professionnel Science Fiction Writers of America, traite de « *webscabs* » (« jaunes » du Web) les écrivains qui distribuent gratuitement leurs livres, et certains éditeurs doutent encore (parfois instruits par l'expérience) que les livres gratuits créent plus de demande qu'ils n'en satisfont. Mais dans un monde où les rayonnages des librairies rétrécissent et où les rubriques de critique littéraire disparaissent des journaux, les auteurs ne demandent qu'à essayer tout ce qui pourrait les aider

COMMENT UN MANUEL SCOLAIRE PEUT-IL ÊTRE GRATUIT ?

Les manuels peuvent représenter un budget de 1 000 dollars par an pour un étudiant. C'est beaucoup, surtout si l'on considère qu'un manuel de biologie à 160 dollars ne sera guère utilisé que pendant un semestre, ce qui explique pourquoi le marché de l'occasion est important et pourquoi les éditeurs tentent de lui couper l'herbe sous le pied avec des tactiques comme le lancement de nouvelles éditions portant des numéros de page différents. Ce modèle finira par s'effondrer. Par quoi sera-t-il remplacé ? Peut-être par quelque chose de plus proche des « manuels ouverts » de l'éditeur new-yorkais Flat World Knowledge. Il s'agit d'œuvres gratuites qu'on peut modifier, mettre à jour et remixer pour en faire des documents de cours sur mesure. Mais comment un éditeur ou un auteur peut-il faire des bénéfices en donnant un manuel à 160 dollars ?

▶ Vendre autre chose que des manuels. Le contenu d'un manuel imprimé traditionnel peut être morcelé (ou présenté en différentes versions) sous différents formats et avec différentes options d'achat. On obtient ainsi un menu intéressant pour un plus grand nombre d'étudiants qui, par exemple ne liront pas tout un manuel en ligne, mais pourraient acheter des mp3 ou quelques chapitres pour préparer un partiel.

- livre numérique (en ligne) .... Gratuit
- livre imprimé (noir et blanc) .... 29,95 $
- livre imprimé (quadri) .... 59,95 $

(l'impression à la demande permet de baisser les coûts)

- PDF imprimable – texte entier .... 19,95 $

(l'impression/reliure peut coûter 40 dollars)

- PDF imprimable – le chapitre .... 1,99 $
- livre audio (mp3) .... 29,95 $
- chapitre audio (mp3) .... 2,99 $
- résumés audio (10 min) .... 0,99 $
- eBook reader – texte entier .... 19,95 $
- lecteur eBook – chapitre .... 1,99 $
- cartes mémoire – texte entier .... 19,95 $
- cartes mémoire – un chapitre .... 0,99 $

▶ Attirer des auteurs. FWK offre un pourcentage de droits d'auteur plus élevé et un revenu plus important à terme. En raison de la marge du libraire, l'éditeur traditionnel perçoit un montant net de 105 dollars sur un manuel à 160 dollars. L'auteur reçoit 15 %. Dans une classe de 100 étudiants, 75 achèteront le manuel à 160 dollars. Chacun des semestres suivants, puisque de plus en plus d'exemplaires d'occasion seront disponibles, les ventes pourront diminuer de 50 % (ni les éditeurs ni les auteurs ne gagnant d'argent sur les ventes de livres d'occasion). Au bout de quatre semestres, cinq étudiants paieront le prix fort. Les droits d'auteur et les revenus de l'éditeur déclineront jusqu'à la parution d'une nouvelle édition.

Dans le modèle de FWK, comme le point d'entrée est bien moins coûteux, voire gratuit, il y a peu ou pas de marché de l'occasion. Lors d'un test effectué dans vingt collèges en 2008, près de la moitié des étudiants ont payé un manuel FWK sous l'une ou l'autre de ses formes. Alors que le prix moyen par étudiant n'était que 30 dollars, FWK pouvait générer autant de revenus (avec des frais généraux et des charges d'exploitation inférieurs) au bout de six ans. Et avec 20 % de droits d'auteur sur tous les contenus vendus, un auteur était gagnant au bout de deux ans seulement.

Chiffre d'affaires des manuels « ouverts » et payants

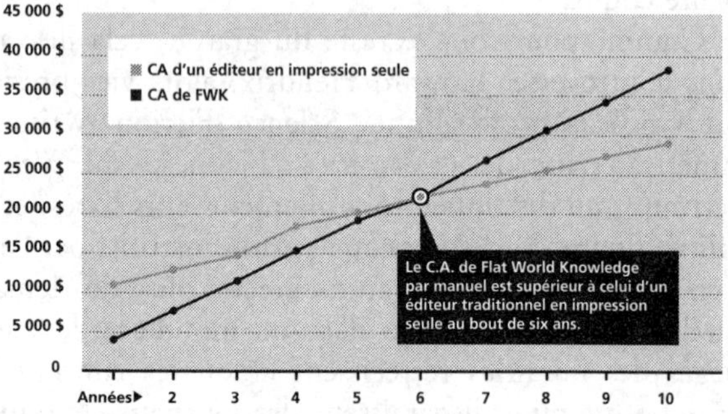

à se construire un public. Comme le dit l'éditeur Tim O'Reilly, « l'ennemi de l'écrivain n'est pas le piratage, mais l'obscurité ». La gratuité est le moyen le moins coûteux pour atteindre le plus grand nombre de gens et, si l'échantillon fonctionne bien, certains achèteront la version « supérieure ». Tant que les lecteurs continueront à vouloir leurs livres sous forme d'atomes, ils continueront à les payer.

9

QUE PÈSE L'ÉCONOMIE GRATUITE ?

Elle ne se compte pas seulement en dollars et en cents

Que pèse l'économie gratuite ? On me pose tout le temps la question. À laquelle il n'existe qu'une réponse raisonnable : de quelle économie gratuite parlez-vous ? Ce distinguo est important, car il en existe plusieurs, de l'économie formelle des entreprises à l'économie informelle du bénévolat. Pour compliquer encore la question, les vraies sont difficiles à mesurer et les fausses ne sont pas… vraies. Les innombrables services non payés qu'on se rend chaque jour mutuellement, par pure bonté ou par obligation sociale, sont gratuits, mais on n'en tient pas le compte. Et le « un gratuit pour un acheté » n'apparaît pas comme un nouveau modèle économique valable.

Passons rapidement sur l'utilisation du mot « gratuit » comme truc de marketing. Cela concerne à peu près toute l'économie ; je soupçonne qu'il n'existe pas une industrie qui ne l'utilise pas d'une manière ou d'une autre, depuis les essais gratuits jusqu'aux cadeaux gratuits à l'intérieur de l'emballage. Mais l'essentiel de cela n'est pas réellement gratuit, c'est juste, sous une forme ou une autre, une subvention croisée qui fait passer vos versements d'un endroit à un autre. Ce n'est pas plus un marché distinct que ne le serait « l'économie des rabais » ou de tout autre instrument de marketing.

Que dire alors des économies non monétaires que forment la réputation et l'attention ? Ce sont des économies réelles en ce sens qu'elles forment des marchés avec des quasi-monnaies susceptibles d'être mesurées ou valorisées, depuis le nombre des visualisations jusqu'au nombre d'amis sur Facebook. Mais, par définition, comme ce sont des marchés non monétaires, ils ne sont pas mesurables en dollars et en cents. Cela n'a pas empêché certains d'essayer, souvent avec beaucoup de créativité.

Début 2009, Burger King a lancé une de ses campagnes de marketing subversives qui font sa réputation. Intitulée « *Whopper Sacrifice* », elle offrait aux adhérents de Facebook un hamburger gratuit chaque fois qu'ils rayaient dix personnes de leur liste d'amis (histoire de prouver que « on aime ses amis mais on adore les Whopper », ou plus probablement pour générer du *buzz* autour de Burger King).

Mesurer l'économie en termes de hamburgers obéit en fait à une longue tradition initiée par le « Big Mac Index » de *The Economist*, qui apprécie la légitimité des taux de change en comparant les prix de McDonald's dans différents pays (au motif qu'on peut trafiquer le cours de la roupie, mais qu'un Big Mac reste un Big Mac). Des blogueurs n'ont donc pas tardé à en faire autant avec le Whopper Sacrifice et Facebook.

Les « amis » Facebook sont une unité de réputation classique. Plus vous en avez, plus vous exercez d'influence dans le monde de Facebook et plus vous avez de capital social à dépenser. L'essentiel de la valeur de Facebook réside d'ailleurs dans le fait qu'il a créé ce qui est peut-être le plus grand marché fermé au monde de monnaie réputationnelle, base de sa valorisation estimée à des milliards de dollars.

Mais déterminer combien de milliards de dollars Facebook peut valoir est une entreprise piégeuse. La réponse est probablement dans un multiple quelconque du nombre d'utilisateurs pondéré par le nombre de connexions entre eux, c'est-à-dire le « réseautage » pratiqué par chacun. Ce geste est un échange de monnaie réputationnelle et, si cette monnaie vaut quelque chose, elle doit valoir quelque chose pour la personne qui la donne. Mais combien ? Et quelles en sont les conséquences pour la valorisation de Facebook ?

En fixant la valeur d'un ami, Burger King offrait au fond une estimation de ce que valait Facebook sur le marché. Le blogueur Jason Kottke a vite fait le calcul :

> Facebook a 150 millions d'utilisateurs et l'utilisateur moyen a 100 amis. Chaque lien d'amitié exige l'accord des deux amis, de sorte qu'en réalité chaque utilisateur ne peut être crédité que de la moitié de ses amitiés. Un Whopper vaut approximativement 2,40 dollars. Ce qui signifie que chaque amitié vaut autour de 5 Whoppers, soit 12 dollars. Faites le calcul :
>
> 12 $/utilisateur × 150 millions d'utilisateurs
>
> = **Facebook vaut 1,8 milliard de dollars**

Comme le signale Kottke, c'est considérablement moins que les 10 à 15 milliards de dollars auxquels le réseau social a été valorisé en 2007 et 2008 par ses actionnaires, dont Microsoft. Mais, en période de crise économique, sachant que Facebook demeure incapable de trouver comment gagner de l'argent plus vite qu'il n'en dépense, peut-être Burger King était-il davantage dans le vrai que Bill Gates (des documents destinés aux actionnaires qui ont fuité début 2009 montrent d'ailleurs que la valorisation interne de Facebook n'était que de 3,7 milliards de dollars en juillet 2008 et pourrait fort bien avoir baissé depuis lors).

L'attention et la réputation ont clairement une valeur, sans quoi les entreprises ne dépenseraient pas autant en publicité pour les influencer. Chaque jour, on donne un prix à l'attention : le prix pour toucher mille auditeurs de radio pendant trente secondes, la facture pour obliger un million de téléspectateurs du Super Bowl à interrompre le match. Et il y a évaluation d'une réputation chaque fois que l'agent d'une vedette de cinéma négocie un rôle dans un film. Mais il y a dans le monde bien plus d'attention et de réputation que les médias et la célébrité n'en mesurent. Le problème est qu'on ne sait absolument pas combien.

L'offre mondiale d'attention est-elle fixe ? Existe-t-il une masse d'attention donnée et, pour toute étoile montante sur YouTube, une autre doit-elle tomber afin de maintenir quelque constante cosmique ? Une génération peut-elle avoir plus de capacité d'attention qu'une autre, ou le multitâche aboutit-il seulement à découper la même capacité d'attention en tranches plus fines ?

Revenons au « nombre de Dunbar », la limite observée du nombre de relations qu'une personne peut entretenir en connaissant individuellement chaque personne et les liens entre les unes et les autres. Des décennies de recherches anthropologiques, l'étude de civilisations datant des millénaires passés ont fixé ce nombre à 150. Mais c'était avant MySpace et ses semblables. À présent, les logiciels peuvent vous aider à maintenir des liens bien plus nombreux. Le nombre moyen d'amis des adhérents de MySpace se situe autour de 180 et se compte souvent en milliers. Le silicium a-t-il renforcé notre capacité réputationnelle ou bien sommes-nous simplement en train de diluer le sens du mot « ami » ?

Bonnes questions, auxquelles il faudra probablement encore une génération pour répondre. En attendant, parcourons certaines des formes plus concrètes de la gratuité en tâchant d'en établir une estimation approximative.

La forme de gratuité la plus facile à mesurer est le « marché tripartite », c'est-à-dire le monde des médias gratuits financés par la publicité, déjà évoqué plus haut. Là encore, cela inclut la plus grande partie de la radio et de la télévision hertzienne, la plupart des médias du Web et une foule de publications imprimées gratuites, des journaux aux magazines « à diffusion contrôlée ». Rien que pour les cent premières entreprises de médias américaines, les recettes publicitaires de la radio et de la télévision (sauf la télévision par câble) se sont élevées en 2006 à 45 milliards de dollars.

En ligne, les offres de la plupart des entreprises de médias sont gratuites et financées par la publicité, comme celle de nombreuses entreprises d'autres secteurs comme Google, c'est pourquoi j'inclurai la totalité du marché publicitaire en ligne dans la catégorie « payer le contenu afin d'être gratuit pour le public ». Cela représente entre 21 et 25 milliards de dollars supplémentaires. Les journaux et magazines papier gratuits pèsent probablement 1 milliard de dollars supplémentaire. Il existe sans nul doute quelques catégories plus petites dont je ne tiens pas compte, ainsi que beaucoup d'indépendants non pris en compte dans les nombres ci-dessus. Pour rester prudents, disons que le montant total des contenus et services hors ligne et en ligne financés par la publicité aux États-Unis se situe entre 80 et 100 milliards de dollars.

La seconde forme, qui vous est maintenant familière, est le *freemium* (que les économistes appellent « *versioning* », ou « différenciation des versions »), dans lequel un petit nombre de clients payants subventionnent beaucoup de clients non payants. On y trouve à la fois des entreprises matures avec différentes strates de tarifications et des start-up qui donnent tout gratuitement le temps de déterminer si leur offre rencontrera une demande suffisante pour aboutir à un modèle économique (la plupart des entreprises du Web 2.0, par exemple).

Il est presque impossible de dénombrer correctement toutes les entreprises qui utilisent ce modèle, mais la société de conseil Forrester Research, de Cambridge (Massachusetts), a estimé que son volet « entreprises » (les entreprises qui consacrent de l'argent aux services du Web 2.0, dont la plupart relèvent du « premium » dans l'équation du *freemium*) tournait autour de 800 millions de dollars en 2008. On peut parier sans risque que le volet « consommateurs » est au moins un quart aussi gros, de sorte qu'on peut arrondir à 1 milliard de dollars pour l'ensemble.

Ajoutez-y le marché du logiciel *open source*. L'écosystème Linux (tout ce qui va de RedHat à la branche de conseil en *open source* d'IBM) représente aujourd'hui autour de 30 milliards de dollars, selon un autre cabinet de conseil, IDC. Celui-ci estime que les autres entreprises bâties autour de l'*open source*, comme MySQL (50 millions de dollars de chiffre d'affaires annuel) ou SugarCRM (15 millions de dollars), représentent au total probablement moins de 1 milliard de dollars.

L'essentiel du nouveau marché des jeux vidéo en ligne jouables gratuitement utilise le modèle du *freemium*. Il s'agit principalement de jeux en ligne massivement

POURQUOI LES VÉLOS GRATUITS MARCHENT-ILS BIEN DANS UNE VILLE ET PAS DANS UNE AUTRE ?

À Paris, les gens qui se rendent à leur travail peuvent emprunter un vélo et s'en servir pendant trente minutes sans rien payer. Lancé en 2007 et financé par la publicité, le Vélib' (raccourci de « vélo libre »... c'est-à-dire *free bike*) compte aujourd'hui 1 451 stations et 20 000 vélos. Des services comparables existent à Barcelone, à Montréal et à Washington . JCDecaux, le groupe publicitaire qui finance le Vélib', préside aussi à des opérations prometteuses à Lyon et Vienne. En revanche, le système de partage de vélos lancé à Bruxelles, Cyclocity, est un flop. Pourquoi le vélo gratuit roule-t-il bien à Paris et pas à Bruxelles ?

Un utilisateur qui se déplace souvent peut payer plus à Bruxelles qu'à Paris

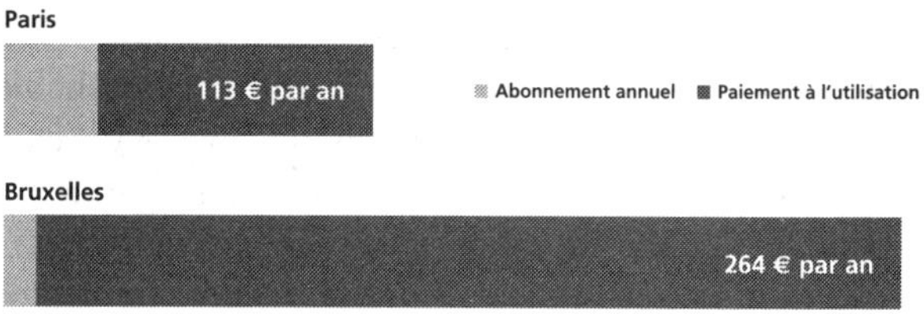

▶ Ne cherchez pas à tondre les cyclistes ! À Paris, une fois abonnés (moyennant respectivement 1, 5, ou 29 euros pour un jour, une semaine ou une année), les cyclistes ont droit à un nombre illimité de trajets de 30 minutes. Au-delà, vous payez 1 euro pour 60 minutes, 3 euros pour 90 minutes, 7 euros pour deux heures, etc. À Bruxelles, les cyclistes s'abonnent pour 10 euros par an seulement, mais paient chaque fois qu'ils montent sur une selle – 0,50 euro par période de 30 minutes consécutives. Ils ont raisonné à l'envers : seuls les cyclistes qui font de longs trajets s'en tirent mieux à Bruxelles qu'à Paris. Mais le trajet moyen dans une ville de la taille de Bruxelles dure 20 minutes. Conclusion : les gens préfèrent payer un forfait et circuler gratuitement que de sentir tourner un compteur.

▶ Plus de vélos en plus d'endroits égalent plus d'utilisateurs. Avec 20 000 bicyclettes disponibles dans 1 451 stations dispersées à travers Paris, le Vélib' est utilisable par un plus grand nombre de résidents dans différents quartiers, au lieu de ne desservir que certaines parties de la ville. Ainsi, beaucoup d'utilisateurs sont des gens qui se rendent à leur travail tous les jours. Alors que Bruxelles, 250 vélos seulement sont disponibles dans 23 stations concentrées en centre-ville. Alors, pourquoi ne pas étendre le réseau à d'autres parties de la capitale belge ? Un concurrent, Clear Channel, a passé contrat pour certains endroits de la ville, ce qui empêche Cyclocity d'y installer des pôles cyclistes financés par la publicité.

multijoueurs, auxquels on joue gratuitement, mais qui gagnent de l'argent en vendant des biens numériques aux joueurs les plus motivés (mises à jour, vêtements, niveaux supplémentaires...). Le « marché des petits jeux » (des jeux de carte en ligne aux jeux flash) approche aujourd'hui les 3 milliards de dollars. Disons que l'ensemble fait 4 milliards de dollars. Le total du marché du *freemium* tourne donc autour de 36 milliards de dollars.

Enfin, il y a l'économie du don. Cette dernière catégorie est impossible à quantifier correctement, en particulier parce qu'aucun montant n'y est attaché, mais je fournirai quelques exemples chiffrés pour vous donner une idée de son échelle : l'iPod d'Apple, dont une grande partie de la valeur vient du fait qu'il peut stocker des dizaines de milliers de chansons, ne se justifie que s'il vous évite d'avoir à payer cette discothèque des dizaines de milliers de dollars. Ce dont se dispensent, bien entendu, tous ceux qui se procurent leur musique gratuitement auprès de leurs amis ou par échange de fichiers. Quelle proportion des 4 milliards de dollars de chiffre d'affaires annuel de l'iPod faut-il alors imputer au gratuit ?

De la même manière, quelle proportion de la valeur estimée de MySpace, soit 65 milliards de dollars, est-elle due aux morceaux de musique gratuits qu'on y trouve ? Quelle partie des 2 milliards de dollars du marché des concerts dépend-elle des échanges de fichiers *peer-to-peer* ? Et ainsi de suite. La gratuité crée beaucoup de valeur autour d'elle mais, comme tant de choses qui ne circulent pas dans une économie monétaire, elle est difficile à quantifier correctement. Quelle est la valeur d'une pluie d'orage ou d'une journée ensoleillée ? Toutes deux enrichissent la terre, mais il est difficile d'en calculer les avantages avec précision.

Alors, quel est le total ? En incluant à la fois la première catégorie et la seconde (publicité et *freemium*), on aboutit très facilement à 80 milliards de chiffre d'affaires total rien que pour les États-Unis. Extrapolez ce montant aux médias traditionnels financés par la publicité et l'on obtient une fourchette de 116 à 150 milliards de dollars. Mondialement, on peut aisément tripler ces montants, ce qui signifie au moins 300 milliards de dollars globalement.

Au terme de ce calcul vite fait sur un coin de nappe, on voit donc que l'économie de gratuité, définie plutôt restrictivement, doit bien atteindre 300 milliards de dollars. Ce montant est certainement sous-évalué, puisqu'il ne tient pas du tout compte de la forme originale de la gratuité – la subvention croisée (une chose « gratuite » avec une chose payante). Il ne rend pas non plus justice au véritable impact de la gratuité, ressenti autant en termes non monétaires qu'en dollars et en cents. Mais il donne un ordre de grandeur : il y a beaucoup de gratuité, et beaucoup d'argent à y gagner.

Un dernier moyen de calculer les dimensions du monde gratuit consiste à considérer le travail qui y est consacré. En 2008, par exemple, la société Ohloh, qui observe le secteur de l'*open source*, dénombrait 201 453 personnes occupées au nombre stupéfiant de 146 970 projets. Cela équivaut à peu près à l'effectif de General Motors, ce qui fait beaucoup de monde au travail gratuitement, même si ce n'est pas à plein temps. Imaginez ce que ce serait s'ils produisaient des automobiles ! L'écrivain Kevin Kelly a cherché à effectuer la même analyse pour l'ensemble du Web. Selon un calcul de Google, note-t-il, le Web compte plus de *mille milliards* d'URL uniques (il est difficile de savoir quoi compter comme page unique, car un catalogue peut générer une vue différente à chaque clic de chaque visiteur, même si Google parvient assez bien à distinguer ces liens de ceux codés à la main).

Disons pour les besoins de notre calcul de coin de nappe, en moyenne la production d'une page (ou d'un *post*, ou de n'importe quoi ayant un « permalien ») demande une heure de recherches, de composition, de conception ou de programmation. Alors, le Web représente mille milliards d'heures de travail.

Ces mille milliards d'heures, sur les quinze années de création du Web, sont l'équivalent du travail à plein temps de 32 millions de personnes pendant cette période. Supposons que 40 % de ce travail ont été faits gratuitement – les pages Facebook et MySpace, les blogs, les innombrables *posts* et commentaires des forums. Cela nous ramène à 13 millions de personnes – à peu près le nombre de travailleurs du Canada. Qu'aurait été leur salaire s'ils avaient été payés ? Au tarif bradé de 20 000 dollars par an, cela ferait plus de 260 milliards de dollars par an.

La gratuité, en bref, forme une économie de la taille de celle d'un pays, et pas un petit.

3

LA « FREECONOMICS » ET LE MONDE DE LA GRATUITÉ

10

Éco 000

Comment une blague centenaire est devenue la loi de l'économie numérique

En 1838 paraissaient les *Recherches sur les principes mathématiques de la théorie des richesses* d'Antoine Cournot, considérées aujourd'hui (bien plus qu'à l'époque) comme un chef-d'œuvre de l'économie. Dans ce livre, le mathématicien français tentait de modéliser la concurrence entre entreprises et concluait, après force calculs, qu'elle tenait entièrement aux quantités produites. Si une usine fabriquait des bols et qu'une autre entreprise voulait en faire autant, cette dernière aurait intérêt à ne pas en produire trop, de crainte d'inonder le marché et de faire baisser les prix. Les deux entreprises moduleraient leur production simultanément et indépendamment pour maintenir des prix aussi élevés que possible.

Ce livre, comme souvent les travaux les plus inspirés, fut promptement ignoré. Les membres de l'école libérale française, qui dominaient les cercles économiques de l'époque en France, ne s'y intéressèrent pas, laissant Cournot dépité et amer – ce qui ne l'empêcha pas de mener une carrière remarquable et de remporter maintes distinctions jusqu'à sa mort en 1877. Mais, après sa disparition, de jeunes économistes redécouvrirent les *Recherches* et conclurent que Cournot avait été injustement ignoré par ses contemporains. Ils invitèrent à un réexamen de ses modèles de concurrence.

En 1883, un autre mathématicien français, Joseph Bertrand, entreprit donc de relire les *Recherches.* Il les détesta. Selon lui, Cournot avait presque tout faux. Pour Bertrand, utiliser le volume de la production comme unité de concurrence clé, comme l'avait fait Cournot, était arbitraire. Si arbitraire que, presque en matière de plaisanterie, il avait retravaillé le modèle de Cournot en prenant cette fois comme variable clé les prix et non la production. Étrangement, il avait ainsi mis le doigt sur un modèle tout aussi élégant, sinon davantage.

Bertrand en conclut que, au lieu de limiter la production pour augmenter les prix et accroître leurs profits, les entreprises auraient plutôt tendance à baisser les prix pour gagner des parts de marché. Elles s'engageraient dans une course au moindre prix jusqu'à « tangenter » leur coût de production, c'est-à-dire jusqu'à ce que leur prix atteigne leur « coût marginal ». Et si la baisse du prix favorisait une augmentation de la demande, tant mieux.

La concurrence selon Bertrand peut être ainsi résumée : sur un marché concurrentiel, les prix diminuent jusqu'au coût marginal.

Bien entendu, il n'existait à l'époque que peu de marchés vraiment concurrentiels, du moins tels que les modèles de ces mathématiciens les définissaient, avec des produits homogènes (pas de différenciation par les produits) et pas de collusion. Les autres économistes virent donc en Cournot et Bertrand des théoriciens lancés dans une tentative inutile : enfermer des comportements humains complexes dans des équations rigides. Pendant les décennies suivantes, le débat fut oublié comme une banale dispute académique.

Mais quand, au début du XXe siècle, les marchés devinrent concurrentiels et davantage mesurables, les scientifiques redécouvrirent cette querelle franco-française. Des générations d'étudiants en économie s'échinèrent à déterminer quelles industries penchaient plutôt vers la concurrence selon Cournot, et lesquelles allaient vers la concurrence selon Bertrand. Je vous fais grâce des détails, mais voici en bref le résultat : sur les marchés d'abondance, où il est facile d'accroître la production, Bertrand a tendance à l'emporter et les prix tombent souvent jusqu'au coût marginal.

Cela aurait un intérêt surtout théorique si nous n'étions pas justement en train de créer le marché le plus concurrentiel que le monde ait jamais vu, un marché sur lequel le coût marginal des produits et services est proche de zéro. En ligne, où l'information est une fourniture de base et où les produits et services peuvent être copiés aisément, on voit la concurrence selon Bertrand à l'œuvre d'une manière qui aurait étonné Bertrand lui-même.

Si la loi veut que « les prix chutent jusqu'au coût marginal », alors la gratuité n'est pas une option, elle est un aboutissement inéluctable. C'est la force de gravité économique et l'on ne peut lutter contre elle bien longtemps. Ouille !

Mais attendez. Le logiciel n'est-il pas aussi un marché où le coût marginal est proche de zéro ? Et Microsoft ne facture-t-il pas Office et Windows des centaines de dollars ? Oui et oui. Alors, comment cela cadre-t-il avec la théorie ?

La réponse réside dans le volet « marché concurrentiel ». Le produit de Microsoft a bénéficié immensément des effets de réseau : plus il y a de gens à utiliser un produit, plus les autres se sentent obligés d'en faire autant. Dans le cas d'un système d'exploitation comme Windows, le système le plus répandu attirera le plus grand nombre de développeurs, qui créeront le plus grand nombre de programmes l'utilisant. Dans le cas d'Office, comme on veut échanger ses fichiers avec d'autres, on a tendance à utiliser les mêmes programmes qu'eux.

Ces deux exemples tendent l'un et l'autre à produire des marchés où celui qui l'emporte rafle tout, et c'est ainsi que Microsoft a créé un monopole. Or, le monopole permet d'imposer une « rente monopoliste », c'est-à-dire de réclamer 300 dollars pour deux disques en plastique dans une boîte marquée « Office », alors que la fabrication de ces disques ne coûte pas plus d'un ou deux dollars.

Par ailleurs, la concurrence selon Bertrand s'applique principalement à des produits similaires. Si un produit est très supérieur à un autre pour l'usage que vous voulez en faire, le déterminant essentiel du prix n'est pas le coût marginal, mais « l'utilité marginale » – sa valeur pour vous. En ligne, elle dépend soit des fonctionnalités du service, soit de votre degré de captivité à son égard.

Par exemple, il existe de nombreux réseaux sociaux, mais si toutes vos relations sont sur Facebook, vous hésiterez à aller ailleurs, même s'il devenait payant. Son utilité marginale est tellement plus élevée pour vous que celle des autres que vous seriez prêt à la payer. Mais pour les nouveaux venus qui n'ont pas encore constitué leur réseau de contacts sur un site, l'utilité marginale des différents grands réseaux sociaux semble davantage similaire. S'ils avaient à choisir entre deux d'entre eux –

disons entre un Facebook payant et un MySpace gratuit –, ils auraient tendance à choisir le gratuit. Et voilà pourquoi Facebook n'est pas payant : ses adhérents actuels paieraient peut-être, mais il se mettrait à perdre des parts de marché chez les nouveaux venus au profit de ses concurrents gratuits.

Les monopoles ne sont plus ce qu'ils étaient

La dernière moitié du XXe siècle a connu de nombreux exemples de ce genre – des marges bénéficiaires abracadabrantes (90 %, 95 %, et même plus) qui paraissaient illustrer l'exact inverse de la concurrence à la Bertrand. Pas seulement pour le logiciel, mais pour tout produit dont la valeur réside principalement dans sa propriété intellectuelle et non dans ses propriétés matérielles. Les médicaments (les comprimés ne coûtent presque rien, mais les recherches pour les inventer peuvent se chiffrer en centaines de millions de dollars), les puces électroniques (idem) et même le cinéma (produire un film coûte très cher, le reproduire ne coûte pas grand-chose) relèvent de cette catégorie.

Ces industries bénéficient de ce qu'on appelle des « rendements croissants », c'est-à-dire que même si les coûts fixes du produit (R&D, construction d'une usine, etc.) sont élevés, avec des coûts marginaux bas, plus vous produisez, plus votre marge bénéficiaire est élevée. La stratégie max a l'avantage de répartir vos coûts fixes sur des quantités plus grandes, de sorte que votre profit s'élève avec chaque unité.

Il n'y a là rien de bien nouveau. Comme l'a noté l'économiste Paul Krugman, même l'économiste victorien Alfred Marshall, qui fut le premier à formaliser le modèle de l'offre et de la demande, a décrit des industries où l'existence d'une main-d'œuvre qualifiée, la présence de fournisseurs spécialisés et la diffusion des connaissances abaissaient les coûts progressivement (son principal exemple était celui des couteliers de Sheffield, en Angleterre, qui avaient pu appliquer les techniques de la révolution industrielle pour produire de l'argenterie en masse). Mais l'expression « rendements croissants » concerne traditionnellement la production. Les marchés numériques bénéficient aussi de rendements croissants sur la *consommation*, les produits prenant d'autant plus de valeur qu'ils sont plus consommés, ce qui enclenche un cercle vertueux pouvant aboutir à une domination sur le marché.

Bien entendu, cela ne fonctionne qu'à condition de tenir en respect la concurrence, et si les marges bénéficiaires étaient aussi élevées, c'est qu'il existait au XXe siècle de nombreux de moyens d'y parvenir. À côté des monopoles, on peut écarter les concurrents des rayonnages à l'aide de brevets, de droits d'auteur et de marques déposées, de secrets commerciaux ou de tactiques d'intimidation des détaillants.

Hélas, la plupart de ces stratégies d'élimination de la concurrence fonctionnent désormais moins bien. Des logiciels aux produits pharmaceutiques en passant par les contenus, le piratage s'étend car les technologies de duplication (ordinateurs portables aussi bien qu'équipements biomédicaux) se répandent largement. Le plus grand pays manufacturier du monde, la Chine, entrave la protection des brevets. Et, au fur et à mesure que la distribution se déplace vers Internet, où les rayonnages n'ont pas de limite, il devient impossible de tenir les concurrents à l'écart des consommateurs, quel que soit votre pouvoir de pression sur les hypermarchés. L'Internet, en associant outils de production démocratisés (ordinateurs) et outils de distribution démocratisés (réseaux), réalise ce que Bertrand n'avait fait qu'imaginer : un marché vraiment concurrentiel.

Soudain, un modèle économique théorique, inventé il y a plus d'un siècle sous couvert d'une plaisanterie moquant un autre économiste, est devenu la loi des prix en ligne.

Il est trop tôt pour dire que les monopoles ne sont plus à craindre en ligne. Les effets de réseau qui ont conféré à Microsoft la haute main sur le monde des ordinateurs de bureau fonctionnent tout aussi bien sur le Web, comme Google ne l'a que trop magistralement démontré. Mais le fait intéressant est que les quasi-monopoles en ligne apportent rarement des rentes monopolistes. Quelle que soit sa domination, Google ne réclame pas 300 dollars pour ses traitements de texte et ses tableurs : il les donne (Google Docs). Même pour les choses qu'il fait payer, essentiellement l'espace publicitaire, le prix est fixé par des enchères et non par lui-même.

Il en va de même pour tous les numéros un des grandes catégories de produits en ligne, de Facebook à eBay. Si puissants soient-ils, ils ont très peu de pouvoir sur les prix. Facebook ne peut demander que des tarifs publicitaires planchers, inférieurs à un dollar par mille vues, et chaque fois qu'eBay tente de relever les prix de ses annonces, les vendeurs menacent d'aller voir ailleurs, ce qui n'est pas une menace en l'air, vu l'abondance des solutions en ligne.

D'où viennent leurs milliards, alors ? De leur masse. Ce n'est plus tout à fait la vieille blague du vendeur qui perd de l'argent sur chaque vente et se rattrape sur la quantité, mais plutôt qu'ils perdent de l'argent avec beaucoup de gens et se rattrapent avec un relativement petit nombre. Comme ces entreprises poursuivent la stratégie max, ce relativement petit nombre peut quand même se chiffrer en milliers ou en millions de personnes. Tant mieux pour les consommateurs, qui obtiennent des produits et services pour des prix négligeables, mais qu'advient-il des entreprises qui ne peuvent prétendre au max ? Après tout, pour un Google ou pour un Facebook, des centaines de milliers d'entreprises ne dépassent jamais leur marché de niche.

Pour elles, il n'y a pas de réponse unique : les marchés sont tous différents. La gratuité attire toujours, sur tous les marchés, mais gagner de l'argent autour du gratuit, spécialement quand vous n'avez pas des millions d'utilisateurs (et quelquefois même quand vous les avez), est affaire de créativité et d'expérimentation constante ; les exemples cités à la fin de ce livre n'en sont qu'un petit échantillon.

Le gratuit est une version parmi d'autres

Les principes économiques qui régissent ces modèles relèvent pour l'essentiel des quatre sortes de gratuité déjà évoquées. Et l'existence de prix nuls ne dérange pas l'économie. La théorie des prix repose sur la déclinaison des produits, ou versioning, dans laquelle des clients différents paient des prix différents. On brade la bière pendant les happy hours dans l'espoir que certains clients resteront et continueront à boire aux heures où elle est chère.

L'idée fondamentale du *versioning* est de vendre des produits similaires à des clients différents pour des prix différents. Vous le touchez du doigt quand vous choisissez entre l'essence ordinaire et le super ou quand vous allez voir un film à demi-tarif en matinée ou au tarif réduit pour les seniors. Tel est le cœur du *freemium* : l'une des versions est gratuite, les autres sont payantes. Ou encore, pour paraphraser Marx, à chacun selon ses besoins, de chacun selon son aptitude à ouvrir son portefeuille.

La théorie des prix connaît aussi la gratuité sous forme du prix forfaitaire (« autant que vous pouvez en manger »). On le rencontre dans des cas comme celui des locations de DVD par courrier chez Netflix. Moyennant un abonnement mensuel fixe, vous pouvez emprunter autant de DVD que vous voulez, trois par trois. Vous payez, certes, mais pas chaque fois que vous consommez un DVD supplémentaire (même l'affranchissement est gratuit). Ainsi, le prix qu'on a le sentiment de payer quand on regarde un DVD, qu'on le retourne et qu'on en obtient un nouveau est bel et bien zéro. La location « a l'air gratuite », même si vous payez une redevance mensuelle pour avoir ce privilège.

C'est un exemple de ce que les économistes appellent un« prix marginal » proche de zéro, à ne pas confondre avec le coût marginal proche de zéro. Le premier est supporté par les consommateurs, le second par les producteurs. Mais le meilleur modèle est celui qui combine les deux, comme le fait Netflix.

Pour l'essentiel, les charges de Netflix sont fixes : trouver des abonnés, les garder, construire des entrepôts, développer des logiciels pour la distribution et acheter des DVD. Expédier davantage de DVD n'a qu'un coût marginal très bas – un peu d'affranchissements, un peu de travail (en fait largement automatisé) et quelques redevances supplémentaires –, surtout par comparaison avec l'avantage que représentent le choix et la commodité pour les abonnés. Aussi, quand l'intérêt économique de Netflix (étaler les coûts fixes sur un plus grand nombre de DVD pour abaisser ses coûts marginaux) coïncide avec celui de ses clients (louer plus de DVD semble ne rien coûter puisque l'abonnement est forfaitaire), tout le monde y gagne.

En un sens, Netflix est comme un club de gym. Les coûts fixes servent à créer le club et à payer le personnel. Moins vous y allez, plus l'entreprise gagne d'argent puisque, si ses clients ne viennent pas tous les jours, elle peut en servir plus avec moins de capacités. De même, Netflix gagne de l'argent si vous ne lui retournez pas souvent des vidéos à remplacer. Mais la différence est que cette sous-utilisation ne vous donne pas autant mauvaise conscience que celle du club de gym. Avec Netflix, vous ne payez pas de pénalité de retard si vous gardez une vidéo pendant des semaines, ce qui, comparé à ce qu'offrent les autres, apparaît comme un gain.

Vous pouvez voir ce modèle du prix marginal proche de zéro à l'œuvre tout autour de vous, des buffets en libre-service aux forfaits de téléphone portable et d'accès internet. À chaque fois, le fait de payer un forfait évacue la psychologie négative du prix marginal – le compteur qui tourne ou le sentiment de se faire tondre –, ce qui met les consommateurs plus à l'aise. Cela fonctionne s'ils consomment beaucoup, car cela va généralement de pair avec un modèle de production à coût marginal bas, et cela marche encore mieux (au moins pour le producteur !) s'ils consomment peu. Comme le dit Hal Varian, chef économiste de Google (et pionnier de la théorisation du gratuit) : « Quel est le client favori du club de gym ? C'est le type qui paie son abonnement et ne vient pas. »

Le gratuit n'est donc pas une nouveauté économique. En revanche, il est souvent mal compris. Parmi les principes qu'il remet en question, l'un des plus fameux est le « problème du passager clandestin ».

Le non-problème du passager clandestin

Russell Roberts, économiste de l'université George Mason, diffuse un podcast très suivi, l'excellent Econ-Talk. Dans un enregistrement de 2008, il observait ceci :

> L'une des choses qui me fascinent chez [Wikipédia] est que si en 1950, 1960, 1970, 1980, 1990 et même 2000 vous aviez demandé à des économistes : « Wikipédia peut-il fonctionner ? », la plupart d'entre eux auraient répondu non. Ils auraient dit : « Eh bien, cela ne peut pas fonctionner, voyez-vous, parce qu'il y a si peu à en tirer. Il n'y a pas de profit, il n'y a que des profiteurs. Ils aimeraient lire Wikipédia si Wikipédia existait, mais personne ne va le créer car il y a un problème de passagers clandestins. » Or, ces gens auraient eu tort. Ils méconnaissaient le plaisir pur qui remédie en partie à ce problème du passager clandestin.

Le problème du passager clandestin est la face obscure du repas gratuit. Comme l'« accro au repas gratuit » qui hante le saloon, le passager clandestin est un profiteur qui consomme plus que sa part normale d'une ressource ou qui supporte moins que sa part normale des coûts de production. Mais comme la notion de part « normale » est totalement subjective, on n'y voit un problème économique que quand cela bloque le marché. Par exemple, quand un restaurateur doit remballer un buffet en libre-service dévasté par une bande de jeunes affamés comme par un vol de criquets.

Mais, comme l'a noté Timothy Lee, chercheur en informatique attaché au Cato Institute, l'interprétation qu'on donnait de ce problème au XXe siècle n'est plus vraiment valable, et cela pour deux raisons. D'abord, elle suppose que le coût de la ressource consommée est suffisamment élevé pour qu'on s'en soucie ou, pour le dire autrement, que ce coût doit avoir une contrepartie. C'est peut-être vrai pour le buffet du restaurant, mais pas pour ce que les gens font bénévolement dans l'espoir d'avoir un public, ce qui est le cas de la plupart des contenus en ligne. Qu'ils soient lus est un paiement suffisant.

Deuxièmement, l'interprétation classique passe à côté des effets d'échelle apportés par l'Internet. Comme on l'a vu précédemment, si vous êtes le seul parent volontaire d'une classe, vous pouvez vous plaindre que tous les autres parents profitent de votre travail comme des passagers clandestins, sans faire un geste pour vous aider. Cela peut vous exaspérer au point de vous faire renoncer. Dans un tel cas, il faut que peut-être 10 ou 20 % des parents contribuent pour éviter le risque d'effondrement du système entier.

Mais en ligne, où les quantités sont bien supérieures, la plupart des communautés de bénévoles prospèrent dès que 1 % des participants contribuent. Loin d'être un problème, un grand nombre de consommateurs passifs est gratifiant pour le petit nombre de contributeurs – ils forment un public.

Comme le souligne Timothy Lee, « ce vaste public fonctionne comme une puissante motivation qui incite à participer encore au site. Les gens aiment contribuer à une encyclopédie lue par beaucoup de monde ; en fait, le nombre énorme de « passagers clandestins » – c'est-à-dire d'utilisateurs – est l'un des aspects les plus attirants de Wikipédia pour ceux qui y écrivent ».

Autrement dit, inutile d'avoir fait Polytechnique pour comprendre pourquoi le gratuit fonctionne si bien en ligne. Ignorez juste les dix premiers chapitres de votre manuel d'économie.

Le reste de cette section examinera les nombreux aspects de cette question. Nous commencerons par les travaux visant à quantifier les marchés non monétaires comme ceux de l'attention et de la réputation et, parfois, à les convertir en argent. Puis, nous nous pencherons sur ce « gaspillage » au nom paradoxal que nous avons été habitués à éviter, mais que souvent nous devrions au contraire rechercher. (Une fois les choses rares devenues abondantes, les marchés les traitent différemment, en exploitant les fournitures de base bon marché pour créer une autre chose de valeur plus élevée.) Nous ferons ensuite un détour par la Chine et le Brésil, bancs d'essai modernes du gratuit, avant un bref arrêt du côté de la fiction, où l'abondance en tant qu'élément d'intrigue a obligé les auteurs à s'interroger sur ses conséquences. Enfin, nous débattrons des nombreuses objections envers la gratuité, qu'elles contestent sa puissance ou qu'elles la craignent.

11

ÉCONOMIES NON MONÉTAIRES

Qui règne là où l'argent ne règne pas ?

En 1971, à l'aube de l'ère de l'information, le sociologue Herbert Simon écrivait ceci :

> Dans un monde riche en information, l'abondance des informations signifie une privation d'autre chose : la rareté de quoi que ce soit que l'information consomme. Ce que l'information consomme est assez évident : elle consomme l'attention du destinataire. C'est pourquoi une abondance d'information crée une disette d'attention.

Ce qu'observait Simon était une manifestation de l'une des règles les plus anciennes de l'économie : « Toute abondance suscite une nouvelle rareté. » Nous avons tendance à attribuer plus de valeur à ce que nous ne possédons pas encore à foison. Une abondance de café gratuit au travail, par exemple, éveille un besoin de café meilleur, qu'on est disposé à payer cher. Et de même pour tous les biens de luxe émergeant d'un océan de fournitures ordinaires peu coûteuses, des produits alimentaires artisanaux à l'eau en bouteille de collection.

« Il est tout à fait vrai que l'homme ne vit pas seulement de pain – surtout quand il n'y a pas de pain », observait Abraham Maslow dans son fameux article de 1943 (« *A Theory of Human Motivation* »). « Mais qu'advient-il du désir de l'homme quand il a du pain à profusion et que son estomac est chroniquement rempli ? »

Sa réponse, schématisée par sa désormais fameuse « hiérarchie des besoins », était la suivante : « D'abord, des besoins différents (et plus élevés) apparaissent et dominent l'organisme à la place des faims physiologiques. » À la base de cette pyramide se trouvent les besoins physiologiques comme l'eau et la nourriture. Au-dessus, la sécurité. Puis l'amour et l'appartenance, l'estime et enfin, tout en haut, l'« accomplissement personnel », dans lequel on recherche du sens, par exemple par la créativité.

Le même genre de hiérarchie est applicable à l'information. Une fois satisfaite notre soif de divertissement et de connaissance élémentaire, nous devenons plus discriminants quant à ce que nous désirons et, au passage, nous en apprenons plus sur nous-mêmes et sur ce qui nous motive. Beaucoup d'entre nous cessent alors de se comporter en consommateurs passifs pour devenir des producteurs actifs, motivés par les récompenses psychiques de la création.

Sur le marché de la consommation, normalement, l'insuffisance d'argent nous aide à nous orienter parmi l'abondance des produits disponibles – nous n'achetons que ce que nous pouvons nous permettre (sous réserve du plafond de nos cartes de crédit). C'est aussi de cette manière que le capitalisme « tient les comptes » de la demande du consommateur, en fonction de ce que les consommateurs sont prêts à payer. Mais que se passe-t-il en ligne quand de plus en plus de produits prennent une forme logicielle et peuvent donc être offerts gratuitement ? L'argent cesse d'être le signal le plus important du marché. Deux facteurs non monétaires prennent alors sa place.

Ce sont ce qu'on appelle souvent l'« économie de l'attention » et l'« économie de la réputation ». Les marchés de l'attention et de la réputation n'ont rien de nouveau, bien entendu. Toutes les émissions de télévision sont en concurrence sur le premier, toutes les marques sur le second. Une célébrité bâtit une réputation et la transforme en attention. Mais ce qu'il y a d'unique dans le vécu en ligne est que ces deux marchés y sont éminemment mesurables et ressemblent chaque jour davantage à une économie réelle.

Qu'est-ce qui définit une « économie » ? Jusqu'au milieu du XVIIIe siècle, le mot « économie » appartenait principalement au vocabulaire de la politique et du droit. Puis Adam Smith lui a donné sa signification moderne, en définissant l'économie comme l'étude des marchés, en particulier de ce qu'on résume aujourd'hui par « la science des choix en situation de rareté ».

Aujourd'hui, l'économie n'étudie pas seulement les marchés monétaires. Depuis les années 1970 sont apparues des sous-spécialités comme l'économie du comportement ou la « neuroéconomie », qui toutes tentent d'expliquer pourquoi les gens font tel ou tel choix en fonction des incitations qu'ils ressentent. L'attention et la réputation font souvent partie de celles-ci, même si elles ne sont pas formellement considérées comme un marché.

Certaines tentatives habiles ont été faites pour décrire les marchés de l'attention dans le langage de l'économie, comme dans cette astucieuse boutade de l'économiste allemand Georg Franck, en 1999 :

> Si l'attention que je porte aux autres est valorisée en proportion de la quantité d'attention obtenue par moi-même, alors un système comptable se met en branle, qui évalue quelque chose comme les cours de Bourse sociaux de l'attention individuelle.

C'est sur ce marché secondaire que prospère l'ambition sociale. C'est cette Bourse du capital attentif qui donne un sens précis à l'expression « foire aux vanités ».

Pourtant, quand il a fallu quantifier l'attention, l'auteur n'a trouvé à mesurer que « la présence d'une personne dans les médias », quelle qu'en soit la signification.

Mais si l'on pouvait traiter l'attention et la réputation de manière aussi quantitative que l'argent ? Si l'on pouvait les formaliser pour en faire des marchés propres afin de les expliquer et de les prévoir avec une bonne partie des équations utilisées par les économistes dans les économies monétaires traditionnelles ? Pour ce faire, il faudrait que l'attention et la réputation montrent les mêmes caractéristiques que les monnaies traditionnelles : qu'elles soient mesurables, finies et convertibles en d'autres devises.

Nous n'en sommes pas loin, grâce à un moyen imaginé en 1989 par Tim Berners-Lee : l'hyperlien moderne. C'est un objet simple, juste une suite de caractères commençant par « http:// », mais il a créé un langage formel pour les échanges d'attention et de réputation, et des monnaies pour l'une et l'autre. Aujourd'hui, quand vous établissez un lien vers quelqu'un sur votre blog, vous lui conférez en fait une partie de votre propre réputation. En un sens, vous dites à votre propre public : « Quittez-moi. Allez dans cet autre endroit. Je pense qu'il vous plaira et, si c'est le cas, peut-être m'apprécierez-vous davantage pour vous l'avoir recommandé. Et si vous m'appréciez davantage, peut-être reviendrez-vous plus souvent sur mon site. »

Dans l'idéal, ce transfert de réputation enrichit les deux parties. Les recommandations favorables créent de la confiance auprès d'un lectorat, et être recommandé confère aussi de la confiance. Or, avec la confiance vient le trafic.

À présent, nous avons un vrai marché de la réputation : Google. Quelle est la monnaie de la réputation en ligne sinon l'algorithme PageRank de Google, qui mesure les liens entrants définissant le réseau d'opinions qu'est le Web ? Et comment mieux mesurer l'attention que par le trafic web ?

PageRank repose sur une idée étonnamment simple et extrêmement forte : les liens entrants sont comme des suffrages, et les liens entrants venant de sites qui eux-mêmes ont beaucoup de liens entrants comptent plus que les autres. C'est le genre de calcul que seul un ordinateur peut effectuer, puisqu'il impose d'avoir en mémoire la structure de liens du Web tout entier et d'analyser récursivement chaque lien (détail intéressant, PageRank repose sur un travail antérieur, à bien plus petite échelle, portant sur les publications scientifiques. La réputation d'un auteur peut être calculée d'après le nombre d'autres auteurs qui le citent en note, selon un processus qu'on appelle « analyse des citations ». Il n'y a pas d'économie de la réputation plus explicite que la réputation académique, qui détermine tout, des nominations aux subventions).

En termes économiques, la conversion de l'économie de la réputation à l'économie d'attention puis à l'argent obéit à la formule suivante : la valeur économique de votre site est égale au trafic que votre PageRank (un nombre entre 1 et 10) rapporte à partir des résultats de recherche de Google pour un terme quelconque, multiplié par la valeur de ce terme en tant que mot clé. (Un PageRank plus élevé signifie plus de trafic, puisque vous apparaîtrez plus haut dans les résultats de recherche.) Et vous pouvez transformer ce trafic en bon vieil argent simplement en accueillant des annonces AdSense sur votre site et en partageant les recettes avec Google.

Que cela plaise ou non, aujourd'hui, nous vivons tous dans l'économie Google au moins une partie de notre vie. Sur un site quelconque, entre un quart et la moitié de tout le trafic vient de recherches Google. Une industrie entière, intitulée « optimisation de moteur de recherche » s'est créée pour aider les sites à accroître leur visibilité aux yeux de Google. PageRank est l'étalon-or de la réputation.

Cela fait de Larry Page, cofondateur de Google (le Page de PageRank), le banquier central de l'économie Google. Lui et ses collègues de Google contrôlent l'offre de monnaie. Ils retouchent l'algorithme en permanence pour veiller à ce qu'il conserve sa valeur. Au fur et à mesure que le Web grossit, ils évitent une « inflation » de PageRank en le rendant plus difficile à obtenir. S'ils constatent des contrefaçons de PageRank, sous forme de liens parasites, ils ajustent l'algorithme pour les retirer de la circulation. Ils préservent la valeur de leur monnaie en travaillant à ce que leurs résultats de recherche restent plus pertinents que ceux de leurs concurrents, ce qui maintiendra la part de marché de Google (actuellement dominante avec 70 %). La fonction d'Alan Greenspan n'était pas si différente.

Mais, comme pour les banquiers centraux contemporains, celui qui pilote une devise unique est loin de piloter l'économie entière. Représentons-nous Google comme les États-Unis du Web – la plus grosse parmi de nombreuses économies de réputation et d'attention. Ce n'est pas une économie fermée, puisqu'elle n'est qu'une partie d'une économie web plus large. Et alentour existent d'innombrables autres économies de réputation et d'attention, ayant chacune leur propre monnaie.

Facebook et MySpace ont des « amis » ; eBay a des notations des vendeurs et des acheteurs ; Twitter a des « suiveurs », Slashdot un « karma » ; etc. Dans tous les cas, les gens peuvent bâtir un capital de réputation et le transformer en attention. À chacun de déterminer comment convertir ensuite ce capital en argent, si c'est ce qu'il veut (la plupart ne le veulent pas), mais la quantification de l'attention et de la réputation est à présent une affaire internationale. C'est un marché sur lequel nous sommes tous actifs, que nous le sachions ou non. Jadis intangible, la réputation est aujourd'hui de plus en plus concrète.

Sur le Web, toutes ces économies coexistent, elles avancent et reculent avec les marées de l'attention – même si elles voulaient contrôler entièrement l'attention, elles ne le peuvent pas. Mais il y a une catégorie croissante d'économies fermées en ligne où les banquiers centraux ont beaucoup plus de pouvoir. Ce sont les jeux en ligne, de Warhammer à Lineage, qui utilisent classiquement deux monnaies : une monnaie d'attention, où les joueurs gagnent de l'argent virtuel par leurs prouesses, et une monnaie réelle, qu'ils peuvent utiliser pour acheter de la monnaie virtuelle s'ils ne veulent pas prendre le temps de la gagner.

Les éditeurs de ces jeux prennent au sérieux leur rôle de banquier central. Si les développeurs de Warhammer ne plafonnaient pas l'offre d'or, celui-ci perdrait de sa valeur et le marché de la revente s'effondrerait. Souvent, les concepteurs de jeux demandent à des économistes de les aider à concevoir l'économie interne de leurs jeux en évitant les défauts des économies réelles, de l'insuffisance de liquidité jusqu'à la fraude.

Mais, à la fin, tous ces jeux tournent autour du bien rare par excellence : le temps. Le temps est vraiment de l'argent, et l'arbitrage entre l'un et l'autre se trouve au cœur de ces ludo-économies. Les jeunes joueurs ont souvent plus de temps que d'argent et peuvent accumuler des monnaies d'attention par leurs clics. Les joueurs plus âgés ont souvent plus d'argent que de temps et peuvent se payer des raccourcis. Les concepteurs de jeux essaient de trouver le bon équilibre entre ces deux moyens, afin que les joueurs puissent utiliser l'un ou l'autre pour s'affronter et progresser. Et, ce faisant, ils créent certaines des économies non monétaires les plus quantifiées que le monde ait jamais vues.

L'économie du don

En 1983, le sociologue Lewis Hyde publiait *The Gift* (« le don »), l'un des premiers livres qui aient tenté d'expliquer la mécanique d'une tradition sociale parmi les plus anciennes : donner des choses à des gens sans les faire payer. Il s'est principalement attaché aux îles du Pacifique et autres sociétés « indigènes » dépourvues d'économies monétaires formelles. La renommée s'obtenait non par l'argent, mais par des monnaies culturelles qui en tenaient lieu, les rituels et échanges de dons.

Beaucoup de ces sociétés étaient entourées de ressources naturelles abondantes – la nourriture poussait réellement sur les arbres –, de sorte que la nature pourvoyait à leurs besoins de subsistance essentiels. Elles pouvaient ainsi progresser dans la pyramide de Maslow en privilégiant les besoins sociaux. Les dons jouaient le rôle d'un

COMMENT UNE FORMATION UNIVERSITAIRE PEUT-ELLE ÊTRE GRATUITE ?

Inutile d'être inscrit à l'*UC Berkeley* pour regarder Richard A. Muller donner ses célèbres cours intitulés «*Physics for Future Presidents*». Ils sont sur YouTube, aux côtés d'exposés de plus d'une centaine d'autres professeurs de Berkeley qui ont collectivement été vus plus de 2 millions de fois. Et Berkeley n'est pas seul : Stanford et le MIT mettent aussi des cours sur YouTube, et le MIT a mis en ligne pratiquement tous ses programmes, des notes de cours aux devoirs et aux démonstrations vidéo, dans le cadre de l'opération « OpenCourseWare ». S'inscrire à l'université pour suivre ces cours peut coûter 35 000 dollars l'an. Pourquoi les donne-t-on ?

▶ Les cours ne sont pas une éducation universitaire. Mis à part l'insignifiante question du diplôme, qu'on ne peut obtenir via YouTube, une éducation universitaire est une expérience personnelle qui va bien au-delà des cours et des lectures. Les droits d'inscription achètent la proximité directe qui permet de poser des questions, de partager des idées et de solliciter l'opinion d'enseignants comme Muller. Et aussi d'avoir accès au réseau des autres étudiants et aux échanges intellectuels, à l'aide et aux relations qu'il procure. Pour ces écoles, les contenus gratuits sont du marketing et ne remplacent pas l'éducation universitaire. Le meilleurs étudiants choisissent l'université où ils veulent aller, et un échantillon des grands moments offerts par un programme ou un professeur donné peut emporter leur décision.

▶ À ce jour, l'un des cours de Muller a été regardé 200 000 fois. C'est le triple de la capacité du stade de football de l'*UC Berkeley*. Devenu une sorte de célébrité du Web, Muller a signé un contrat avec un éditeur pour une version grand public du manuel rédigé pour ses étudiants. Publié à l'été 2008, *Physics for Future Presidents* a été largement commenté dans la grande presse. Des mois plus tard, il figurait toujours dans la liste des best-sellers d'Amazon. On voit aisément à quel point le gratuit a été bon pour le professeur Muller.

liant social : chez certaines tribus indigènes d'Amérique, le don s'accompagnait implicitement d'une obligation de réciprocité (« retourner le cadeau »). Par ailleurs, les dons ne devaient pas être conservés, mais redistribués à d'autres (« le don doit toujours circuler »). Aujourd'hui, l'expression « *Indian giver* [1] » est considérée comme péjorative, mais elle découle des observations de Hyde : dans ces cultures, on ne peut jamais être réellement propriétaire d'un don. C'est plutôt un symbole de sympathie, celle-ci n'étant conservée que si le don continue à circuler.

Hyde s'est attaché principalement aux économies du don de choses – les échanges portant sur des objets réels

1. « Donneur indien ». L'expression désigne une personne qui réclame qu'on lui rende ce qu'elle a donné. (NdT)

(comme on en voit aujourd'hui avec Freecycle – voir l'encadré de la page 259). Mais l'économie du don d'actes, les choses qu'on fait l'un pour l'autre sans paiement, a toujours été bien plus importante. Comme pour les économies d'attention et de réputation, la transposition en ligne de cette économie de dons éphémères l'a soudain rendue explicite et mesurable.

Dans la presse traditionnelle, j'en suis témoin, on paie les gens pour qu'ils écrivent. Un dollar le mot est un tarif plancher. Les auteurs vraiment bons peuvent obtenir trois dollars le mot, voire plus. Si je rédigeais cette phrase pour un magazine sur papier glacé (en facturant sans vergogne le prix fort), je viendrais juste de gagner 23 dollars. Mais quelque chose a changé. Au dernier décompte, il existait 12 millions de blogs actifs, œuvres de personnes ou de groupes écrivant au moins une fois par semaine, en alignant des milliards de mots hebdomadaires. Quelque milliers d'entre eux au maximum sont payés pour cela.

On en trouve partout, des critiques de livres amateurs d'Amazon aux cinéphiles qui ont fait d'IMDB le plus vaste recueil mondial d'informations sur les films et les cinéastes. Pour une partie, il s'agit de *posts* informels affichés sur d'innombrables forums de discussion, mais certains projets ont demandé des semaines ou des mois de travail, comme les guides pour jeux vidéo rédigés par des joueurs, et toutes sortes de catalogues (il existe ici et là quantité d'« exhaustivistes » ravis de s'afficher comme le premier expert mondial en *quelque chose* et d'en faire profiter l'univers).

Il n'y a là rien de nouveau, les gens ont toujours créé et contribué gracieusement. Comme ce qu'ils font n'est pas payé, nous ne l'appelons pas « travail », mais chaque fois que vous donnez un conseil gracieux à quelqu'un ou que vous accomplissez un geste bénévole, vous faites quelque chose qui dans un autre contexte pourrait être le métier de quelqu'un. Aujourd'hui, professionnels et amateurs se rencontrent soudain sur le même marché de l'attention et ces mondes parallèles se trouvent en concurrence. Or, les amateurs sont bien plus nombreux que les professionnels.

Qu'est-ce qui motive les créateurs amateurs, si ce n'est l'argent ? Beaucoup de gens supposent que l'économie du don obéit principalement à la générosité mais, comme Hyde l'a observé chez les insulaires du Pacifique, elle n'est pas si altruiste en général. Adam Smith l'avait bien vu : l'égocentrisme éclairé est la force la plus puissante de l'humanité. Si les gens agissent gratuitement, c'est d'abord pour des raisons qui leur sont propres : pour se distraire, pour exprimer ce qu'ils ont à dire, pour attirer l'attention d'autrui, pour faire valoir leur opinion et pour d'innombrables autres raisons très personnelles.

En 2007, constatant l'étonnante diversité de la documentation réalisée par les utilisateurs – manuels d'instruction pour matériels, logiciels et jeux allant bien au-delà de ceux fournis par les créateurs d'origine – Andy Oram, éditeur chez O'Reilly Media, s'est demandé ce qui motivait ces gens. Au bout d'un an d'enquête, il a dressé un bilan. La raison numéro un était la « communauté » – les gens avaient le sentiment de faire partie d'une communauté et voulaient contribuer à sa vitalité. La deuxième raison était le « progrès personnel », ce qui renvoie au développement personnel, plus haut niveau de l'échelle de Maslow. En troisième lieu venait le « soutien mutuel », ce qui laisse penser que de nombreux contributeurs sont ce que les sociologues appellent des « *mavens* » – des personnes détenant des connaissances et qui aiment les partager (on notera que la réputation venait relativement loin parmi les motivations recensées dans le sondage d'Oram).

Et comment les gens trouvent-ils le temps ? En renonçant à faire autre chose – en abandonnant des actions moins gratifiantes socialement et psychologiquement. Imaginez seulement qu'on puisse exploiter ne serait-ce qu'une fraction du surplus cognitif perdu en regardant la télévision (en fait, inutile de l'imaginer : les enquêtes montrent que nous regardons déjà de moins en moins la télévision au profit des écrans qui nous permettent de produire *et* de consommer à la fois).

Dans un monde où la nourriture, le logement et les autres besoins de subsistance de Maslow sont couverts sans qu'on ait à trimer dans les champs de l'aube au crépuscule, nous disposons de « cycles de réserve » ou de ce que les sociologues appellent un « surplus cognitif » – de l'énergie et des connaissances pas entièrement mobilisées par notre travail. Dans le même temps, nous éprouvons des besoins émotionnels et intellectuels qui ne sont pas non plus totalement satisfaits par le travail. Notre « travail gratuit » dans un domaine qui compte pour nous nous apporte de l'attention, un moyen d'expression et un public.

En bref, faire sans être payé des choses que nous aimons nous rend souvent plus heureux que de travailler en contrepartie d'un salaire. Certes, il faut quand même manger mais, comme l'a montré Maslow, la vie ne se borne pas à cela. Pouvoir apporter une contribution d'une manière à la fois créative et appréciée est exactement le genre d'épanouissement que Maslow privilégiait par rapport à toutes les autres aspirations et que bien des emplois procurent rarement. La progression exponentielle du Web sous l'effet du travail bénévole n'a rien d'étonnant : être créatif, participer, exercer un effet, être

COMMENT DES MILLIERS D'OBJETS D'OCCASION PEUVENT-ILS ÊTRE GRATUITS ?

Tout est parti d'un lit. Au printemps 2003, Deron Beal a découvert que les associations de bienfaisance de la ville où il habitait, Tucson, en Arizona, ne voulaient pas de son vieux matelas pour des raisons d'hygiène. Afin de lutter contre le gaspillage, il a fondé Freecycle.org, un site où trouver les objets que d'autres ne veulent pas prendre le temps de jeter ou d'emporter à la déchetterie.

Association sans but lucratif, Freecycle fonctionne avec un budget annuel modeste (140 000 dollars) et une publicité minimale (une barre de parrainage Google). Animé par des groupes Yahoo! auto-organisés dirigés par des modérateurs bénévoles locaux, Freecycle n'admet que les utilisateurs qui expliquent leurs motivations (en 200 caractères maximum). Une pléthore de marchandises gratuites attendent ceux qui comprennent son éthique implicite (« donner et prendre ») : canapés en cuir, téléviseurs, vélos d'appartement, etc.

Les économies du don sont assurément antérieures au Web. Mais jamais il n'avait existé de plate-forme plus efficace pour donner en masse. En un sens, la distribution à coût nul en ligne a transformé le partage en une industrie. Une poignée de sites comparables ont été lancés : sharingisgiving.org, freecycleamerica.org, freesharing.org. Sur Craigslist, bien sûr, on trouve aussi des annonces pour des articles gratuits. Mais aucun autre site n'a bâti une communauté aussi active et fervente entièrement fondée sur le gratuit.

Aujourd'hui, la création de Beal ne mesure pas son succès en dollars, mais en tonnage de marchandises données (600 tonnes par jour !), en nombre de personnes (5,9 millions, réparties entre 4 619 groupes Yahoo!) et en présence géographique (85 pays). En 2008, ces 5,9 millions d'adhérents ont donné à peu près 20 000 articles par jour, près de 8 millions au total – soit en moyenne au moins un par personne. Si chacun avait rapporté en moyenne, disons, 50 dollars sur Craigslist, alors, compte tenu de son nombre d'adhérents actuel, la taille de l'économie de Freecycle pèserait aux alentours de 380 millions de dollars par an.

Valeur potentielle de l'économie de Freecycle

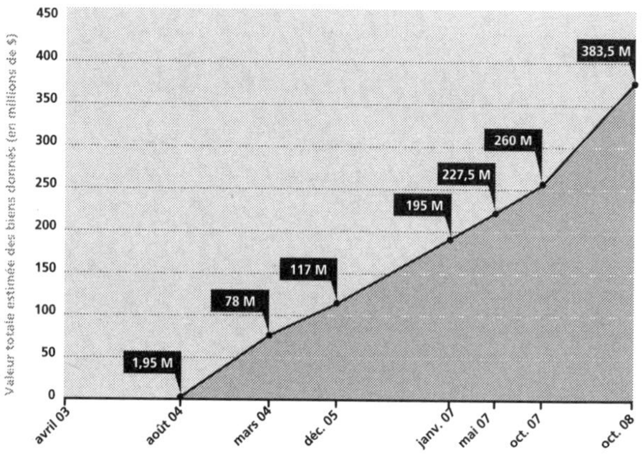

considéré comme un expert en quelque chose, tout cela rend heureux. Cette économie de production non monétaire existait potentiellement dans notre société depuis des siècles, attendant l'apparition des systèmes sociaux et des outils qui la réaliseraient pleinement. Le Web a fourni ces outils, et soudain un marché d'échanges gratuits est apparu.

12

Le gaspillage a (parfois) du bon

Ouvrir les vannes pour bien exploiter l'abondance

De temps en temps, au bureau, un courrier électronique de la direction informatique m'avertit que le moment est venu pour le personnel de « supprimer les fichiers inutiles des dossiers partagés ». C'est pour les informaticiens une façon de dire qu'ils manquent de capacités de stockage sur leurs ordinateurs. En bons citoyens d'entreprise, nous nous empressons tous d'examiner nos dossiers et nos fichiers en nous demandant si nous en avons vraiment besoin et en effaçant ceux dont nous pouvons nous passer. Peut-être cela vous arrive-t-il aussi.

Un beau jour, après avoir fait cela pendant des années, je me suis demandé de quel volume de stockage la direction informatique disposait en réalité. Pour mettre la réponse en perspective, au moment où j'ai posé la question, un téraoctet de stockage (1 000 Go) coûtait à peu près 130 dollars. Depuis peu, je dispose chez moi d'un banal ordinateur de bureau Dell sur lequel mes enfants jouent et qui m'a été livré avec un disque dur de 1 téraoctet.

Combien de stockage, donc, avions-nous pour la totalité de mon bureau ? Pas tant que ça, ai-je découvert : 500 Go (un demi-téraoctet). Mes enfants en avaient deux fois plus que tout mon lieu de travail.

Comment était-ce possible ? Très simplement : nous en étions plus ou moins restés à l'idée que le stockage est cher alors qu'en fait ses prix étaient tombés à des niveaux ridicules. Nous traitions une chose abondante – la capacité des disques durs – comme si elle était rare, et la chose rare – le temps du personnel – comme si elle était abondante. Nous avions renversé l'équation (je m'empresse d'ajouter que l'entreprise a très vite accru ses stockages et que ces courriers électroniques ne sont plus de mise !).

Cela arrive tout le temps. Quand votre opérateur téléphonique vous dit que votre boîte vocale est pleine, il s'agit de rareté artificielle – stocker plus de cent messages vocaux coûte moins de un dollar et un iPod moyen pourrait en stocker trente mille (les messages vocaux prennent moins de place que la musique, car leur qualité d'enregistrement est inférieure). En obligeant les abonnés à prendre le temps d'effacer leurs messages vocaux, les opérateurs téléphoniques font de petites économies de stockage en dépensant beaucoup de temps du consommateur. Ils gèrent la rareté qu'ils peuvent mesurer (le stockage), mais négligent de gérer la rareté bien plus grande qu'est la bonne volonté de leurs clients. On ne s'étonnera pas que les opérateurs téléphoniques soient les entreprises les plus détestées du public, après les sociétés de télévision par câble.

C'est une leçon sur l'intérêt du gaspillage. De même que Carver Mead prônait le gaspillage des transistors et qu'Alan Kay les a dissipés en frivolités qui ont facilité l'utilisation des ordinateurs, les innovateurs d'aujourd'hui sont ceux qui détectent les nouvelles abondances et se demandent comment les dilapider. Dans le bon sens !

Mais ce qu'il y a d'amusant dans le gaspillage est qu'il dépend de ce que la rareté signifie pour vous. Nos grands-parents ont grandi à une époque où un appel téléphonique à longue distance était un luxe coûteux : il fallait le prévoir à l'avance et faire bref. Aujourd'hui encore, il est souvent difficile de convaincre les gens de cette génération de rester longtemps au téléphone lors d'un appel interurbain : ils ont encore un compteur qui cliquette dans la tête et raccrochent au plus vite. Nos enfants, eux, grandissent à une ère où les appels interurbains ne coûtent pas plus cher que les appels locaux sur leur téléphone portable. Ils n'hésitent pas à bavarder pendant des heures. À l'aune des coûts de télécommunications des années 1950, c'est un gaspillage incroyable. Mais aujourd'hui, puisque les coûts sont tombés aux alentours de zéro, on n'y fait pas attention. On ne ressent pas cela comme du gaspillage. En d'autres termes, la rareté d'une génération est l'abondance d'une autre.

La nature gaspille la vie

Notre cerveau semble programmé pour s'opposer au gaspillage mais, en tant que mammifères, nous sommes relativement exceptionnels dans la nature à cet égard. De tout le règne animal, les mammifères sont ceux qui ont le moins de rejetons, et c'est pourquoi nous consacrons énormément de temps et de soins à leur protection afin qu'ils atteignent l'âge adulte. La mort d'un humain est une tragédie dont parfois les survivants ne se remettent jamais, et la vie humaine a pour nous plus de prix que quoi que ce soit.

De ce fait, nous avons acquis un sentiment moral sur le gaspillage. Le jouet délaissé ou la nourriture non consommée nous désolent. Parfois pour de bonnes raisons, car nous connaissons le coût social de la prodigalité, mais souvent parce que notre cerveau de mammifère est ainsi programmé, tout simplement.

Mais le reste de la nature ne fonctionne pas ainsi. Un thon rouge peut libérer jusqu'à 10 millions d'œufs fertilisés dans une saison de ponte. Dix peut-être parviendront à l'état adulte. Un million mourront pour un qui survivra.

La nature gaspille la vie dans la recherche d'une meilleure vie. Elle fait muter l'ADN, enchaînant échec sur échec dans l'espoir que de temps à autre une nouvelle séquence fera mieux que les précédentes et que l'espèce évoluera. La nature teste ses créations en tuant rapidement la plupart d'entre elles, dans un combat sans merci pour l'avantage reproductif.

Si la nature pratique un tel gaspillage, c'est que les stratégies de mitraillage sont le meilleur moyen de parvenir à ce que les mathématiciens appellent « une pleine exploration de l'espace potentiel ». Imaginez un désert avec deux points d'eau à quelque distance l'un de l'autre. Si vous êtes une plante qui pousse à proximité de l'un d'eux, vous pouvez avoir deux stratégies reproductives différentes. Vous pouvez laisser tomber des graines près de vos racines, où elles ont une assez bonne chance de trouver de l'eau. C'est sûr, mais cela mène bientôt au surpeuplement. Ou bien vous pouvez semer à tout vent et laisser vos graines s'en aller au loin. Cela signifie que presque toutes mourront, mais c'est aussi le seul moyen de trouver le second point d'eau, où la vie pourra s'étendre dans une nouvelle niche, plus riche peut-être. Pour aller de ce que les mathématiciens appellent les

« maxima locaux » aux « maxima globaux », il faut explorer en chemin quantité de minima infructueux. C'est du gaspillage, mais cela finira peut-être par payer.

L'écrivain de science-fiction Cory Doctorow appelle cela « raisonner comme un pissenlit » :

> L'important, du point de vue du pissenlit, n'est pas la disposition de toutes les graines, ni même de la plupart. L'important est que toute source, toute fissure de tout pavage, soit remplie de pissenlits. Le pissenlit ne tient pas à dorloter une unique et précieuse copie de lui-même dans l'espoir qu'elle quittera le nid pour se diriger prudemment vers l'endroit optimal pour pousser et perpétuer la lignée. Le pissenlit tient seulement à ce que la moindre opportunité de reproduction soit exploitée !

C'est ainsi qu'il faut adopter le gaspillage. Les graines sont trop peu coûteuses pour qu'on les compte. Les répandre ainsi semble funeste, voire aberrant, mais c'est le bon moyen pour tirer parti convenablement des avantages de l'abondance.

Songez seulement à l'aspirateur-robot Roomba. À première vue, on a du mal à ne pas le trouver d'une stupidité consternante : il rebondit au hasard dans la pièce, en revenant sur ses pas et en laissant de côté des endroits évidemment poussiéreux. Mais au bout du compte, cette marche aléatoire finit par couvrir le moindre centimètre carré. Il lui faut peut-être une heure pour faire ce que vous pourriez faire en cinq minutes, mais c'est du temps de machine et non le vôtre. Et la machine a beaucoup de temps.

Un monde sûr pour les vidéos de chats

Le meilleur exemple de gaspillage en majesté est peut-être YouTube. J'entends souvent dire que YouTube ne menace pas la télévision car il est « plein d'idioties », ce qui est vrai, je suppose. Le problème est que personne n'est d'accord sur ce qu'il faut ranger parmi les « idioties », car personne n'est d'accord sur leur opposé, la « qualité ». Peut-être recherchez-vous des vidéos de chats amusantes et trouvez-vous que mes tutoriels de soudage favoris n'ont aucun intérêt. Tandis que moi, je veux regarder des vidéos d'acrobaties amusantes, et je me fiche de vos tutoriels de cuisine. Quant aux vidéos de notre charmante famille, bien entendu, elles nous comblent d'aise et embêtent tous les autres. L'idiotie dépend de celui qui la regarde.

Les vidéos les plus regardées sur YouTube sont peut-être de très mauvaise qualité au regard des standards de Hollywood : elles sont en basse résolution et mal éclairées, leur son est lamentable et leur scénario inexistant. Mais rien de cela n'a d'importance, car ce qui compte le plus est la pertinence. On choisira toujours une vidéo en basse définition sur un sujet qu'on aime plutôt qu'une vidéo en haute définition sur un sujet qu'on n'aime pas.

Voilà quelques semaines, mes enfants devaient choisir à quoi utiliser les deux heures de « temps d'écran » auxquelles ils ont droit le samedi et le dimanche. Je leur ai proposé de regarder *La Guerre des étoiles* en leur donnant le choix entre deux possibilités : regarder l'un des six DVD de la série sur un immense écran en haute définition avec son *surround* ou aller sur YouTube voir des animations de scènes de *La Guerre des étoiles* réalisées en Lego par des enfants de 9 ans. Leur réponse a été sans équivoque : ils se sont précipités sur l'ordinateur.

Il s'avère que mes enfants, comme beaucoup d'autres, ne s'intéressent pas vraiment à *La Guerre des étoiles* telle que créée par George Lucas. Ils préfèrent *La Guerre des étoiles* telle que créée par leurs pairs, malgré les prises de vue tremblotantes et les doigts dans le champ. Dans ma jeunesse, d'intelligents produits dérivés de *La Guerre des étoiles* avaient été conçus à l'intention des enfants, des jouets jusqu'aux boîtes à déjeuner mais, autant qu'il m'en souvienne, personne n'avait songé à des vidéos d'animation créées par des enfants.

La demande devait être déjà là, mais elle était invisible car aucun homme de marketing n'y avait pensé. Mais une fois YouTube arrivé, sans qu'il soit besoin de l'autorisation d'un professionnel du marketing, un marché invisible s'est soudain révélé. Collectivement, on a découvert une catégorie oubliée par le marketing (*La Guerre des étoiles* a engendré des dizaines d'autres marchés comme celui-là, depuis les fictions tournées par des amateurs jusqu'aux adultes de la 501e légion, qui se réunissent en costume de combat pour rejouer des scènes des films).

Toutes ces vidéos jetées au hasard sur YouTube ne sont que des graines de pissenlit en quête d'un terrain fertile. En un sens, dans l'espoir de meilleures vidéos, nous pratiquons un « gaspillage vidéo » en explorant l'espace potentiel des images filmées. YouTube est une vaste expérimentation collective visant à inventer l'avenir de la télévision, à force de téléchargements gaspilleurs et irréfléchis. Tôt ou tard, via YouTube et d'autres sites du même genre, toute vidéo susceptible d'être tournée sera tournée et tout cinéaste susceptible d'être un cinéaste en deviendra un. Toute niche possible sera explorée. Si vous abaissez le coût de l'exploration d'un espace, vous pouvez pratiquer celle-ci de manière moins discriminante.

Personne ne décide si une vidéo est assez bonne pour justifier l'espace rare qu'elle occupe, parce que l'espace n'est pas rare. La distribution est aujourd'hui assez proche de la gratuité pour qu'on arrondisse à zéro.

Aujourd'hui, transférer à quelqu'un une vidéo en *streaming* coûte à peu près 0,25 dollar de l'heure. L'an prochain, ce sera 0,15 dollar. Un an plus tard, moins de 10 cents. Voilà pourquoi les fondateurs de YouTube ont décidé que l'accès serait à la fois *gratuit* et *libre*. Le résultat est pagailleux et heurte l'instinct de tout professionnel de la télévision, mais c'est ce que l'abondance demande et réclame. Si YouTube ne l'avait pas fait, quelqu'un d'autre l'aurait fait.

Tout cela nous ramène à la différence entre la pensée d'abondance et la pensée de rareté. Si vous avez la haute main sur des ressources rares (par exemple, la programmation télévisée aux heures de grande écoute), vous devez pratiquer une discrimination. À chaque demi-heure de temps d'antenne correspondent des coûts bien réels et si, pendant ce temps-là, vous ne parvenez pas à toucher des dizaines de millions de téléspectateurs, il y aura des comptes dans le rouge et des carrières ruinées. Rien d'étonnant à ce que les dirigeants des réseaux retombent sur les sitcoms et les célébrités : ce sont des paris peu risqués dans ce jeu coûteux.

Mais si vous puisez dans des ressources abondantes, vous pouvez vous permettre de prendre des risques, tant le coût de l'échec est faible. Si seule votre mère regarde votre vidéo sur YouTube, personne ne sera renvoyé pour cela.

Pourtant, en dépit de ses succès, YouTube ne rapporte rien à Google. La société n'a pas trouvé le moyen d'associer annonces vidéo et contenus comme elle le fait avec les annonces textes et les contenus textuels du Web. Elle ne sait pas vraiment quel est le sujet de la vidéo que vous téléchargez et, même si elle le savait, elle n'aurait probablement pas d'annonces vidéo à mettre en face. D'ailleurs, les annonceurs n'aiment pas du tout que leurs annonces voisinent avec des contenus provenant des utilisateurs, qui peuvent être incorrects.

Les réseaux de télévision ont vu dans cet échec une opportunité pour eux et ont créé un service vidéo concurrent, Hulu. On y trouve surtout des vidéos commerciales, la plupart d'entre elles provenant de la télévision, mais Hulu est aussi commode et accessible [1] que YouTube. Comme son contenu est une quantité connue, souvent identique à celle qu'ils achètent déjà à la télévision, les annonceurs y mettent volontiers leurs films publicitaires avant, après et même pendant les programmes. C'est gratuit, bien sûr, mais, à la différence de YouTube, vous payez de votre temps et de votre dérangement – exactement comme pour la télévision normale. Mais si c'est *30 Rock* que vous voulez, et que vous le voulez tout de suite, dans votre navigateur, c'est la seule manière légale de l'obtenir.

La gestion de la rareté

Le modèle YouTube est totalement gratuit – gratuit quand vous regardez, gratuit quand vous téléchargez vos propres vidéos, sans interruptions. Mais il ne gagne pas d'argent. Hulu n'est gratuit qu'à regarder, et vous devez payer à la manière d'autrefois, en regardant des annonces publicitaires dont vous n'avez peut-être rien à faire. Pourtant, ses revenus sont appréciables. Les deux sites de vidéos illustrent le conflit entre différents modèles de gratuité. Même si les consommateurs préfèrent le 100 % gratuit, il n'y a rien de tel qu'un peu de rareté artificielle pour gagner de l'argent.

---

1. Du moins pour les internautes américains : au premier semestre 2009, Hulu leur restait réservé. (NdT)

Je le constate tous les jours en tant que rédacteur de magazine, avec un pied dans chaque monde. En presse imprimée, je fonctionne d'après les règles de la rareté, car chaque page coûte cher et leur nombre est limité. Dire oui à une proposition d'article coûte si cher, entre les dizaines d'intervenants et les usines qui un jour imprimeront les mots sur la page, que mon travail consiste à dire non à presque tout. Cela peut se faire par un rejet explicite des propositions ou, plus souvent, en plaçant la barre si haut que la plupart d'entre elles n'arriveront même pas jusqu'à moi. Responsable de l'allocation de ressources coûteuses, j'en reviens à une gestion hiérarchique traditionnelle qui exige toute une chaîne de validations avant d'aboutir à l'impression de quoi que ce soit.

Nos pages ne sont pas seulement coûteuses, elles sont aussi inchangeables. Une fois que les presses roulent, nos erreurs et nos fautes de jugement sont conservées pour l'éternité (du moins jusqu'à leur recyclage). Toute décision touchant le processus de production nous engage dans une voie dont il serait coûteux de s'écarter. Si quelque chose de mieux se présente, ou si ma décision ne paraît plus aussi intelligente au bout de quelques semaines, nous devons parfois continuer quand même en faisant contre mauvaise fortune bon cœur. Dans ce cas, notre modèle de publication régi par la rareté nous oblige à nous attacher aux coûts économiques en ignorant les *coûts d'opportunité* encore plus importants de tous les chemins non empruntés.

En ligne, en revanche, les pages sont infinies et infiniment modifiables. C'est une économie d'abondance qui appelle une gestion totalement différente. Sur notre site web, nous avons des dizaines de blogueurs, dont beaucoup d'amateurs, qui écrivent ce qu'ils veulent, sans retouches. Nous invitons les utilisateurs à apporter leurs propres contenus sur certaines parties du site. Notre réponse par défaut aux idées d'articles peut être oui ou, plus judicieusement : « Pourquoi me posez-vous même la question ? » Le coût d'un article assommant est essentiellement qu'il ne sera pas lu et non qu'il prendra la place d'un autre qui aurait pu être plus intéressant. Les succès montent au ciel tandis que les échecs tombent dans les oubliettes. Tout peut se montrer et concourir pour attirer l'attention, en gagnant ou en perdant en fonction de ses mérites et non des conjectures d'un manager sur ce dont les gens ont envie.

Dans la réalité, la gestion de ces deux mondes n'est pas à ce point contrastée, bien entendu. Même si nos pages en ligne sont illimitées, nous avons quand même une réputation à défendre et un nom à préserver, de sorte que tout le monde n'est pas admis à faire ce qu'il veut. Nous avons plutôt une structure hybride, dans laquelle les coûts et le contrôle tendent à évoluer en parallèle : plus les coûts sont bas, moins nous avons à exercer de contrôle. Des principes comme l'exactitude et la loyauté sont valables dans tous les cas mais, avec l'imprimé, on doit s'efforcer de tout border avant la publication, à grands frais, tandis que, en ligne, on peut corriger au fur et à mesure. Comme nous nous battons à la fois sur des marchés d'abondance et sur des marchés de rareté, une gestion à taille unique ne peut convenir – nous devons poursuivre simultanément à la fois le contrôle et le chaos.

Cela paraît schizophrène ? Ce n'est que la nature du monde hybride dans lequel nous entrons, où rareté et abondance coexistent. Nous savons parfaitement raisonner en termes de rareté : c'est le modèle d'organisation du XXe siècle. À présent, nous devons aussi apprendre à bien raisonner en termes d'abondance. Voici quelques exemples de la manière dont cela fonctionne :

	Rareté	Abondance
Règles	« Tout est interdit, sauf quand c'est permis »	« Tout est permis, sauf quand c'est interdit »
Modèle social	Paternalisme (« nous savons ce qui est le mieux »)	Égalitarisme (« vous savez ce qui est le mieux »)
Plan de profit	Modèle économique	Nous le trouverons
Processus de décision	De haut en bas	De bas en haut
Style de direction	Commande et contrôle	Hors de contrôle

13

Le monde gratuit

La Chine et le Brésil sont les frontières du gratuit. Que peut-on apprendre d'eux ?

Assis au premier rang dans une immense salle de banquet de la ville chinoise de Guangzhou (Canton), j'assiste à une représentation spectaculaire. Nous avons déjà eu les acrobates, la démonstration de kung-fu, les danseuses et les comiques. C'est au tour de la vraie vedette, Jolin Tsai, révélation de la pop taiwanaise. Le public s'enflamme quand elle entame quelques-uns de ses morceaux les plus connus, moulée dans une robe qui scintille sous les projecteurs, devant un écran vidéo géant où s'étale son portrait aux dimensions de la salle.

Ce n'est pourtant pas un concert. C'est une réunion commerciale pour le personnel et les partenaires de China Mobile. Toute la journée, nous avons écouté des discours sur les télécoms, et la coutume veut qu'on termine sur un spectacle de variétés. La prestation de Tsai lui a probablement rapporté plus que ses ventes de CD de l'année entière.

En Chine, le piratage a gagné. Des années de molle répression réclamée par les diplomates occidentaux n'ont eu aucun effet apparent sur les vendeurs des rues ou les innombrables sites de téléchargement de fichiers MP3. Quelques actions antipiratage sont cérémonieusement menées chaque année, et quelques-uns des plus gros sites web sont de temps en temps condamnés à verser une amende, mais rien de cela n'empêche le consommateur de musique chinois de trouver gratuitement à peu près tout ce qu'il veut.

C'est pourquoi, au lieu de combattre le piratage, des musiciens chinois d'une nouvelle sorte ont décidé de faire avec. Le piratage est une forme de marketing à coût nul qui apporte leurs œuvres au public le plus large possible. Ils obtiennent ainsi une célébrité maximale (du moins pendant le bref laps de temps pendant lequel brille une étoile de la pop chinoise) ; à eux de se débrouiller ensuite pour transformer cette célébrité en argent.

Xiang Xiang, 21 ans, est l'une de ces vedettes, célèbre surtout pour son impertinente « Chanson du cochon ». Son dernier album s'est vendu à près de 4 millions d'exemplaires. Le problème est que ceux-ci étaient presque tous des versions pirates. Disons plutôt que c'est le problème de son éditeur. Elle-même s'en accommode très bien. Ce sont 4 millions de fans qu'elle n'aurait pas eus s'ils avaient dû payer l'album à son prix normal, et elle apprécie leurs commentaires, elle aime être adulée. Elle aime aussi l'argent qu'elle touche pour ses apparitions sur scène et ses contrats publicitaires, les unes et les autres rendus possibles par la renommée que le piratage lui a apportée. Il y a aussi sa tournée de concerts dans quatorze villes cet été. Les pirates sont ses meilleurs commerciaux.

On estime que le piratage représente 95 % de la consommation de musique en Chine, ce qui a obligé les éditeurs de disques à repenser entièrement leur métier. Comme ils ne peuvent pas gagner d'argent en vendant de la musique sur des disques en plastique, ils la présentent autrement. Ils demandent aux artistes d'enregistrer des singles destinés à passer à la radio plutôt que des albums pour les consommateurs. Ils jouent un rôle d'agent artistique des chanteurs en prélevant une commission chaque fois qu'ils enregistrent une publicité pour la télévision ou la radio. Les concerts eux-mêmes sont financés par des annonceurs démarchés par les labels, qui alignent sur scène autant d'artistes que possible pour tirer un maximum d'argent des sponsors. Le principal problème est que les artistes se plaignent que les tournées, leur seule source de revenus, soient trop longues et mettent leurs cordes vocales à rude épreuve.

« La Chine va servir de modèle à l'industrie musicale du monde entier », prédit Shen Lihui, qui dirige l'un des labels musicaux chinois les plus innovants, Modern Sky. Il est rare que ses CD rapportent de l'argent, car ceux qui ont du succès sont rapidement piratés. Mais le label a plus d'un fer au feu : il produit des vidéos et, de plus en plus, des sites web. Il organise aussi des festivals musicaux de trois jours qui attirent des amateurs du pays entier. Les ventes de billets font partie des recettes, mais l'essentiel de l'argent vient des parrainages commerciaux vendus à Motorola, Levi's, Diesel, etc.

Cela ne veut pas dire qu'on ne puisse pas vendre de musique en Chine : c'est possible, à condition que les morceaux durent moins de vingt secondes. Le marché des sonneries téléphoniques et des retours d'appel est énorme : le plus gros opérateur, China Mobile, affichait plus de un milliard de dollars de recettes musicales en 2007. Il en a conservé l'essentiel pour lui, bien sûr, mais c'est tout de même une belle somme.

Ed Peto, un Britannique installé à Pékin, tente de trouver un autre moyen pour faire de la musique une activité marchande. Son entreprise, MicroMu, met sous contrat de jeunes artistes locaux et trouve de grandes marques qui financeront toute leur activité par des versements mensuels. Cette manière de fonctionner peut paraître étrange à un label musical occidental, mais elle est parfaitement raisonnable aux yeux des professionnels du marketing chinois, qui occupent en réalité la place de client payant dans cette équation.

MicroMu économise au maximum sur les enregistrements de ses artistes, effectués soit en direct devant leur public au cours d'un spectacle sponsorisé, soit dans un studio bon marché ou une salle de répétition. Tout est filmé pour en faire des vidéos signées. Les enregistrements sont diffusés à l'aide d'un blog publié sur le site MicroMu, avec tous les liens nécessaires pour télécharger gratuitement des morceaux individuels en MP3 ou des albums entiers, avec des références, des illustrations, etc. L'entreprise organise ensuite des spectacles vivants, en particulier des tournées dans les universités.

MicroMu est parrainé par des marques, par exemple des producteurs de jeans ou de boissons, mais pas les artistes eux-mêmes (pour ne pas nuire à leur crédibilité indigène). Un pourcentage de l'argent des sponsors est réparti entre les artistes en fonction du nombre de téléchargements de leurs morceaux à partir du site.

« En Chine, à l'instant même où vous fixez un prix pour accéder à la musique, vous perdez 99 % de votre public », assure Peto. « La musique est un luxe pour la classe moyenne chinoise, une dépense somptuaire. Notre modèle fonctionne à rebours de cela. Nous utilisons simplement la musique et les médias gratuits comme une manière de dire « tout le monde est bienvenu », pour engager un dialogue, bâtir une communauté, devenir une marque en laquelle le mouvement musical chinois venu de la base aura confiance. Mais, pour cela, nous devons être tout à la fois éditeur de disques, communauté en ligne, producteur de spectacles, vendeur de produits dérivés, société de production télévisée. »

Ainsi va la Chine, ainsi pourrait bien aller le reste du monde. Les ventes de disques ont encore baissé de 15 % en 2008 et ne voient pas encore le fond. Il se pourrait que, un jour, de nombreux labels capitulent pour se ranger au modèle chinois, en donnant la musique gratuitement pour se consacrer au marketing des talents, qu'ils monétiseront de manière non traditionnelle, par exemple par des contrats publicitaires et des parrainages. On en a déjà quelques signes avant-coureurs : le contrat entre Madonna et Live Nation repose sur un partage de toutes les recettes de la chanteuse, y compris celles des tournées et des produits dérivés. Et des agences d'artistes comme CAA ou ICM envisagent de se transformer en labels musicaux pour éviter les intermédiaires. Dans un monde où la définition de l'industrie musicale évolue de jour en jour, la seule constante est que de la musique naît la célébrité. Il y a des problèmes plus graves que de transformer la réputation en argent.

L'économie du faux Chanel

En Chine, le piratage ne se borne pas au cinéma, au logiciel et à la musique. À peine descendu du train à Shenzhen, vous êtes assailli par les vendeurs de montres Rolex, de parfums Chanel, de sacs Gucci et autres jouets et gadgets d'imitation à bas prix. Comme les CD piratés au coin des rues, ils ne sont pas vraiment gratuits, bien sûr, ils sont seulement très peu chers et les créateurs d'origine ne touchent pas un centime sur les ventes. Les droits de propriété intellectuelle sont gratuits : vous ne payez que les atomes du produit banalisé. Mais, comme pour la musique, les racines et les conséquences de ce piratage sont plus subtiles qu'il n'y paraît.

En Chine, le piratage, touche pratiquement toutes les industries. Cela résulte tout à la fois de l'état de développement du pays et de ses systèmes judiciaires, et d'une attitude confucéenne envers la propriété intellectuelle pour laquelle copier le travail d'autrui est à la fois un geste de respect et un pan essentiel de l'éducation (il est souvent difficile d'expliquer aux Chinois venus faire des études aux États-Unis pourquoi le plagiat est répréhensible, car la reproduction du travail des maîtres tient une place centrale dans l'enseignement chinois). Aujourd'hui, une industrie entière s'est créée en Chine pour cloner des produits de créateurs d'un jour à l'autre : avec les logiciels et le Web, on peut utiliser les photographies de la presse de mode pour produire des imitations en deux ou trois mois et, souvent, arriver en magasin avant l'original.

Dans la presse occidentale, le piratage à la chinoise n'est guère considéré que comme de la délinquance. En Chine, pourtant, les marchandises piratées ne sont que d'autres produits à d'autres prix, comme une forme de déclinaison imposée par le marché. On décide ou non d'acheter un sac Louis Vuitton piraté, non pour des raisons morales, mais pour des raisons de qualité, de statut social et de réduction du risque. Si les gens ont assez d'argent, ils achèteront quand même le produit authentique car, d'ordinaire, il est meilleur. Mais la plupart des gens ne peuvent s'offrir que les versions piratées.

De même que les sites de téléchargement de *cantopop* font naître des vedettes tout en éliminant des ventes, les pirates ne se contentent pas de faire de l'argent avec les créations d'autrui : pour celles-ci, ils fonctionnent aussi comme une forme de distribution de marque à coût nul. Un faux sac Gucci célèbre toujours Gucci, et il est *partout*. Les conséquences en sont mitigées, un « effet de substitution » négatif (les versions piratées s'arrogent une demande que les versions authentiques auraient pu exploiter) se doublant d'un « effet stimulus » positif (les versions piratées apportent à la marque une notoriété qu'elle pourra exploiter ailleurs).

En 2007, le China Market Research Group a effectué une enquête auprès des consommateurs de grandes villes chinoises, principalement auprès des jeunes femmes, et a constaté que leur attitude envers le piratage était essentiellement pragmatique. Ils comprenaient la différence entre produit original et produit piraté et préféraient l'original s'ils en avaient les moyens. Il leur arrivait d'acheter un original et de compléter leur tenue vestimentaire avec des faux.

Selon l'un des responsables de l'étude, Shaun Rein, certaines jeunes femmes qui gagnaient 400 dollars par mois se disaient disposées à économiser trois mois de salaire pour s'offrir un sac Gucci ou des chaussures Bally à mille dollars. « En ce moment, disait une femme de 23 ans, je ne peux pas me permettre d'acheter beaucoup de Prada ou de Coach authentiques, c'est pourquoi j'achète des faux. J'espère avoir les moyens de m'offrir des vrais dans l'avenir mais, pour l'instant, je veux avoir l'air dans le coup. »

Pour avoir l'air dans le coup, on ne se borne pas toujours à acheter des faux présentables. Un marché des fausses *preuves* que le produit *n'est pas* faux s'est aussi créé (voilà une innovation pour vous). On peut acheter des étiquettes portant des prix énormes à fixer sur ses vêtements bon marché (il n'est pas rare de voir des gens portant des lunettes de soleil auxquelles une étiquette de prix est encore attachée), et il existe même un marché secondaire des faux tickets de caisse. Les produits sont une chose, mais le statut qui va avec est bien plus important.

Une femme de 27 ans, employée d'une multinationale, admettait acheter des faux, mais ajoutait : « Si vous portez beaucoup de vêtements d'imitation ou si vous avez beaucoup de sacs contrefaits, vos amis le sauront et vous ne tromperez personne. Il vaut mieux avoir du vrai. »

Cela met en évidence la différence entre biens physiques et biens numériques. Les biens numériques piratés sont aussi bons que les originaux. Les biens physiques piratés, eux, ne le sont généralement pas. Après des années de scandales dus à des imitations chinoises d'aliments pour nourrissons et pour animaux contenant des ingrédients de mauvaise qualité et quelquefois toxiques, les consommateurs chinois sont hyperconscients des risques encourus quand on achète à l'économie grise.

Les foules de consommateurs chinois qui affluent à Hong-Kong pour acheter des marchandises de luxe certifiées sont témoins de l'effet produit par le piratage généralisé des produits de créateurs sur le continent : les consommateurs connaissent très bien les marques de luxe occidentales, ils les assimilent au style et à la qualité et ne demandent qu'à acheter du vrai quand ils le peuvent. Or, ils le peuvent de plus en plus.

Le piratage n'a pas détruit le marché : il l'a *amorcé* pour une vague montante de consommateurs de classe moyenne. Le revenu par tête a plus que doublé en Chine dans la dernière décennie, passant de 633 dollars en 1996 à 1 537 dollars en 2007, et sa progression ne semble guère s'infléchir. Le pays compte aujourd'hui autour de 250 000 millionnaires, et leur nombre augmente chaque jour. Aujourd'hui, la Chine (y compris Hong-Kong) est le troisième marché le plus important au monde pour les biens de luxe authentiques. En termes économiques, le piratage a davantage stimulé la demande qu'il ne l'a satisfaite.

L'idée selon laquelle les simulacres peuvent en fait aider les originaux, en particulier dans le domaine de la mode, n'est pas nouvelle. En économie, on l'appelle « paradoxe du piratage », expression forgée par deux professeurs de droit, Kal Raustiala et Christopher Sprigman.

Le paradoxe découle du dilemme élémentaire qui sous-tend l'économie de la mode : il faut que les consommateurs aiment les modèles de l'année, mais aussi qu'ils s'en lassent vite pour acheter ceux de l'année suivante. Contrairement aux constructeurs informatique, par exemple, les entreprises de confection ne peuvent prétendre que leurs modèles de la saison suivante sont fonctionnellement meilleurs : ils ne sont que visuellement différents. Il leur faut quelque autre raison pour amener les consommateurs à délaisser les modèles de l'année. La solution : des copies largement diffusées qui transforment un modèle exclusif en produit banalisé pour marché de masse. La mystique du créateur ne résiste pas à l'omniprésence de la camelote et les consommateurs exigeants doivent rechercher quelque chose de nouveau et d'exclusif.

Raustiala et Sprigman parlent à ce sujet d'« obsolescence induite ». La copie permet une circulation rapide de la mode des adopteurs précoces vers les masses, ce qui oblige les premiers à passer à quelque chose de nouveau. En Chine, les adopteurs précoces sont les nouveaux riches et la classe moyenne, alors que les masses sont un milliard de personnes qui peuvent tout de même tremper un orteil dans le marché du luxe avec un faux bien fait. Les deux produits – le vrai et l'imitation – ciblent simplement des segments de marché différents. Chacun nourrit l'autre. Et pas seulement en Chine.

Le pouvoir des vendeurs à la sauvette brésiliens

Au coin d'une rue animée de Sao Paulo, au Brésil, des vendeurs en plein air proposent les derniers CD *tecnobrega*, dont celui d'un groupe en vogue dénommé Banda Calypso. Brega n'a pas de traduction directe, mais signifie en gros « moche » ou « minable », et la musique, qui provient du Pará, un État pauvre du nord du pays, a la tonalité festive frénétique d'airs traditionnels brésiliens emportés par un rythme techno. Comme les CD de la plupart des vendeurs à la sauvette, ce ne sont pas des offres officielles d'un grand label. Mais ils ne sont pas illicites pour autant.

Ces CD sont créés par des studios d'enregistrement locaux souvent dirigés par des DJ. Ils se procurent les masters auprès des groupes eux-mêmes, ainsi que les illustrations de couverture. Les DJ collaborent avec les organisateurs de soirées, les vendeurs des rues et les stations de radio pour promouvoir leurs spectacles. Parfois, les DJ font tout eux-mêmes : ils produisent et vendent des CD pour des spectacles qu'ils organisent.

Cela ne rapporte pas grand-chose à Banda Calypso, qui ne s'en émeut pas : la vente de disques n'est pas sa source de revenus principale. Son vrai métier est le spectacle vivant – et les affaires vont bien. Allant de ville en ville, précédé par une vague de CD bradés, Calypso peut monter sur scène des centaines de fois par an. Le groupe donne en général deux ou trois représentations chaque week-end et sillonne le pays en minibus ou en bateau.

Il ne se contente plus de la route et des cours d'eau, comme le raconte Hermano Vianna, anthropologue et spécialiste de la musique brésilienne. Un jour, préparant un reportage pour l'émission musicale qu'il présente sur Globo TV, il proposa au groupe de se rendre sur le lieu d'un concert lointain dans un avion aux couleurs de la station de télévision. Non merci, répondit Calypso, nous avons notre propre avion.

En un sens, les vendeurs à la sauvette préparent le terrain dans chaque ville visitée par Calypso. Ils gagnent leur vie en vendant des CD musicaux, dont le prix ne dépasse parfois pas 0,75 dollar, qu'ils installent bien en évidence. Personne ne considère ces CD à prix cassé comme du piratage. C'est juste du marketing qui utilise l'économie de la rue pour construire une notoriété. Ainsi, quand Banda Calypso arrive dans une ville, tout le monde le connaît déjà. Ses spectacles *soundsystem* attirent les foules ; il ne vend pas seulement les entrées, mais aussi des boissons et de la nourriture. Il enregistre aussi le spectacle pour graver sur place des CD et des DVD vendus 2 dollars pièce aux spectateurs pour qu'ils puissent revoir le spectacle auquel ils viennent d'assister.

Plus de 10 millions de CD de Banda Calypso ont été vendus, dont très peu par le groupe lui-même. Et ce cas n'est pas unique. L'industrie du *tecnobrega* comprend aujourd'hui des centaines de groupes et des milliers de spectacles chaque année. Une étude de Ronaldo Lemos et de ses collègues du Center for Technology and Society, à la fondation Getulio Vargas de Rio de Janeiro, a révélé que, entre les spectacles et la musique, cette industrie réalisait autour de 20 millions de dollars de recettes par an.

Quatre-vingt-dix pour cent des groupes n'ont ni contrat ni label. Ils n'en ont pas besoin. En laissant autrui obtenir leur musique gratuitement, ils créent une industrie plus importante que s'ils la faisaient payer. Le Brésil le sait mieux que quiconque : le chanteur pop vedette Gilberto Gil, qui fut son ministre de la Culture de 2003 à 2008, diffuse sa musique sous licence gratuite Creative Commons (y compris dans un CD distribué gratuitement par *Wired*).

Comme en Chine, le mouvement vers le gratuit s'étend bien au-delà de la musique. En 1996, devant la progression alarmante des cas de sida, le gouvernement brésilien de l'époque, celui du président Fernando Henrique Cardoso, promit de distribuer les nouveaux cocktails de médicaments rétroviraux à tous les porteurs du VIH. Cinq ans plus tard, la chute du taux de sida montrait que le plan était judicieux mais, au prix où étaient facturés les médicaments sous licence, il s'avérait absolument insoutenable.

Le ministre de la Santé brésilien alla donc voir les détenteurs des principaux brevets, deux géants de la pharmacie, l'Américain Merck et le Suisse Roche, et leur demanda une remise pour les achats en volume. Face au refus des laboratoires, il haussa ses exigences. Aux termes de la loi brésilienne, leur dit-il, il lui était possible, en situation d'urgence nationale, de confier à des laboratoires locaux le soin de produire des médicaments brevetés sans payer de licence, et il userait de ce droit si nécessaire. Les entreprises s'inclinèrent et les prix chutèrent de plus de 50 %. Aujourd'hui, l'industrie des médicaments génériques brésilienne est l'une des plus importantes du monde. À défaut d'être gratuite, elle ne paie pas de royalties, selon une conception de la propriété intellectuelle commune à ce secteur et aux DJ de la *tecnobrega*.

Et puis il y a l'*open source*, dont le Brésil est l'un des leaders mondiaux. Il a construit le premier réseau de guichets automatiques de banque fonctionnant sous Linux. La première mission de l'Institut fédéral des technologies de l'information est de pousser à l'adoption du logiciel libre dans toute l'Administration, puis dans tout le pays. Écoles et ministères font migrer leur bureautique vers des systèmes *open source*. Et Linux est de rigueur dans les programmes publics d'« inclusion numérique » visant à apporter un accès informatique aux 80 % de Brésiliens qui en sont dépourvus.

« Pour chaque licence Office plus Windows achetée au Brésil – où 22 millions de gens vivent dans la pauvreté –, nous devons exporter soixante sacs de soja », expliquait un jour Marcelo D'Elia Branco, coordinateur du Free Software Project brésilien, au journaliste Julian Dibbell. De ce point de vue, le logiciel libre et gratuit n'est pas seulement bon pour les consommateurs, il est bon pour le pays.

14

IMAGINER L'ABONDANCE

Expériences intellectuelles dans les sociétés « post-rareté », de la science-fiction à la religion

Tous les auteurs de science-fiction connaissent cette loi non écrite : on ne peut s'affranchir des lois de la physique qu'une ou deux fois par roman. Au-delà, les règles du monde normal s'appliquent. On peut donc voyager dans le temps, inventer la Matrice ou débarquer sur Mars. Mais, à part cela, on est un personnage normal. L'attrait du récit vient de la réaction de l'humanité à cet unique grand chambardement.

La science-fiction, à en croire l'écrivain Clive Thompson, est « le dernier bastion de l'écriture philosophique ». C'est une sorte de simulation dans laquelle, dit Thompson, on modifie certaines règles essentielles et on en apprend plus sur soi-même. « À quel point l'amour changerait-il si nous vivions jusqu'à 500 ans ? Si vous pouviez remonter dans le temps pour modifier vos décisions, le feriez-vous ? Que se passerait-il si vous pouviez rencontrer Dieu, lui parler, le tuer ? »

Un ressort utilisé à profusion par les auteurs est l'invention de quelque machine qui rend abondantes les choses rares. C'est le réplicateur de matière de *Star Trek* (pour obtenir n'importe quel matériau de votre choix en appuyant sur un bouton) et les vaisseaux spatiaux robotisés de *Wall-E* (où les humains se transforment en masses obèses à force de passer leurs journées dans des salons spatiaux, toujours le verre en main).

Dans les cercles de la science-fiction (et chez les techno-utopistes, plus marginaux) on parle à ce sujet d'« économie post-rareté ». Dans un tel contexte, beaucoup de ces romans ne sont pas de simples histoires, ce sont aussi des expérimentations mentales sur les conséquences de la quasi-rareté de choses naguère très coûteuses.

Prenez *The Machine Stops*, une nouvelle publiée en 1909 par E.M. Forster et l'un des premiers exemples du genre. L'humanité s'est retirée sous terre et vit dans des cellules individuelles, à l'abri de tout contact physique. Une Machine colossale se charge de tout, fournissant nourriture, divertissements et protection contre la toxicité du monde de surface, comme un énorme dieu mécanique. Les gens finissent par lui vouer un culte. Et pourquoi pas ? Elle prend en charge tous les besoins des humains :

> Il y avait des boutons et des interrupteurs partout – des boutons pour demander de la nourriture, de la musique, des vêtements. Il y avait le bouton du bain chaud, sur lequel il suffisait d'appuyer pour qu'une baignoire en (imitation de) marbre rose s'élève du sol, remplie d'un liquide chaud et désodorisé. Il y avait le bouton du bain froid. Il y avait le bouton qui produisait de la littérature. Et il y avait bien sûr les boutons avec lesquels [Vashti, le personnage principal] communiquait avec ses amis.

Vashti n'a ni occupation ni motivation autre que de s'entretenir avec ses amis à l'aide de leurs appareils de vidéocommunication instantanée. Cela rappelle sûrement quelque chose aux parents des ados et post-ados d'aujourd'hui.

La voilà bien, l'abondance. Et comment fonctionne-t-elle ? Pas trop bien. Comme la Machine sert d'intermédiaire dans tous les contacts personnels, les gens ne savent plus communiquer en tête-à-tête et sont terrifiés à l'idée de se rencontrer réellement. Les habitants de la Machine décident qu'il faut rassembler toutes les informations, de troisième, quatrième et même de dixième main pour éviter toute expérience directe. Hélas, ce refus des contacts signifie la fin de toute collaboration créative, et le progrès cesse. L'humanité perd toute motivation, abandonnant à la Machine jusqu'à l'art et à la littérature.

Le jour où la Machine commence à dérailler, personne ne sait comment la réparer. Tandis qu'elle se désagrège, le peuple terrien meurt en masse, écrasé vif dans ses ruches souterraines. À la fin, cependant, un personnage révèle dans son dernier souffle qu'il a découvert une société d'exilés habitant encore la surface de la Terre, hors la prison de l'abondance. Ouf !

On trouve un ton à peu près aussi glauque dans d'autres œuvres de science-fiction du début du XXe siècle. La révolution industrielle était encore en cours, avec son cortège de changements sociaux douloureux apportés par la mécanisation, l'urbanisation et la mondialisation. L'abondance due aux machines paraissait réservée à un petit nombre de privilégiés – les industriels propriétaires des usines où les autres s'échinaient.

Dans *Metropolis,* de Fritz Lang, la société est divisée en deux groupes : celui des planificateurs et des penseurs, qui vivent dans le luxe en altitude, et celui des travailleurs, qui habitent et triment sous terre pour faire fonctionner la machine qui nourrit les riches. Le film décrit la révolte des travailleurs, mais son message plus large est clair. L'abondance se paie par une rareté ailleurs.

Les guerres mondiales ont mis sous le boisseau la plupart des utopies science-fictionnelles, mais celles-ci sont revenues à l'aube de l'ère de l'espace, avec un angle moins noir. Comme dans les romans cités plus haut, *La Cité et les Astres*, publié en 1956 par Arthur C. Clarke, a pour point de départ une « techno-ville » hermétiquement close, où les machines fournissent tout le nécessaire et où personne ne meurt vraiment. Les citoyens consacrent leurs journées à des discussions philosophiques, à des œuvres artistiques et à des aventures de réalité virtuelle. Au bout de quelques milliers d'années, ils retournent au Hall de la Création pour faire renumériser leur conscience. Clarke décrit la situation comme idyllique, mais un peu vide de sens ; son personnage principal décide de s'aventurer dans le désert environnant à la recherche d'autre chose et découvre finalement un monde plus semblable au nôtre, où le cycle normal de la naissance et de la mort donne un sens à la vie.

L'arrivée de l'ère numérique et de l'Internet a donné à la science-fiction une source d'abondance plus plausible : les ordinateurs. Branchez-vous dans le méta-univers et vous pourrez être qui bon vous semble ; la rareté n'était qu'une construction de la réalité virtuelle et, si vous êtes un bon hacker, vous obtiendrez tout ce que vous voudrez. Les écrivains contemporains ont adopté une vision plus positive de l'abondance car ils l'expérimentaient déjà : l'Internet a mis fin à la rareté de l'information.

Bien entendu, une intrigue exige une tension, de sorte que tout ne va pas pour le mieux dans ces utopies d'abondance. *Dans la dèche au royaume enchanté*, de Cory Doctorow, fait intervenir une technologie inconnue contrôlée par la société Bitchun et qui a « rendu obsolète la profession médicale : pourquoi s'ennuyer avec la chirurgie quand on peut cultiver un clone, prélever une copie et rafraîchir le nouvel organisme ? D'aucuns changeaient de corps juste pour se débarrasser d'un rhume ». Mais le résultat est que les gens s'ennuient et deviennent apathiques. « Les drogués ne regrettent pas la sobriété parce qu'ils ne se souviennent pas combien tout était net, combien la douleur rendait la joie plus douce », explique un personnage. « Nous n'arrivons pas à nous rappeler ce que c'était de travailler pour gagner son pain, de s'inquiéter qu'il n'y en ait pas assez, de tomber malade ou d'être écrasé par un autobus. »

Ce qui devient rare dans le monde de Doctorow est la réputation, ou « *whuffie* ». C'est une sorte de monnaie numérique, qui peut être donnée aux gens en échange de bonnes actions et retirée en cas de mauvais comportement. Des afficheurs révèlent le *whuffie* de chacun, ce qui indique le statut social. Quand tous les besoins matériels sont couverts, le capital social devient la fourniture la plus importante.

Dans *L'Âge de diamant, ou le manuel illustré d'éducation pour jeunes filles* de Neal Stephenson, l'abondance vient des « matricompilateurs » issus des nanotechnologies, capables de faire absolument tout, du matelas au repas. Le seul travail restant consiste à concevoir de nouveaux objets que les matricompilateurs produiront, ce qui n'occupe pas beaucoup de monde. Deux milliards de travailleurs se tournent les pouces. Le livre raconte comment un homme cherche à inventer un moyen de les éduquer (d'où le manuel). Il fait écho à un thème rencontré chez des écrivains au temps de la première révolution industrielle : quand les machines font tout le travail, par quoi est-on motivé ?

Dans certains de ces livres, la fin de la rareté de la main-d'œuvre libère l'esprit, met fin aux guerres autour des ressources et crée une civilisation d'êtres spirituels, philosophiques. Dans d'autres, elle nous rend paresseux, décadents, stupides et mesquins. Inutile de chercher beaucoup pour trouver des exemples des deux types.

L'au-delà

Les meilleurs exemples d'extrêmes commandés par l'abondance ou la rareté se rencontrent peut-être dans la religion.

Le paradis est la représentation de l'abondance par excellence : les anges volettent dans des nuages cotonneux, jouent de la harpe et transcendent les besoins matériels. Ceux qui meurent en état de sainteté deviennent incorruptibles, glorieux et parfaits. Tous les défauts physiques que le corps a pu supporter sont effacés. Les textes islamiques sont plus précis : les habitants auront le même âge (32 ans pour les hommes) et la même taille. Ils porteront des robes, des bracelets et des parfums de prix et, allongés sur des couches incrustées d'or et de pierres précieuses, partageront des banquets exquis, servis dans des plats précieux par d'immortelles jouvencelles. Les aliments annoncés comprennent des boissons limpides qui n'engendrent ni ivresse ni querelles.

George Orwell a dressé une satire de cette vision du paradis d'abondance. Dans *La Ferme des animaux*, le bétail s'entend dire qu'une fois achevée sa vie misérable, il ira dans un endroit où « ce sera dimanche sept jours par semaine, la saison du trèfle durera toute l'année, les morceaux de sucre et les tourteaux de lin pousseront sur les haies ».

Mais, en quelques dessins humoristiques, le *New Yorker* nous fait vite imaginer à quel point on s'embêterait si l'on prenait trop au sérieux le mythe de l'abondance paradisiaque. Harpes et tuniques chaque jour comme la veille, pouah ! Il n'est pas étonnant que l'abondance dans la fiction conduise vite à la démotivation et à la bouffissure indolente de *Wall-E*. Est-il inévitable que la fin de la rareté aille de pair avec la fin de la discipline et de l'énergie ?

Pour répondre à cette question, considérons une analogie historique, les civilisations d'Athènes et de Sparte. Grâce à des populations d'esclaves nombreuses, ces cités antiques vivaient dans des mondes fonctionnellement abondants. Les esclaves pourvoyaient à tous les besoins matériel, comme la Machine ou la société Bitchun. Si vous aviez la chance de naître dans la bonne classe, vous n'aviez pas à travailler pour vivre.

Aucune des deux sociétés n'est demeurée stagnante ou inactive par manque de motivation. Les Athéniens sont devenus artistes et philosophes, cherchant la motivation dans l'abstraction, tandis que les Spartiates ont consacré leur vie à la puissance et à la force militaire. Au lieu d'éliminer la motivation, l'abondance matérielle a créé une rareté du sens. Les Athéniens ont grimpé plus haut dans la pyramide de Maslow, en explorant la science et la créativité. Et l'esprit combatif des Spartiates ? Je suppose que Maslow y verrait aussi une forme d'épanouissement personnel.

La leçon de la fiction est que nous ne pouvons pas vraiment imaginer l'opulence correctement. Notre cerveau est programmé pour la rareté, nous sommes obnubilés par ce dont nous manquons, le temps comme l'argent. C'est ce qui nous fait avancer. Si nous obtenons ce que nous recherchons, nous avons vite fait de le dévaloriser et de trouver une autre rareté à poursuivre. Nous sommes motivés par ce que nous n'avons pas, non par ce que nous avons.

Voilà pourquoi les lecteurs de moins de 30 ans, quand on leur parle de générosité économique de l'Internet et de coûts marginaux proches de zéro, pensent si souvent : « Bof ! » Dans le paradigme ancien, les biens numériques trop peu coûteux pour qu'on les compte formaient une corne d'abondance presque inimaginable. Or, dans le nouveau paradigme, ils ne valent pas la peine qu'on les compte. L'abondance est toujours la lumière qui éclaire le *prochain* sommet, jamais celui sur lequel on se trouve. Économiquement, l'abondance est le moteur de l'innovation et de la croissance. Mais, psychologiquement, nous ne comprenons vraiment que la rareté.

Pour finir, voici un exemple qui date de l'aube de l'ère industrielle. En 1770, dans le comté anglais de Shropshire, les usines sidérurgiques locales avaient appris à fondre de grandes sections de fer. Pour démontrer les avantages de ce nouveau matériau de construction durable, les industriels avaient chargé des ingénieurs de construire un pont entièrement fait de fer. L'Iron Bridge, qui enjambe la rivière Severn, demeure une attraction touristique aujourd'hui. Il est remarquable, non seulement à cause des ambitions de ses constructeurs et de la merveille qu'elles ont inspirée, mais aussi parce qu'il a été construit entièrement selon les principes des charpentiers.

Chaque élément de structure a été fondu séparément et les fixations imitent celles du travail du bois, avec des mortaises, des tenons et des assemblages à queue d'aronde. On a utilisé des boulons pour fixer les membrures en clé de voûte. Des milliers de madriers métalliques ont été fixés les uns aux autres, exactement comme s'ils avaient été extraits d'une forêt de métal. Ainsi conçu, le pont souffrait d'hypertrophie : an bout de quelques années, sa maçonnerie a commencé à se fendre sous la pression de 380 tonnes de fer.

Il fallut des dizaines d'années avant qu'on ne comprenne que le fer pouvait être utilisé très différemment. Les contraintes de longueur et de faiblesse radiale du bois ne se retrouvaient pas dans le fer. Les arches des ponts de métal pouvaient être bien plus longues et l'on pouvait utiliser la soudure. Les ponts construits après l'Iron Bridge pesaient deux fois moins à taille égale.

15

« On n'en a que pour son argent »

Et autres doutes sur la gratuité

Fin 2007, dans un entretien avec le magazine Radar, Andrew Rosenthal, responsable de la page « Opinions » du *New York Times*, expliquait ainsi pourquoi son journal avait décidé de mettre tout son contenu en ligne gratuitement, en supprimant la sélection payante jusque-là maintenue pour ses chroniqueurs réguliers :

> Je pense que le secteur de la presse quotidienne s'est donné la main pour sauter en bloc d'une falaise, pour une raison inconnue, le jour où nous avons décidé d'annoncer au monde que ce que nous faisions n'avait aucune valeur. Et nous aurions dû faire payer nos sites web depuis le premier jour. Les abonnements ont toujours fait partie de l'équation.

Il faut payer le papier. Il faut payer les pixels. Cela coûte de l'argent. Et je pense que c'était une énorme erreur. On ne peut faire rentrer ça dans le tube à présent. Mais si vous regardez l'Internet, la seule chose gratuite est ce que nous faisons : l'information. Tout le reste coûte de l'argent. Une sonnerie téléphonique coûte

1 dollar. On paie son accès internet. On paie son courrier électronique. Tout le monde dit que le courrier électronique est gratuit. Il ne l'est pas. D'abord, vous le payez à votre FAI. Et si vous utilisez quelque chose comme Google Mail, vous vous faites l'instrument publicitaire d'une entreprise géante. Il n'y a rien de gratuit dans l'Internet. C'est du pipeau.

Sans s'attarder sur les failles les plus évidentes du raisonnement de Rosenthal (si se faire l'instrument publicitaire d'une entreprise géante lui pose un problème, il devrait changer d'employeur), reconnaissons qu'il aborde des thèmes importants. Je l'ai cité in extenso, d'abord parce que j'imagine que beaucoup de ses lecteurs l'ont approuvé en hochant de la tête (et peut-être ont-ils hoché encore en le relisant ci-dessus). Il pose aussi certains postulats que j'entends tous les jours : « pas de prix veut dire sans valeur », « il faut payer les pixels », « l'Internet n'est pas gratuit car vous payez votre FAI », « seule l'information est gratuite sur Internet », etc.

Il y a une once de vérité dans chacune mais, en même temps, ces idées sont fausses, archifausses, presque pitoyablement fausses. Et pourtant, pas un jour ne se passe sans que je les entende, elles et d'autres tout aussi mal fondées à propos du gratuit (en plus de l'épithète « gratuitard », que je continue à trouver drôle, même si je sais que je ne devrais pas). Voici donc les quatorze objections les plus fréquentes opposées à la notion d'une économie basée sur le gratuit, avec un exemple de chacune et ma réponse :

1. Un repas gratuit, ça n'existe pas

Les gens qui ont une bonne formation en économie savent que rien n'est vraiment « gratuit » : vous paierez d'une manière ou d'une autre ce que vous obtenez.

Terry Hancock, dans une réclamation au *Free Software Magazine*

Cette vieille blague résumée en TANSTAFL [1] chez les économistes a été popularisée par Milton Friedman, prix Nobel d'économie et professeur d'économie à l'University of Chicago. Elle dit simplement qu'on ne peut obtenir quelque chose pour rien. Même si une chose semble gratuite, un calcul complet de ses coûts révélera qu'un prix est finalement payé, par le bénéficiaire ou par la société dans son ensemble. Des coûts cachés ou répartis ne sont pas la même chose que pas de coût du tout.

Est-ce toujours vrai ? En réalité, cette question en contient deux, l'une économique, l'autre pratique : intellectuellement, on se dit qu'il faut bien que quelqu'un paie quelque part, d'accord ? Et, en fin de compte, ce sera moi, n'est-ce pas ?

En bref, la réponse à la première question est oui. En fin de compte, tout se paie. Ce qui change, en revanche, est que ces coûts naguère principalement « cachés » (ce détail négligeable, la bière qu'on doit acheter pour obtenir un repas) deviennent « répartis » (quelqu'un paie, mais probablement pas vous ; d'ailleurs, les coûts peuvent être si répartis qu'on ne les ressent pas du tout individuellement).

1. Pour « *There Ain't No Such Thing As A Free Lunch* » – « Un repas gratuit, ça n'existe pas. » (NdT)

Les économistes considèrent cette règle en général dans le contexte de « marchés fermés », comme le bilan du restaurant qui sert ce repas. Si vous ne payez pas le repas, un autre convive le paie. Ou bien le patron du restaurant. Ou le fournisseur des aliments. Et ainsi de suite. D'une manière ou d'une autre, les comptes doivent être équilibrés.

Mais le monde est plein de marchés qui ne sont pas fermés et qui tendent à déborder sur d'autres marchés voisins, mesurables ou non. Nous avons déjà considéré les interactions entre les marchés monétaires et non monétaires. Peut-être le repas est-il gratuit pour vous sur le marché monétaire, mais vous l'avez payé de votre temps et de votre présence sur les marchés de l'attention et de la réputation. Ce sont les « autres coûts », dans lesquels les économistes rangent ce qui n'entre pas dans les modèles standards. Les « coûts d'opportunité » – la valeur de ce que vous auriez pu faire d'autre pendant le temps de votre repas – en font partie.

S'il était possible de comptabiliser ensemble tous les marchés concernés, monétaires et non monétaires, et de déterminer des taux de conversion appropriés, Friedman aurait sans nul doute raison. Mais ce n'est pas possible, de sorte que le fait qu'on puisse théoriquement calculer le coût écologique réparti de l'air que vous venez d'inspirer n'empêche pas qu'il soit gratuit pour vous à tous points de vue pratiques.

L'économie, au moins dans sa forme idéalisée, obéit aux lois de conservation : ce qui entre doit être égal à ce qui sort. Si vous imprimez davantage de monnaie, par exemple, la théorie monétaire classique dit que vous dévaluez d'un montant équivalent l'offre de monnaie existante.

Mais, en réalité, si l'économie est qualifiée de « science lugubre », c'est pour une bonne raison : comme d'autres formes d'étude du comportement humain, elle est plus qu'un peu floue. Ce qui ne peut être directement mesuré dans les systèmes économiques est évacué vers une catégorie dite d'« externalités » (par exemple, quand vous achetez une paire de chaussures, on ne vous facture pas l'impact environnemental du carbone rejeté au cours de sa fabrication – on parle alors d'« externalité négative », et nous y reviendrons plus longuement ci-dessous.) Une grande partie des coûts de ce repas gratuit relèvent de la catégorie des externalités – techniquement, ils existent, mais ils sont insensibles pour vous.

En guise de démonstration, essayons de suivre l'argent que vous payez pour lire un article de Wikipédia. La Wikipedia Foundation, qui finance les serveurs et la bande passante utilisés par Wikipédia, est une association à but non lucratif financée par des donateurs, entreprises et particuliers. En supposant que vous n'êtes pas l'un de ces donateurs (qui ne représentent qu'une toute petite fraction des utilisateurs de Wikipédia), peut-être êtes-vous client de l'une des entreprises donatrices de Wikipédia, comme Sun Microsystems. Vous risquez alors de payer vos serveurs Sun une petite fraction de centime plus cher afin de gonfler la marge de Sun suffisamment pour qu'il puisse faire un don. Vous n'êtes pas client de Sun ? Eh bien, Google est aussi l'un des donateurs de Wikipédia. Peut-être avez-vous payé un jour une annonce de Google qui était un « zillionnième » de centime plus chère qu'elle ne l'aurait été si Google n'avait pas fait ce don. Vous n'êtes pas annonceur ? Alors, vous avez peut-être acheté un produit de l'un des annonceurs de Google, et ce produit était un « gazillionième » de centime plus cher à cause de cette chaîne d'événements.

À ce stade, nous parlons de fractions de centime qui sont de l'ordre du nombre d'atomes dans une pièce de monnaie. Autrement dit, même si vous pouvez probablement soutenir que vous finissez par payer l'article de Wikipédia, cela n'est vrai que dans le sens où le battement d'aile d'un papillon en Chine peut influencer le temps qu'il fera chez vous la semaine prochaine. Techniquement, il y a peut-être un rapport, mais il est trop mince pour être mesurable et l'on ne s'en soucie donc pas.

Revenons au commentaire de Rosenthal selon lequel, comme le papier, « il faut payer les pixels ». D'accord, techniquement, c'est vrai, mais en tant que rédacteur en chef d'une entreprise qui imprime du papier et fait circuler des pixels tout à la fois, je sais que les différences l'emportent de loin sur les ressemblances. Nous payons des dollars pour imprimer, relier et acheminer un magazine jusqu'à vous (ce qui n'inclut aucun des coûts supportés pour produire le contenu), mais à peine des microcents pour le montrer sur votre site web. C'est pourquoi on peut le traiter comme s'il était gratuit car, au niveau de l'utilisateur individuel, il est trop peu coûteux pour qu'on le compte.

Globalement, notre facture de serveur et de bande passante s'élève à pas mal de milliers de dollars par an. Mais pour toucher des millions de lecteurs. En regard de la valeur de ces lecteurs, nous sommes plus qu'heureux de traiter ces pixels comme s'ils étaient gratuits. Alors d'accord, faisons cette concession sémantique aux sceptiques : le gratuit n'est pas vraiment gratuit. Mais, dans bien des cas, il pourrait aussi bien l'être. C'est ce qui compte le plus dans la détermination de notre manière de gérer notre vie et nos entreprises.

2. Le gratuit a toujours des coûts cachés/Le gratuit est un artifice

> *Le gratuit n'est plus ce qu'il était, notamment sur l'Internet, dont la technologie et l'histoire même sont basées sur la notion selon laquelle, en ligne, l'information veut être libre, et à peu près tout le reste aussi. Ce qui est donné sur le Web a un prix de plus en plus élevé, sous forme de pépins informatiques, de frustrations, de perte d'intimité et de sécurité – sans parler du risque de procès coûteux pour ceux qui téléchargent beaucoup de musique.*
>
> John Schwartz, *New York Times*

Cette affirmation n'est pas tant une erreur qu'un stéréotype. Oui, c'est vrai, le gratuit n'est pas toujours sans contraintes. La publicité envahit votre page. Des limites sont imposées. Vous finissez par acheter différents produits ou par vous trouver coincé dans quelque chose qui n'est pas du tout gratuit. Une fois appâté, on se trouve ferré.

Mais cela décrit bien mieux le gratuit du XXe siècle que celui du XXIe siècle. Le sens commun est en général un bon guide : si une chose paraît trop bonne pour être vraie, elle n'est probablement pas vraie, surtout dans le monde des atomes. Les coûts marginaux d'une vaporisation de parfum gratuite dans un grand magasin sont suffisamment bas pour qu'on la croie vraiment gratuite. Et vous avez raison de penser que vous finirez par payer vos vacances gratuites d'une manière ou d'une autre.

Cependant, avec le gratuit du XXIe siècle, qui repose sur les coûts presque nuls des bits numériques, l'existence de coûts cachés n'est pas indispensable. Peut-être sont-ils quand même là, comme Schwartz aime à nous le rappeler, mais ils consistent surtout en l'absence de garantie pour les produits gratuits, aucune réparation n'étant assurée en cas de problème (« *caveat non-emptor* », pourrait-on dire). Ils ne sont pas nécessaires au modèle. Le gratuit peut être aussi bon que le payant, voire meilleur : il n'a pas besoin de ruses, d'appâts ou de chaînes (songez aux logiciels *open source*).

Il est temps de cesser de traiter les bits comme les atomes et de considérer que les mêmes limites s'y appliquent. La duperie n'est plus un volet essentiel du modèle.

3. L'Internet n'est pas vraiment gratuit car on en paie l'accès

> *Excusez-moi, mais depuis quand l'Internet est-il gratuit ? Il est libre, soit, mais pas gratuit. Nous devons tous payer un FAI pour accéder au net de sorte que nous payons d'avance ce qui s'y trouve.*
>
> Commentaire sur un post de Laurie Langham

Selon une erreur répandue, les 30 ou 40 dollars qu'on consacre chaque mois à son accès internet subventionneraient d'une manière ou d'une autre l'Internet entier. Ces sommes contribuent effectivement à financer l'infrastructure de transmission, mais elles n'ont rien à voir avec ce qui y circule. De même que le temps d'utilisation d'un téléphone portable ne révèle rien de la valeur de ce qui s'y est dit, on paie les bits reçus, mais pas la valeur de ce qui se trouve dans les bits. C'est la différence entre le « contenu » et le « transport », qui sont des marchés distincts. Le transport n'est pas gratuit, mais le contenu l'est souvent. La facture mensuelle de votre FAI couvre l'acheminement de ce contenu, dont la création dépend d'un modèle économique entièrement différent.

On voit bien pourquoi certains s'y laissent tromper : il existe bel et bien quelques marchés sur lesquels le transport subventionne le contenu. Les sociétés de télévision par câble, par exemple, paient une licence pour une grande partie des vidéos envoyées sur leurs lignes, et ces sommes proviennent des factures mensuelles de leurs abonnés. Mais l'Internet ne fonctionne pas ainsi : votre FAI ne pilote ni ne paie les bits qu'il transmet. C'est un « transporteur public », tout comme un opérateur de téléphone.

En termes de bon sens, l'erreur provient aussi de ce qu'on mesure la valeur d'une chose avec de mauvaises unités. Compte tenu de son contenu minéral, mon plus jeune fils vaut 5 dollars au cours actuel du marché *spot*, mais je ne vous le vendrai pas pour ce prix-là. Il vaut davantage pour moi à cause de la manière dont ces minéraux sont agencés et de tous les autres atomes, états quantiques et autres fossettes agencés pour faire de lui une personne. Confondre le coût de transmission des mégabits avec le coût de leur production et avec ce qu'ils valent pour celui qui les reçoit est une erreur analogue : on n'a pas compris où réside vraiment la valeur. Elle n'est pas dans le réseau. Elle est à ses extrémités, dans la production et la consommation, là où les bits deviennent sens.

4. Le gratuit se limite à la publicité (et celle-ci a ses limites)

> *Dans le monde « gratuit » d'aujourd'hui, dans la plupart des catégories d'activités en ligne, il est foncièrement impossible de créer et de développer une petite entreprise autofinancée. En effet, dans le monde numérique, la publicité, seul flux de revenus réel, ne peut faire vivre une petite entreprise numérique. Si leurs activités reposaient sur l'idée que les gens sont payés pour les services rendus, alors les petites entreprises pourraient réussir à petite échelle puis se développer. Mais il est très dur de se faire payer quand vos concurrents sont gratuits.*
>
> Hank Williams,
> dans le *Silicon Alley Observer*

L'une des principales idées fausses à propos du Web concerne la publicité. Même s'il est vrai que les modèles fondés sur la publicité ont dominé la première époque du Web, aujourd'hui le *freemium* – le modèle dans lequel quelques-uns paient directement, finançant tous ceux qui ne paient rien du tout – progresse vite et rivalise avec lui (comme on l'a vu dans l'introduction). Les jeux vidéo en ligne, par exemple, choisissent principalement la stratégie du *freemium*, tout comme la catégorie en progression rapide de l'informatique virtuelle (également appelée « software as a service », ou logiciel-service). Williams est dans le vrai quand il dit que la plupart des entreprises du Web sont petites et qu'il est difficile de faire vivre une petite entreprise avec la publicité. Mais il a tort de dire que c'est le seul modèle disponible pour les entreprises en ligne. De plus en plus d'entreprises font comme 37signals, à Chicago, qui s'appuie sur des échantillons et des essais gratuits pour commercialiser des logiciels payés à l'ancienne, directement par les clients.

Cela paraît rétrograde ? Peut-être, mais si le marché est bien choisi, cela peut fonctionner. Selon David Heinemeier Hansson, l'un des fondateurs de 37signals, le secret de son entreprise est qu'elle ne cible pas Monsieur tout le monde (qui est coincé du porte-monnaie) ni les grandes entreprises (l'espace est encombré et leur processus d'achat est lent). Elle vise plutôt les petites entreprises qui ont des besoins spécifiques mal couverts. Elle vend des produits du genre logiciels de gestion de projets pour des équipes de douze personnes, et les clients mécontents des logiciels surdimensionnés à taille unique issus des grands groupes et des solutions *open source* trop compliquées sont tout prêts à payer quelques centaines de dollars par an pour obtenir la version de 37signals.

Considérez seulement AppStore, la boutique des applications iPhone (tous ces programmes que vous pouvez télécharger depuis iTunes pour votre téléphone), et vous y verrez des centaines de petites entreprises (souvent constituées d'un unique programmeur) qui gagnent correctement leur vie en vendant des logiciels sur un marché où d'autres les donnent. Là, pas besoin de publicité, c'est de la vente pure, qu'elle soit immédiate ou qu'elle porte sur une version perfectionnée d'un logiciel de base gratuit. Cela est vrai aussi de milliers d'entreprises qui distribuent en ligne des programmes utilitaires étroitement ciblés, dont l'essai est souvent gratuit. Il n'y a rien là de nouveau – le marché du *shareware* existe depuis des décennies –, mais au fur et à mesure que le logiciel bascule vers le Web, cela devient de plus en plus facile à pratiquer.

La seconde objection à l'assertion selon laquelle le gratuit en ligne reposerait entièrement sur la publicité est que cela impliquerait une limitation du gratuit : assurément, le gâteau publicitaire a ses limites. C'est peut-être vrai, mais on ne sait pas bien où sont ces limites et quelle taille pourrait atteindre le marché publicitaire en ligne. Google a montré que les annonces en ligne pouvaient être assez différentes – mesurables, ciblées, payées uniquement au résultat – pour attirer une catégorie d'annonceurs entièrement nouvelle, des PME qui achètent des mots clés moyennant quelques centimes par clic. Google ne se contente pas de prendre une plus grosse part du gâteau publicitaire – il agrandit aussi le gâteau.

5. Gratuit veut dire plus de publicité, c'est-à-dire moins d'intimité

> *J'ai demandé à bien des gens de ma connaissance pour qui le monde tourne autour de Facebook combien ils seraient prêts à le payer, et tous m'ont dit zéro. Ainsi, Facebook devient esclave de la publicité et doit monnayer ses informations sur ses clients pour en tirer quelques sous. Il n'est pas absurde de penser que si les gens payaient davantage de services, leurs informations ne circuleraient pas aussi librement.*
>
> Paul Ellis, pseudosavant.com

C'est là un souci souvent exprimé à propos de la publicité en général. Les gens s'imaginent souvent que tout site contenant de la publicité doit observer le comportement de ses utilisateurs et vendre ces renseignements aux annonceurs. D'où l'idée selon laquelle le gratuit, parce qu'il est financé par la publicité, serait une force corrosive qui tendrait à généraliser un marketing fouineur.

En vérité, l'exemple de Facebook reste plus l'exception que la règle. La plupart des sites financés par la publicité respectent des principes de protection de la vie privée qui interdisent de vendre des informations sur leurs utilisateurs (informations dont la plupart des annonceurs ne sauraient d'ailleurs pas quoi faire).

Ellis prétend que, si vous payez les services directement au lieu de laisser des annonceurs les payer à votre place, les sites tendront davantage à protéger votre vie privée, c'est-à-dire à travailler pour vous et non pour les annonceurs. Cela pourrait être vrai, mais cela n'est pas nécessaire.

Le monde de la presse se demande depuis des décennies comment équilibrer les intérêts du consommateur et ceux de l'annonceur, à coup de chartes éthiques et de « murailles de Chine » érigées entre les rédactions et les fonctions économiques. Le problème n'est pas nouveau et nous avons vu que l'indépendance rédactionnelle est possible, même quand les annonceurs se chargent des besoins matériels.

Il est bon de noter, cependant, que la défense de la vie privée est une cible mouvante. En Europe, un vaste système législatif protège les informations personnelles alors que, aux États-Unis, la question relève plutôt des codes de bonne conduite appliqués dans les entreprises et des pressions exercées par le public. Mais les attentes de respect de la vie privée d'il y a vingt ans ne sont pas celles de la génération qui grandit en ligne de nos jours.

Une fois que vous avez semé aux quatre vents les photos de votre dernière beuverie et les péripéties de votre dernière affaire de cœur, est-il vraiment plus grave qu'un commerçant vous propose une remise sur une gamme de vêtements qui correspond à vos préférences déclarées ?

6. Sans coût = sans valeur

> *Je suis triste que les gens pensent que la musique doit être gratuite, que notre travail n'a pas de valeur. Quand la musique vous arrive gratuitement sous forme d'un CD gravé par un ami, le travail qui entre dans la confection d'un album n'est pas reconnu.*
>
> Sheryl Crow, interrogée par le *New York Times Magazine*

Vous avez repéré l'embrouille ? C'est de considérer que l'argent est la seule façon de mesurer la valeur. Le Web est bâti principalement sur deux économies non monétaires : l'attention (le trafic) et la réputation (les liens) – l'une et l'autre bénéficiant énormément des contenus et services gratuits. Or, il est assez simple de convertir ces deux monnaies en argent, comme le révèle un simple coup d'œil au bilan de Google. Ou prenez la conférence TED, qui fait payer le billet d'entrée des milliers de dollars tout en diffusant simultanément tous ses exposés en ligne (voir encadré page 160). Sheryl Crow a bien sûr tout avantage à ce que ses fans détournent ses albums et en gravent des copies pour leurs amis. Le don d'un CD est une recommandation venue de quelqu'un en qui on a confiance. Il est des professionnels du marketing qui tueraient pour obtenir un bouche-à-oreille aussi rapide et authentique.

Ceux qui piratent et gravent des CD (ou, comme il est plus probable désormais, qui partagent de la musique via iTunes ou par échange de fichiers) ne disent pas que Sheryl Crow n'a pas mis de travail dans son album. Ils disent en fait qu'elle n'a pas mis de travail dans cet acte particulier de diffusion : la création d'une copie numérique. Et c'est vrai. Pour elle, le coût marginal de ce transfert est égal à zéro, et cette génération échangeuse de fichiers, mue par une compréhension innée de l'économie numérique, en conclut qu'elle doit recevoir pour ce transfert un paiement lui aussi égal à zéro.

Sheryl Crow gagnera son argent, au bout du compte, par ses concerts, ses produits dérivés, les licences cédées pour des annonces ou des pistes musicales et, mais oui, par la vente d'un peu de musique aux gens qui désirent encore des CD ou qui préfèrent acheter leur musique en ligne. Mais la célébrité et la crédibilité dues à ceux qui téléchargent sa musique ou qui gravent des CD y contribueront ; à tout le moins, le partage de fichiers lui apporte une monnaie réputationnelle. Dans quelle proportion celle-ci se transformera-t-elle en argent à travers ces autres moyens ? On ne peut le déterminer, mais la réponse n'est pas zéro. Recevra-t-elle plus que les revenus directs qu'elle obtiendrait si ces gens payaient leur musique ? Nous ne le saurons jamais.

À la fin de ce livre, j'énumère cinquante modèles économiques bâtis sur la gratuité, et il en existe des centaines d'autres. Tous reposent sur l'idée que ce qui est gratuit a une valeur et qu'on mesure cette valeur à travers les actes. Il n'y a pas de meilleur test de ce que les gens apprécient que le fait qu'ils choisissent d'y consacrer leur temps – même si nous devenons plus riches, nous n'avons pas plus d'heures dans une journée. Sheryl Crow a l'oreille de la génération la plus distraite de l'histoire, celle qui a le plus de choix et le plus d'occupations concurrentes. Il y a des problèmes pires que d'attirer l'attention.

7. Le gratuit nuit à l'innovation

> *Les économies du monde sont aujourd'hui plus nombreuses que jamais à croire en la propriété intellectuelle. Les communistes sont moins nombreux qu'autrefois. Mais il y a un genre de communistes des temps modernes qui veulent éliminer sous divers prétextes les incitations qui animent musiciens, cinéastes et fabricants de logiciels.*
>
> Bill Gates, interviewé en 2005

L'argument selon lequel le gratuit attaque les droits de propriété intellectuelle comme les brevets et les droits d'auteur campe à cheval sur le libre et le gratuit. Le raisonnement est celui-ci : les gens ne vont pas inventer quoi que ce soit s'ils n'en sont pas récompensés. Les brevets et droits d'auteur sont un moyen pour assurer la rémunération des créateurs. À quoi serviraient-il si le marché considéraient que le prix doit être égal à zéro ?

En réalité, l'histoire du droit de la propriété intellectuelle reconnaît pleinement la puissance du gratuit. Elle repose sur d'anciennes traditions du monde scientifique, où les chercheurs s'appuient gratuitement sur les travaux publiés par ceux qui les ont précédés. Dans la même veine, les créateurs du système de brevets (dirigés par Thomas Jefferson) voulaient encourager le partage des informations, mais ils ont réalisé que les inventeurs ne verraient pas d'autre moyen pour se faire rémunérer que de garder leurs inventions secrètes. Les pères fondateurs ont donc trouvé un autre moyen de protéger les inventeurs : le brevet d'une durée de dix-sept ans. En échange de la publication en clair d'une invention (*libre*), l'inventeur peut réclamer une redevance (pas *gratuite*) à quiconque l'utilise, pendant la durée du brevet. À l'expiration de celui-ci, la propriété intellectuelle sera gratuite.

Ainsi, la gratuité a déjà sa place dans les brevets : elle arrive au bout de dix-sept ans (le droit d'auteur devait aussi expirer, mais le Congrès des États-Unis ne cesse de l'étendre). Cependant, des créateurs de plus en plus nombreux refusent d'attendre aussi longtemps. Ils choisissent de rejeter ces droits et de publier leurs idées (sous forme de mots, d'images, de musique ou de code) sous des licences telles que Creative Commons ou diverses licences de logiciels *open source*. Ils considèrent que le vrai *free*, dans les deux sens du mot, à la fois « libre » et « gratuit », favorise l'innovation en facilitant les réutilisations, mélanges et autres extensions apportés par autrui.

Quant à l'argent, ils le récoltent indirectement, soit en vendant des services autour des biens gratuits (en faisant de l'assistance pour Linux, par exemple), soit en trouvant comment la monnaie réputationnelle que leur a value la réutilisation (dûment signalée) de leur travail par d'autres pourra être transformée en argent par le biais d'un meilleur emploi, de missions rémunérées, etc.

8. Océans épuisés, toilettes publiques répugnantes, réchauffement global, voilà le vrai coût du gratuit

Les parkings gratuits sont en partie responsables de la dépendance envers l'automobile, de l'étalement urbain, du gaspillage de l'énergie et de quantité d'autres problèmes.

Les urbanistes imposent des parkings gratuits pour limiter les embouteillages, mais aboutissent à fausser les choix de transport, à désorganiser les villes, à perturber l'économie et à dégrader l'environnement. La multiplication des parkings gratuits contribue à expliquer pourquoi nos villes s'étalent sur une échelle faite pour les voitures plus que pour les humains, et pourquoi les véhicules à moteur américains brûlent aujourd'hui un huitième de la production mondiale de pétrole.

Donald Shoup,
The High Cost of Free Parking

Nul débat sur le gratuit ne peut éviter la « tragédie des vaines pâtures ». Ce qu'on ne paie pas, on a tendance à le consommer à l'excès. L'exemple classique de la tragédie des vaines pâtures (utilisé par le biologiste Garrett Hardin dans son article de 1968) est celui des moutons paissant sur des prairies communales. Comme les propriétaires des bêtes ne paient pas le terrain, rien ne les incite à le préserver. Pis encore : comme ils savent que les autres ont eux aussi la possibilité de gaspiller la ressource, ils peuvent choisir de s'arroger une plus grande part des bénéfices en la gaspillant plus vite, en faisant paître plus de moutons plus longtemps, jusqu'à ce que la prairie se transforme en terre battue.

C'est l'effet de ce que les économistes appellent des « externalités négatives non décomptées ». Quand les choses sont en réalité rares (limitées), mais qu'on fixe leur prix comme si elles étaient abondantes (pratiquement illimitées), on court au-devant des ennuis.

Prenez le réchauffement global. On s'aperçoit à présent que la libération de tonnes de carbone dans l'atmosphère a un coût : les températures mondiales vont monter, avec toutes sortes de conséquences néfastes. Mais le prix des rejets de carbone a été fixé comme s'ils n'avaient aucune conséquence, c'est-à-dire qu'on ne leur a pas donné de prix du tout. Nous étions libres de rejeter autant de carbone que nous voulions dans l'atmosphère, par conséquent nous en avons rejeté autant que nous pouvions. Autrement dit, le coût environnemental du carbone était à la fois « externe » à notre système économique et, on le sait aujourd'hui, négatif. Les efforts actuels pour imposer des taxes, plafonds et autres limitations sur le carbone sont autant de tentatives pour faire payer ces coûts en les rendant « internes » à notre système économique.

Ce problème est visible tout autour de soi. Nous avons pratiqué la surpêche parce qu'il n'existait pas de limite ou qu'elle n'était pas respectée et que les pêcheurs traitaient le poisson comme « gratuit ». Si vous visitez des toilettes publiques, les externalités négatives non décomptées vous sauteront probablement au nez. L'utilisation des toilettes est gratuite et le coût de leur nettoyage est supporté par quelqu'un d'autre, de sorte que les gens tendent à les traiter avec moins de soin que leurs propres toilettes, dont ils ressentent les coûts directement. Et ainsi de suite, des déchets à la déforestation. Le gratuit peut mener à la goinfrerie et gâcher la fête pour tout le monde.

Notez cependant que les coûts environnementaux du gratuit se ressentent surtout dans le monde des atomes. Comme on l'a vu, il est difficile de rendre les atomes vraiment gratuits – si nous ne ressentons pas ces coûts environnementaux, c'est simplement que nous n'avons pas bien fixé le prix du marché. Les sacs en plastique ne sont gratuits que parce qu'on ne facture pas *directement* les coûts des nettoyeurs qui vont les décrocher des arbres. Mais, de plus en plus, nous nous mettons à mesurer les externalités négatives et à en tenir compte (en les transformant en *internalités* négatives puisqu'elles entrent alors dans le système économique fermé). C'est pourquoi on commence à voir des supermarchés faire des remises aux clients qui utilisent des sacs non jetables (ce qui revient en pratique à faire payer les sacs en plastique) ou supprimer carrément les sacs en plastique.

Dans le monde des bits, les coûts environnementaux posent moins de problèmes. Le gaspillage de puissance de traitement, de stockage et de bande passante se rapporte essentiellement à l'électricité, et le marché sait de mieux en mieux tarifer les coûts environnementaux de celle-ci. Les quotas de carbone, les réglementations imposant des sources d'énergie renouvelable, les limites d'émissions locales ont poussé des entreprises telles que Google, Microsoft ou Yahoo ! à installer leurs centres de données près de sources de courant hydroélectrique, qui ne rejettent pas de carbone. Un jour, ils les installeront aussi près de sources d'électricité solaire, éolienne et géothermique. La simple économie – la réglementation rendant l'électricité génératrice de carbone plus chère que l'électricité renouvelable – fera en sorte que le gaspillage de bits n'ait pas les mêmes conséquences environnementales que le gaspillage des atomes.

Mais le gratuit numérique peut avoir lui aussi des coûts non décomptés. Considérons les forfaits haut débit, avec lesquels toute utilisation supplémentaire est gratuite (c'est le cas, le plus souvent, pour votre abonnement au câble ou à l'ADSL). Dès qu'ils disposent d'une telle capacité gratuite, certains changent aussitôt de comportement et échangent d'énormes fichiers à l'aide de logiciels de *peer-to-peer* comme BitTorrent. Cette minorité finit par utiliser la majorité de la capacité du réseau, ralentissant tout votre accès internet.

C'est pourquoi les fournisseurs d'accès internet tels que votre société de câble plafonnent les utilisations individuelles ou facturent plus cher ceux qui veulent transférer plus de données. Leur plafond est en général assez élevé et ne s'applique pas à beaucoup de monde, et les FAI veillent à ce qu'il en soit ainsi. Mais comme nous avons en général le choix entre plusieurs fournisseurs d'accès, ceux-ci n'ont pas envie d'être étiquetés comme « lents ».

9. La gratuité pousse au piratage

> *Vous êtes un communiste, n'est-ce pas, Mike ? En tout cas, je peux dire que vous n'êtes pas un capitaliste. Les créateurs de contenu doivent être payés pour les contenus qu'ils vendent. J'admets ici et maintenant que je télécharge des contenus et que je continuerai à en voler là où je pourrai en trouver. Mais je n'essaie pas de rationaliser mon immoralité par cette rhétorique sur « l'économie quand il y a absence de rareté ».*
>
> « Xenohacker »,
> réponse à Mike Masnick sur Techdirt
> [orthographe considérablement améliorée]

Non, c'est exactement l'inverse. La gratuité ne pousse pas au piratage, le piratage pousse à la gratuité. Il y a piratage quand le marché réalise que le coût marginal de reproduction et de distribution d'un produit est nettement inférieur au prix demandé. En d'autres termes, les prix ne sont soutenus que par la loi protégeant la propriété intellectuelle. Si vous enfreignez la loi, le prix peut tomber, jusqu'à zéro quelquefois. C'est vrai pour toutes sortes de biens, des imitations de bagage Louis Vuitton (dont le prix est bas, mais non nul) aux fichiers MP3 (échangés sans rémunération).

Ainsi, le piratage est comme la force de gravité. Si vous tenez un objet au-dessus du sol, tôt ou tard la gravité l'emportera et il tombera. Pour les produits numériques, c'est pareil : les formules de protection contre la copie, codées dans la loi ou dans le logiciel, reviennent simplement à maintenir un prix en hauteur contre la loi de la gravité. Tôt ou tard, il tombera, soit parce que le propriétaire y consent, soit parce que les pirates le renversent.

Il ne s'agit pas d'excuser ou d'encourager le piratage, juste de dire qu'il ressemble plus à une force naturelle qu'à un comportement social qu'on pourrait éliminer par la loi ou la formation. Les incitations à pirater des biens numériques – coût nul, récompense identique – sont telles qu'on peut supposer que tout ce qui a une valeur et se trouve sous forme numérique sera finalement piraté puis distribué gratuitement. Le piratage est parfois circonscrit à une sous-culture discrète (piratage de logiciels d'entreprise), d'autres fois il se généralise (musique et cinéma). Mais il est à peu près impossible de le stopper. De même que l'évolution ne fait pas de sentiment à l'égard de l'extinction des espèces, l'économie n'a guère de place pour la morale : elle décrit ce qui se passe, non ce qui *devrait* se passer.

10. Le gratuit forme une génération qui n'attache plus de valeur à quoi que ce soit

> *Il y a seulement quelques décennies, les gens en demandaient peu et travaillaient dur pour gagner leur vie. Ils ignoraient le gratuit et n'auraient jamais compté dessus. À présent, la tendance s'est inversée, on s'attend à trouver la gratuité en ligne. La nouvelle génération, celle qui s'attend à avoir quelque chose pour rien, travaillera-t-elle aussi dur pour préserver le niveau de vie que nous avons créé ?*
>
> Alex Iskold, ReadWriteWeb

Cette inquiétude date de la révolution industrielle – remplacez « gratuit » par « vapeur » et vous imaginez les inquiétudes victoriennes sur le ramollissement des muscles et des esprits. Il est vrai que chaque génération tient pour acquises des choses qui avaient de la valeur pour la génération précédente, mais cela ne signifie pas que tout a moins de valeur pour elle. Elle apprécie en fait des choses différentes. D'une façon ou d'une autre, nous avons réussi à cesser de nous lever à l'aube pour traire les vaches sans perdre globalement le sens du travail.

Il est vrai que ceux qui sont élevés aujourd'hui dans un foyer connecté ont toutes les chances de considérer que tout ce qui est numérique devrait être gratuit (probablement parce que presque tout l'est en effet). Appelons-les la « génération gratuité ».

Ce groupe – la plupart des habitants du monde développé âgés de moins de 20 ans – compte aussi sur des informations infinies et immédiates (on l'appelle aussi « génération Google »). Il rechigne, de plus, à payer les contenus et autres divertissements, car il ne manque pas d'autres possibilités gratuites. Il ne viendrait pas à l'idée de cette génération de voler dans les magasins, mais elle télécharge de la musique sur des sites d'échange de fichiers sans la moindre arrière-pensée. Elle a en quelque sorte intégré la césure entre l'économie des atomes et celle des bits et a compris que la première a des coûts réels qui doivent être payés alors que la seconde, d'ordinaire, n'en a pas. Sous cet angle de vue, la fauche est du vol, mais l'échange de fichiers est un délit qui ne fait de mal à personne.

Elle réclame la gratuité, non seulement dans le prix, mais aussi dans l'absence de restrictions : elle refuse les barrières d'enregistrement, les formules de contrôle des droits d'auteur et les contenus dont elle n'a pas la maîtrise. La question n'est pas : « Qu'est-ce que ça coûte ? », mais : « Pourquoi devrais-je payer ? » Ce n'est pas de l'arrogance, ce n'est pas se croire tout permis – c'est de l'expérience. Elle a été élevée dans un monde de gratuité.

Quand j'explique la thèse de ce livre – les entreprises de l'avenir gagneront leur argent autour du gratuit –, la réaction classique de cette génération est : « Et alors ? » Pour elle, cela paraît évident. C'est ce qui distingue les indigènes du numérique du reste d'entre nous. En quelque sorte, elle connaît les coûts marginaux quasi nuls depuis la naissance (quoique peut-être pas en ces termes).

Mais la génération gratuité ne considère pas que les atomes devraient suivre la même voie que les bits. Elle ne compte pas sur des vêtements ou des logements gratuits ; d'ailleurs, elle les paie plus cher que jamais. Reconnaissons-le, les jeunes savent faire la différence entre le physique et le virtuel et se comportent différemment dans les deux domaines. Ils ne risquent pas plus de compter sur la gratuité hors ligne à cause de la gratuité en ligne qu'ils n'espèrent rencontrer à tous les coins de rue des personnages de World of Warcraft.

11. On ne peut pas concurrencer le gratuit

> *Il n'existe pas de modèle économique né de la main et du cerveau de l'homme qui puisse concurrencer le gratuit. Cela n'est pas possible. Si je suis patron d'un Pizza Hut qui vend des pizzas à 1,50 dollar et si quelqu'un installe juste à côté un Pizza Hut qui donne les siennes, où pensez-vous que les clients iront ?*
>
> Jack Valenti,
> Motion Picture Association of America

Tel est le thème du chapitre 14, où l'on a vu en particulier comment Microsoft a appris à concurrencer le logiciel *open source*. Mais, pour faire court, lutter contre la gratuité est facile : il suffit d'offrir quelque chose de mieux que la version gratuite, ou au moins de différent. Quand un salarié délaisse le café gratuit du bureau et sort prendre un venti latte à 4 dollars chez Starbucks, il y a une raison à cela : le café de Starbucks est meilleur. Il y a aussi un peu de psychologie de la consommation : le petit festin, le rituel dans lequel on se fait plaisir avec une touche de luxe. Trouver du café gratuit est facile, mais Starbucks offre quelque chose en plus.

La situation est rarement celle que postule Valenti : un Pizza Hut gratuit qui ouvre à côté d'un Pizza Hut classique. Ce sera plutôt un livreur de pizzas à domicile qui propose une pizza gratuite si la livraison demande plus de trente minutes. Ce sont des services différents, et le gratuit n'est que l'un des nombreux facteurs qui interviennent dans le choix de l'un ou l'autre.

Pour faire concurrence au gratuit, il faut dépasser l'abondance pour trouver la rareté adjacente. Si le logiciel est gratuit, vendez l'assistance. Si les appels téléphoniques sont gratuits, vendez le travail et les talents lointains joignables grâce à ces appels gratuits (ce qui est en somme le modèle indien d'externalisation). Si vos compétences sont transformées en un produit banalisé susceptible d'être obtenu via un logiciel (salut aux agents de voyage, aux agents de change et aux agents immobiliers), alors progressez vers des problèmes plus compliqués qui requièrent encore une intervention humaine. Non seulement vous parviendrez alors à lutter contre le gratuit, mais les gens qui ont besoin de solutions sur mesure sont souvent les plus disposés à les payer cher.

12. J'ai donné ma production et je n'ai pas gagné grand-chose

> *Que fera l'écrivain ou le musicien s'il ne peut gagner sa vie avec son art ? C'est simple, dit le Branché : gagne-la par des représentations publiques (si tu es de ces musiciens qui donnent des concerts), ou en vendant des T-shirts ou autres produits dérivés, ou en fournissant quelque autre genre de service « à valeur ajoutée ». Beaucoup de ces arguments me semblent être de la simple cupidité déguisée en idéalisme prétentieux sous prétexte que « l'information veut être gratuite ».*
>
> Steven Poole, auteur de *Trigger Happy*

Steven Poole a publié voici quelques années un livre excellent sur la culture du jeu vidéo. Malheureusement, il a fait plus récemment une expérience de gratuité peu convaincante. En 2007, alors que son livre n'était plus disponible dans la plupart des librairies, il l'a proposé en téléchargement sur son blog. Il y a joint une sébile pour que les gens puissent lui verser de l'argent s'ils le désiraient. Peu l'ont fait : pas plus d'un sur 1 750. Il a donc déclaré que donner des livres gratuits conduisait à la ruine.

Son expérience particulière est un échec, c'est vrai, mais cela en dit plus sur l'exercice pratiqué que sur le gratuit. Placer une sébile à côté d'une marchandise gratuite est une erreur que Mike Masnick, du site d'information et d'analyse Techdirt, appelle « donner et prier ». Ce n'est pas tant un modèle économique de gratuité qui échoue qu'une absence de modèle économique.

En quoi consisterait un meilleur modèle ? Eh bien, pour commencer, il faudrait donner le livre plus près de sa date de publication et non des années après. Paulo Coelho a vendu plus de 100 millions de livres en 2007, succès qu'il attribue en partie au *buzz* qu'il a obtenu en mettant sur un blog gratuit son livre le plus célèbre, *L'Alchimiste*, et des dizaines de traductions de ses nouveaux livres, qu'il avait téléchargées depuis des services d'échange de fichiers *peer-to-peer* comme BitTorrent.

Au début, son éditeur, HarperCollins, était hostile à l'idée de l'autopiratage d'un livre par son auteur. Coelho créa donc un faux blog, Pirate Coelho, prétendument rédigé par un passionné qui « libérait » les œuvres. Cela attira l'attention, et même ses livres plus anciens réapparurent au palmarès des meilleures ventes du *New York Times*. Il récidiva début 2008 à la parution de son livre suivant, *La Sorcière de Portobello*, qui fut lui aussi un best-seller.

Cela n'échappa pas à HarperCollins, qui décida de donner gratuitement un nouveau livre de Coelho chaque mois sur son propre site (mais seulement pour un mois chacun, et sous une forme plus ou moins dégradée qui ne permettait pas l'impression).

« Je pense que lorsqu'un lecteur a la possibilité de lire quelques chapitres, il peut toujours décider d'acheter le livre plus tard », expliquait Coelho dans un entretien. « L'objectif ultime d'un écrivain est d'être lu. L'argent vient ensuite. »

Même des auteurs moins connus peuvent utiliser le gratuit efficacement. Matt Mason, auteur de *The Pirate's Dilemma,* a vendu des livres électroniques sur le modèle « dites votre prix » (zéro étant un choix possible). Quand vous passez par la case paiement, le prix fixé par défaut est de 5 dollars via PayPal. Sur les quelque 8 000 personnes qui ont téléchargé le livre, environ 6 % l'ont payé, avec un prix moyen de 4,20 dollars. Ce qui ne représente au total qu'environ 2 000 dollars de recettes directes, mais l'auteur estime avoir attiré avec cet exercice une attention qui lui aurait valu 50 000 dollars en honoraires de conférences.

En comparaison de ces exemples, une sébile numérique posée à côté du PDF d'un livre vieux de sept ans est une plaisanterie (désolé, Poole !). De mon point de vue, il semble bizarre que Poole n'ait pas été ravi d'avoir trouvé 32 000 nouveaux lecteurs pour un livre en fin de vie. Si, à ce stade, il ne parvient pas à transformer ce lectorat en un flux de revenus indirects quelconque, que ce soit sous forme de conférences, de cours, d'autres écrits, de conseil ou simplement de trafic supplémentaire sur son blog, il n'est pas aussi malin que je l'aurais cru.

Le gratuit n'est pas une solution miracle. Donner le produit de vos travaux ne vous rendra pas riche en soi. Vous devrez faire œuvre d'imagination pour trouver comment convertir en argent la réputation et l'attention que vous vaudra le gratuit. Chaque personne et chaque projet appelleront une réponse différente, et parfois cela ne fonctionnera pas du tout. C'est comme tout le reste : le seul mystère est de savoir pourquoi les gens reprochent au gratuit leur propre manque d'imagination et leur refus du risque.

13. Le gratuit n'est valable que si quelqu'un d'autre le finance

Nous ne voulons pas perdre notre temps avec un produit ou un service qui ne vaut rien. Nous voulons des objets de valeur et nous ne voulons pas gaspiller plein de temps à tenter de déterminer si nous utiliserions ou si nous consommerions ce qu'on nous propose. Le moyen le plus facile pour le savoir ? Voir si quelqu'un d'autre l'utilise et le paie.

Mark Cuban,
milliardaire des hautes technologies et
propriétaire des Dallas Mavericks

Cuban a raison sur un point : souvent, nous nous faisons une idée de la valeur relative des biens gratuits en fonction de ce nous pensons être leur prix de marché. De même qu'une « remise de 50 % » peut vous décider à acheter un objet dont vous ne voulez pas vraiment parce que vous ne résistez pas à l'idée de faire une économie, une chose peut avoir l'air plus attirante quand vous l'obtenez gratuitement alors que d'autres la paient – la gratuité agit comme des lunettes roses.

C'est plus l'exception que la règle pour deux raisons. D'abord, le modèle *freemium*, en pleine ascension, satisfait parfaitement aux exigences de Cuban sans pourtant obéir à sa construction spécifique. Dans le cas du *freemium*, quelqu'un d'autre paie, mais pour disposer d'une version améliorée du produit que vous obtenez gratuitement. Cela montre que, même si la version gratuite n'a pas satisfait au test du porte-monnaie, sa cousine l'a réussi et vous pouvez faire confiance à la famille. Vous vous direz par exemple que Google Earth est de qualité professionnelle parce qu'il est identique au très coûteux Google Earth Pro, hormis quelques fonctions qui lui ont été enlevées (à vrai dire, Cuban reconnaît que le *freemium* satisfait à ses critères, mais comme il a surproclamé sa thèse et que beaucoup de gens semblent d'accord avec lui, je poursuivrai mes critiques).

La seconde raison qui limite la portée du raisonnement de Cuban est que les contre-exemples ne manquent pas. Personne ne pense que Facebook est moins intéressant parce qu'il est gratuit, personne n'espère un navigateur web qu'il faudrait payer. Quand quelque chose coûtait de l'argent et devient gratuit, on peut l'estimer moins – c'est le cas d'un club précédemment exclusif qui laisse désormais entrer tout le monde gratuitement. Mais si quelque chose a toujours été gratuit et que rien ne laisse attendre qu'il en aille différemment, rien n'indique que les gens l'apprécient moins. Les sites web sont évalués d'après leurs mérites et les visiteurs savent désormais qu'un site payant a plus de chances d'être un attrape-nigaud qu'un site gratuit, puisqu'il ne se contente pas de voler du temps.

14. Le gratuit fait fuir les professionnels au profit des amateurs et au détriment de la qualité

> *Ce n'est pas une coïncidence si le* Huffington Post, *qui incite les gens à donner leurs contenus gratuitement, se développe juste quand vous avez des pertes d'emploi et la mort du journaliste professionnel.*
>
> Andrew Keen,
> auteur de *The Cult of the Amateur*

C'est vrai : le gratuit tend à égaliser les chances des professionnels et des amateurs. Au fur et à mesure que davantage de gens créent des contenus pour des raisons non monétaires, la concurrence s'accroît pour ceux qui le font contre argent (en tant qu'employeur de nombreux journalistes professionnels, je réfléchis sans cesse au rôle respectif des amateurs et des pros). Cela veut dire que l'édition n'est plus l'apanage du payant. Cela ne veut pas dire que vous ne pouvez pas être rémunéré dans l'édition.

Disons plutôt que les journalistes professionnels qui voient leur emploi s'évaporer sont en général ceux dont les employeurs n'ont pas su trouver un nouveau rôle dans un monde d'information abondante. Il s'agit surtout des quotidiens, industrie qui va probablement devoir se réinventer elle-même aussi radicalement que les labels musicaux. Le dessus du panier (*New York Times, Wall Street Journal,* etc.) va probablement rétrécir tandis que la catégorie inférieure risque d'être décimée.

Mais du bain de sang sortira un nouveau rôle pour les journalistes. Ils pourraient devenir plus nombreux, et non plus rares, car l'aptitude à exercer ce métier n'est pas réservée aux titulaires d'une carte de presse. Ils risquent cependant d'être beaucoup moins bien payés, et pour beaucoup d'entre eux ce ne sera pas un emploi à plein temps. Le journalisme professionnel partagera la scène avec le journalisme « vocationnel ». Le professionnel utilisera ses compétences pour former et organiser les amateurs afin qu'ils fassent un meilleur travail de proximité, il deviendra plus rédacteur en chef/entraîneur qu'écrivain. Auquel cas, l'exploitation du gratuit – payer des gens pour faire en sorte que d'*autres* écrivent moyennant des récompenses non monétaires – pourrait ne pas être l'ennemie des journalistes professionnels. Ce pourrait être au contraire leur planche de salut.

Coda

Le gratuit en temps de crise économique

Après le krach boursier de 2001, le modèle économique de l'économie des « dot.com » a été critiqué de partout. Comment avait-on pu s'imaginer qu'une entreprise pouvait vivre en « monétisant des consultations » ? À quoi pensaient les investisseurs quand ils bourraient nos portefeuilles avec les actions d'entreprises qui vendaient en ligne des croquettes pour animaux ? « Amazon fait un flop », ricanaient les titres. On baissait la tête, honteux d'avoir cru à une mirifique « nouvelle économie ».

Quelques années plus tard, quand la Bourse s'est reprise et qu'on a regardé en arrière, on a constaté avec surprise que le krach n'avait pratiquement eu aucun impact visible sur la croissance de l'Internet. Celui-ci avait continué à s'étendre, comme auparavant, avec juste un petit passage à vide quand la Bourse s'était effondrée. La « révolution numérique » n'avait pas été un mirage, encore moins un canular. Le nombre d'internautes avait continué de progresser au même rythme, tout comme le trafic et à peu près tous les autres indicateurs d'impact.

Il y a eu une bulle de Wall Street, pas une bulle technologique. Le Web était absolument aussi important que l'avaient prédit les prévisionnistes les plus dithyrambiques – il a juste fallu un peu plus de temps que les multiples boursiers ne l'avaient supposé.

Et voilà que les Bourses ont connu un nouveau krach. Le gratuit sera-t-il comme le trafic web, continuera-t-il à progresser comme si de rien n'était, ou bien sera-t-il plutôt du côté des croquettes en ligne ?

D'un point de vue de consommateur, le gratuit est bien plus attirant quand l'économie va mal. Après tout, quand on n'a pas d'argent, 0,00 dollar est un très bon prix. Comptez que l'évolution vers les logiciels *open source* (qui sont gratuits) et les outils de productivité utilisant le Web comme Google Docs (tout aussi gratuit) va s'accélérer. Les ordinateurs les moins chers et les plus sympathiques d'aujourd'hui sont les *netbooks*, ou mini-ordinateurs, dont le prix peut descendre jusqu'à 250 dollars et qui sont livrés soit avec des versions gratuites de Linux, soit avec le vieux Windows XP, moins cher que les plus récents systèmes d'exploitation de Microsoft. Les gens qui les achètent ne chargent pas Office en payant des centaines de dollars à Microsoft pour ce privilège. Ils préfèrent utiliser leurs équivalents en ligne, gratuits le plus souvent.

Ces mêmes consommateurs près de leurs sous jouent à des jeux gratuits en ligne, écoutent de la musique gratuite sur Pandora, renoncent à leur abonnement au câble, regardent des vidéos gratuites sur Hulu et ne paient plus leurs appels téléphoniques internationaux grâce à Skype. Le consommateur est au paradis : le Web est devenu le plus grand magasin de l'histoire, et tout y est vendu avec un rabais de 100 %.

Que dire de ces entreprises qui tentent de se faire une place sur le Web ? Dans l'ancien temps (c'est-à-dire avant septembre 2008), le modèle était assez simple :

1. Trouver une très bonne idée.
2. Trouver de l'argent pour réaliser l'idée, de préférence gratuitement pour toucher le plus large marché possible.
3. Si cela fonctionne, lever encore plus d'argent pour passer à la vitesse supérieure.

Recommencer jusqu'à pouvoir acheter une entreprise plus grosse que soi.

À présent, les étapes 2 à 4 sont hors de question. Les jeunes pousses du Web doivent donc agir de manière impensable : trouver un modèle économique qui leur rapporte du vrai argent dès leurs premiers temps.

Cela n'a rien de nouveau dans le monde des affaires, certes. Mais c'est plus difficile à avaler dans le monde du Web où les devises les plus demandées sont l'« attention » et la « réputation », censées se transformer en argent un jour ou l'autre, d'une manière ou d'une autre, quand on en détiendra assez.

Le modèle économique standard pour les entreprises du Web qui n'ont pas vraiment de modèle économique est la publicité. Un service qui plaît aura beaucoup d'utilisateurs, et quelques bannières sur le côté paieront les factures. Ce modèle pose deux problèmes : le prix des annonces en ligne et les taux de clics. Facebook est un service étonnamment populaire, mais c'est aussi une plate-forme publicitaire étonnamment inefficace. Même si l'on pouvait déterminer quelle est la bonne publicité à mettre en face de la photo d'une lycéenne qui fait la fête, il est peu probable que l'intéressée et ses amis cliquent dessus. On ne s'étonnera pas que les annonces sur Facebook soient payées moins de 1 dollar les

1 000 visualisations (contre une vingtaine de dollars sur les sites des grands médias).

Google a construit un moteur économique enviable à partir de ses annonces texte ciblées, mais les sites qui les affichent voient rarement l'argent venir à flots. Mettre des annonces AdSense sur le côté de votre blog, si fameux soit-il, ne vous paiera pas le Smic horaire pour le temps que vous passez à l'écrire. Les bons mois, cela pourrait couvrir vos frais d'hébergement. Je parle d'expérience.

Que dire de cette vieille astuce : demander aux gens de payer vos biens et services ? C'est là que la vraie innovation s'épanouira dans une économie en berne. Aux entrepreneurs d'innover, à présent, pas seulement avec de nouveaux produits, mais avec de nouveaux modèles économiques.

Prenez Tapulous, éditeur de Tap Tap Revenge, un programme musical célèbre pour l'iPhone. Comme dans Guitar Hero ou Rock Band, on doit frapper au passage des notes qui glissent sur l'écran. Des millions de personnes ont essayé la version gratuite, et une fraction appréciable d'entre elles étaient mûres pour un achat quand Tapulous s'est mis à proposer des versions payantes réalisées autour de groupes comme Weezer ou Nine Inch Nails, avec des chansons supplémentaires (le *Wall Street Journal* poursuit une stratégie de mélange du gratuit et du payant sur son site web).

À l'autre extrémité du spectre économique se trouve Microsoft, qui doit maintenant affronter les tableurs et traitements de texte gratuits de ses concurrents en ligne comme Google. Au lieu de se plaindre de cette concurrence déloyale (ce qui ne manquerait pas de sel), Microsoft a créé des versions web de ses logiciels pour entreprise et les propose gratuitement aux entreprises petites et nouvelles. Si votre firme a moins de trois ans et moins de 1 million de dollars de chiffre d'affaires, vous pouvez les utiliser sans rien payer dans le cadre du programme BizSpark. Microsoft fait le pari que ces entreprises, quand elles grossiront, continueront à utiliser ses logiciels à titre onéreux. Dans l'intervalle, les coûts du programme sont négligeables.

Mais il n'est pas toujours facile d'extraire un modèle économique du gratuit, surtout quand vos utilisateurs se sont habitués à celui-ci. Prenez Twitter, service immensément populaire (et gratuit, bien entendu) qui permet d'envoyer des messages de 140 signes pour annoncer à l'univers en style haïku ce qu'on est en train de faire. Après avoir conquis le monde, ou au moins sa population technophile, il doit maintenant gagner de quoi payer sa facture de télécoms. L'an dernier, il a embauché un gourou du chiffre d'affaires en lui demandant de trouver un modèle économique et a annoncé qu'il comptait dévoiler sa stratégie début 2009. Les spéculations vont bon train, de la facturation des entreprises qui voudraient que leurs « *tweets* » soit conseillés aux consommateurs (un peu comme devenir « ami » de Burger King sur Facebook) jusqu'à la certification d'identité pour éviter les imitations. Du tout cuit pour l'expert en chiffre d'affaires.

Cependant, YouTube n'arrive toujours pas à traduire sa popularité en revenus et Facebook continue à vendre ses annonces banalisées pour trois fois rien, après avoir vécu une révolte des utilisateurs quand il a tenté de commercialiser de la publicité intrusive. Quant au site de partage d'actualités Digg, malgré ses millions d'utilisateurs, il ne gagne pas encore un sou. Il y a un an, cela importait peu : le modèle économique consistait à « préparer une sortie lucrative, de préférence en cash ». Mais, aujourd'hui, les portes de sortie sont fermées et le *cash-flow* est roi.

Cela signifie-t-il que le gratuit va battre en retraite dans une économie en crise ? Probablement pas. Les arguments psychologiques et économiques en sa faveur n'ont jamais été plus solides : le coût marginal de tout ce qui est numérique dégringole de 50 % par an, provoquant une course des prix vers le bas, et le mot « gratuit » fait plus d'effet au consommateur que jamais. Mais cela signifie que le gratuit ne suffit pas. Il doit faire la paire avec le payant. De même que les rasoirs gratuits de King Gillette n'avaient de légitimité économique qu'associés avec des lames chères, les entrepreneurs du Web contemporains doivent inventer non seulement des produits qu'on aime, mais aussi des produits qu'on achètera. Le gratuit est le meilleur prix, mais ne peut être le seul prix.

Règles du gratuit

Les dix principes du raisonnement d'abondance

1. Si c'est numérique, tôt ou tard cela sera gratuit. Sur un marché concurrentiel, les prix chutent jusqu'au coût marginal. L'Internet est le marché le plus concurrentiel que le monde ait jamais vu, et le coût marginal des technologies qu'il utilise – traitement, bande passante, stockage – se rapproche constamment de zéro. Le gratuit devient non seulement une option, mais un aboutissement inévitable. Les bits veulent être gratuits.

2. Les atomes aimeraient bien être gratuits aussi, mais ils n'y mettent pas autant du leur. Hors du domaine numérique, les coûts marginaux tombent rarement à zéro. Mais la gratuité est si attirante psychologiquement que les spécialistes du marketing trouveront toujours des moyens pour l'exploiter en rendant certaines choses gratuites tout en en vendant d'autres. Ce n'est pas vraiment du gratuit – vous payez probablement un jour ou l'autre –, mais c'est souvent tout aussi irrésistible. Aujourd'hui, en faisant œuvre d'imagination pour élargir la définition de leur industrie, des entreprises, depuis les compagnies aériennes jusqu'aux constructeurs automobiles, trouvent des moyens de rendre leur produit principal gratuit tout en vendant autre chose.

3. Vous n'arrêterez pas le gratuit. Dans le domaine numérique, vous pouvez essayer de bloquer le gratuit par des lois et des verrous mais, en fin de compte, la force de gravité économique l'emportera. Ce qui signifie que si la seule chose qui empêche votre produit d'être gratuit est un code secret ou une menace, vous pouvez être sûr que quelqu'un, quelque part, trouvera la parade. Reprenez la gratuité aux pirates et vendez des options d'amélioration.

4. Vous pouvez gagner de l'argent avec le gratuit. On paie pour gagner du temps. On paie pour courir moins de risques. On paie les choses qu'on adore. On paie pour améliorer son statut. On paie quand on y est obligé (une fois harponné). Il y a d'innombrables moyens de gagner de l'argent autour du gratuit (j'en énumère cinquante en annexe). Le gratuit ouvre les portes, touche de nouveaux consommateurs. Cela ne veut pas dire que vous ne pouvez pas faire payer certains d'entre eux.

5. Redéfinissez votre marché. Ses concurrents vendaient des sièges dans des avions. Ryanair a décidé de vendre plutôt des *voyages*. La différence est qu'il y a des dizaines de moyens pour gagner de l'argent avec les voyages, de la location d'automobile aux subventions versées par les destinations en mal de touristes. Cette compagnie aérienne vend ses sièges peu cher, voire gratuitement, pour gagner plus d'argent *autour* d'eux.

6. Arrondissez vers le bas. Si le coût de quelque chose va vers zéro, le gratuit est juste une affaire de temps. Pourquoi ne pas y arriver avant tout le monde ? Le premier qui parvient au gratuit attire l'attention, et il y a toujours des moyens de transformer celle-ci en argent. Que pourriez-vous rendre gratuit aujourd'hui ?

7. Tôt ou tard, vous serez en concurrence avec le gratuit. Que ce soit par des subventions croisées ou des logiciels,

l'un de vos confrères va trouver comment donner ce que vous faites payer. Ce ne sera peut-être pas exactement la même chose, mais la baisse de prix de 100 % risque d'avoir plus d'importance. Vous aurez le choix entre en faire autant et vendre autre chose, ou veiller à ce que la différence de qualité comble la différence de prix.

8. Adoptez le gaspillage. Si une chose devient trop peu coûteuse pour qu'on la compte, cessez de la compter. Du forfait modique au zéro absolu, les entreprises les plus innovantes sont celles qui voient dans quel sens les prix évoluent et qui prennent les devants. « Votre boîte vocale est pleine » est le dernier râle d'une industrie figée dans un modèle de rareté au milieu d'un monde d'abondance.

9. Le gratuit rend d'autres choses plus précieuses. Toute abondance crée une nouvelle rareté. Voilà une centaine d'années, les loisirs étaient rares et l'on avait beaucoup de temps ; à présent, c'est l'inverse. Quand un produit ou service devient gratuit, la valeur migre vers la couche supérieure. Allez-y aussi.

10. Gérez l'abondance, pas la rareté. Quand des ressources sont rares, elles sont également coûteuses – il faut les utiliser parcimonieusement. D'où le management *top-down* traditionnel, qui privilégie le contrôle afin d'éviter des erreurs coûteuses. Mais quand les ressources sont bon marché, vous n'avez pas besoin de les gérer de cette manière. En devenant numériques, les branches d'activité peuvent aussi devenir plus indépendantes sans risquer de mettre à bas tout l'édifice. La culture d'entreprise peut passer du « Ne fais pas de bêtises » à « Échoue vite. »

Tactiques du freemium

Trouver un modèle de *freemium* qui fonctionne pour vous

Le modèle du *freemium* a d'innombrables variantes mais, à titre d'exemple, pour imaginer comment en choisir une, songez à un éditeur de logiciels qui offre son produit sous forme de service en ligne. Au départ, il facturait ses utilisateurs entre 99 dollars et des dizaines de milliers de dollars par an. Mais il voulait utiliser le gratuit pour toucher plus de monde. Voici les quatre modèles envisagés par lui :

1. Durée limitée (trente jours gratuits avant de payer. C'est le modèle Salesforce). Avantage : facile à utiliser, peu de risque de cannibalisation. Inconvénient : beaucoup de clients potentiels n'auront pas envie de s'engager au point d'essayer vraiment le logiciel, conscients que, s'ils ne paient pas, ils n'en retireront aucun avantage au bout de trente jours.

2. Fonctions limitées (version de base gratuite, version plus élaborée payante. C'est le modèle utilisé par Automattic avec WordPress). Avantage : le meilleur moyen pour toucher un public maximal. Quand les clients passent au payant, ils le font pour la bonne raison (ils connaissent la

valeur de ce qu'ils paient) et ont toutes les chances d'être plus fidèles et moins sensibles au prix. Inconvénient : oblige à créer deux versions du produit. Si vous mettez trop de fonctions dans la version gratuite, trop peu de gens passeront à la version payante. Si vous n'en mettez pas assez, trop peu de gens l'utiliseront suffisamment pour passer au payant.

3. Nombre d'utilisateurs limité (gratuit pour un certain nombre d'utilisateurs, payant au-delà. C'est le modèle Intuit QuickBooks). Avantages : facile à mettre en œuvre. Facile à comprendre. Inconvénient : risque de cannibaliser la frange inférieure du marché

4. Réservé à certains types de clients (gratuit pour les petites entreprises et les nouvelles entreprises, payant pour les entreprises plus grandes et plus anciennes. C'est le modèle utilisé par BizSpark, logiciel d'entreprise de Microsoft gratuit pour les entreprises de moins de trois ans et réalisant moins de 1 million de dollars de chiffre d'affaires). Avantages : facturation des entreprises en fonction de leur aptitude à payer. Attire tôt les entreprises en croissance. Inconvénient : compliqué et modalités de vérification problématiques.

En fin de compte, notre éditeur de logiciels a choisi la durée limitée, car c'était le moyen le plus facile à mettre en œuvre. Mais son PDG envisage toujours les autres. Le problème des essais gratuits est qu'ils dissuadent de participer pleinement pendant la période d'essai. Pourquoi consacrer beaucoup de temps à apprendre à utiliser un produit si vous risquez de vous dire, quand viendra le moment de le payer, qu'il ne vaut pas son prix ? Et d'ailleurs, pourquoi même commencer à l'utiliser ?

Les modèles de *freemium* à durée limitée ont peut-être des taux de conversion au payant relativement élevés chez ceux qui utilisent le produit pendant toute la période d'essai, mais ils risquent de limiter le nombre total de participants. Quelque effort pour créer une version ressentie comme plus utile par l'utilisateur gratuit, sans risque d'interruption en fin de période, peut accroître la portée globale du produit. Même si le pourcentage de conversion est plus faible, il est calculé sur un nombre de personnes bien plus grand.

Quel est le taux de conversion correct ?

Au chapitre 2, j'ai dit que le *freemium* était l'inverse de l'échantillon gratuit traditionnel : au lieu de donner 5 % de votre produit pour en vendre 95 %, vous en donnez 95 % pour en vendre 5 %. Cela se défend car, avec les produits numériques, dont le coût marginal est proche de zéro, les 95 % vous coûtent peu et vous permettent de toucher un marché énorme. Les 5 % que vous convertissez sont 5 % d'un grand nombre.

Mais ce pourcentage était purement hypothétique, il servait d'illustration. Dans le monde réel, quel est le bon équilibre ? La réponse varie d'un marché à l'autre, mais certaines des données les plus valables viennent du monde des jeux.

Dans les jeux gratuits en ligne, les entreprises visent à structurer leurs coûts de manière à atteindre le point mort si 5 à 10 % des utilisateurs paient. Tout ce qui dépasse ce pourcentage est du profit. C'est pourquoi les chiffres ci-dessous, empruntés au blogueur Nabeel Hyatt, spécialiste du secteur, sont si impressionnants :

- **Club Penguin** : 25 % des joueurs mensuels paient ; 5 dollars par mois par utilisateur payant.
- **Habbo** : 10 % des joueurs mensuels paient ; 10,30 dollars par mois par utilisateur payant.

- **RuneScape** : 16,6 % des joueurs mensuels paient ; 5 dollars par mois par utilisateur payant.
- **Puzzle Pirates** : 22 % des joueurs mensuels paient ; 7,95 dollars par mois par utilisateur payant.

Comme le note le blog, cela se compare avantageusement aux 2 % de petits jeux téléchargeables payés ou aux 3 à 5 % obtenus par bon nombre de start-up du Web proposant des essais gratuits et vendant à petit prix. Les estimations du nombre d'utilisateurs gratuits de Flickr qui passent à Flickr Pro payant se situent entre 5 et 10 %. Et, souvent, les partagiciels (logiciels en *shareware*) ne récoltent de paiements qu'auprès de moins de 0,5 % des utilisateurs.

Mais d'autres entreprises parviennent à faire bien mieux. Intuit, par exemple, propose son logiciel TurboTax Online gratuitement pour les impôts fédéraux, mais fait payer la version adaptée à chaque État. Les dirigeants de la société m'ont dit que 70 % des utilisateurs choisissaient de payer pour obtenir cette version. C'est un cas spécial – pratiquement tout le monde doit payer des impôts au niveau fédéral et étatique –, mais cela montre que des taux de conversion très élevés sont parfois possibles dans le modèle du *freemium*.

Pour une entreprise typique du Web 2.0 qui prévoit d'utiliser le *freemium* comme modèle de revenus, mon conseil serait de fixer le point mort à 5 %, mais d'équilibrer la répartition des fonctionnalités entre payant et gratuit avec l'espoir de convertir en fait 10 % des utilisateurs. Au-delà, vous risqueriez de mettre trop peu de choses dans votre version gratuite et donc de ne pas toucher autant de monde que le gratuit le permettrait. En deçà, le coût des téléchargements gratuits commence à peser lourd : il devient difficile de gagner de l'argent.

Que vaut un client gratuit ?

Il s'avère que les clients gratuits ne sont pas tous identiques et que leur valeur pour vous dépend du moment où ils arrivent. Quand une entreprise en phase de démarrage essaie de se faire connaître, le gratuit est le meilleur marketing.

Il abaisse le risque couru par les nouveaux clients qui essaient le produit et il élargit le public potentiel du produit. Mais vient un jour où le produit et/ou l'entreprise sont suffisamment connus et installés pour que l'essai comporte moins de risque et que la gratuité devienne moins essentielle.

Cet effet a été quantifié par Sunil Gupta et Carl Mela, deux professeurs de la Harvard Business School qui ont analysé [1] une société de vente aux enchères en ligne qu'ils appellent « auctions.com » (on peut supposer qu'il s'agit en réalité d'eBay). Les vendeurs payaient, mais les acheteurs pouvaient utiliser le service gratuitement. La question portait sur la valeur de ces acheteurs gratuits.

Réponse : ils valaient plus aux débuts de l'entreprise que quelques années plus tard. Plus précisément, la valeur à vie (*lifetime value*) de l'acheteur gratuit qui avait commencé à utiliser le service d'enchères dans sa première année était de 2 500 dollars. Quand ces adopteurs précoces, séduits par la gratuité du service, en ont attiré d'autres, la présence d'une masse critique d'acheteurs a fait venir une masse critique de vendeurs.

Huit ans plus tard, une fois le site d'enchères bien installé, la valeur à vie d'un nouveau client était très inférieure : 213 dollars seulement. Peut-être dépensait-il autant qu'un adopteur précoce aux débuts du site, mais

---

1. Sunil Gupta et Carl F. Mela. « What Is a Free Customer Worth ? », *Harvard Business Rev*iew, 86· no 11 (novembre 2008).

sa valeur n'était pas multipliée par un torrent d'autres utilisateurs entraînés par lui. La société de vente aux enchères a maintenu à zéro le prix de participation pour les acheteurs, car ses coûts étaient eux aussi proches de zéro. Mais une autre entreprise aux coûts plus élevés aurait pu basculer vers un modèle payant une fois qu'elle aurait pris son envol. Savoir comment la valeur d'un client évolue dans le temps peut vous aider à déterminer quand le gratuit est préférable et quand il cesse d'être nécessaire.

Cinquante modèles économiques fondés sur le gratuit

Les exemples de modèles économiques basés sur la gratuité en usage aujourd'hui sont innombrables. En voici cinquante, classés en fonction du modèle de gratuité dont ils sont le plus proches.

Gratuit 1 : subventions croisées directes

- Donner des services, vendre des produits (assistance technique du Genius Bar chez Apple Store).
- Donner des produits, vendre des services (cadeaux offerts à l'ouverture d'un compte bancaire).
- Donner un logiciel, vendre le matériel (offres Linux d'IBM et de HP).
- Donner un matériel, vendre le logiciel (modèle des consoles de jeux vidéo : des appareils comme la Xbox 360 sont vendus très au-dessous de leur coût).
- Donner les téléphones portables, vendre le temps de communication (nombreux opérateurs).
- Donner le temps de communication, vendre les téléphones portables (nombreux opérateurs, souvent les mêmes, qui proposent des abonnements avec gratuité la nuit et le week-end).

• Donner le spectacle, vendre les boissons (clubs de strip-tease).
• Donner les boissons, vendre le spectacle (casinos).
• Gratuit avec un achat (produits d'appel chez les détaillants).
• Un gratuit pour un acheté (supermarchés).
• Cadeau gratuit à l'intérieur (boîtes de céréales).
• Port gratuit pour commandes supérieures à 25 dollars (Amazon).
• Échantillons gratuits (toutes sortes de choses, des paquets cadeaux remis aux nouvelles mamans jusqu'aux lots de dégustation des supermarchés).
• Essais gratuits (abonnements à un magazine).
• Parking gratuit (galeries commerciales).
• Condiments gratuits (restaurants).

Gratuit 2 : marchés tripartites ou « bifaces » (une catégorie de clients en subventionne une autre)

• Donner un contenu, vendre l'accès au public (supports financés par la publicité).
• Donner des cartes de crédit sans cotisation, prélever une commission d'opération auprès des commerçants.
• Donner des articles scientifiques, facturer la publication aux auteurs (Public Library of Science).
• Donner les lecteurs de documents, vendre les outils de création de documents (Adobe).
• Entrée gratuite pour les femmes, payante pour les hommes (boîtes de nuit).
• Entrée gratuite pour les enfants, payante pour les adultes (musées).
• Inscriptions gratuites, recherches privilégiées payantes (Match.com).
• Inscriptions payantes, recherches gratuites (Craigslist New York Housing).

- Donner les services de voyage, prélever sa dîme sur les locations de voiture et les réservations hôtelières (Travelocity).
- Faire payer aux fournisseurs leur présence dans un magasin, laisser le public faire ses achats gratuitement (« frais de référencement » des supermarchés).
- Faire cadeau des annonces immobilières, vendre des prêts hypothécaires (Zillow).
- Donner des contenus, vendre des informations sur les consommateurs (Practice Fusion).
- Donner des contenus, se faire rémunérer en dirigeant le public vers des commerçants (Amazon Associates).
- Donner des contenus, vendre des marchandises (Slashdot/ThinkGeek).
- Donner des contenus, faire payer les annonceurs pour y figurer (placement de produit).
- Afficher gratuitement des CV, faire payer les recherches complexes (LinkedIn).
- Donner des contenus et des données aux consommateurs, vendre l'accès aux entreprises via des API (accords entre eBay et des firmes d'analyse de masse comme Terapeak).
- Donner des plans sommaires de maisons « vertes », faire payer aux entrepreneurs et entreprises de bâtiment leur inscription parmi les fournisseurs (FreeGreen.com).

Gratuit 3 : freemium (certains clients subventionnent les autres)

- Donner des informations de base, vendre des informations plus riches sous une forme plus facilement utilisable (BoxOfficeMojo).
- Donner des conseils de direction génériques, vendre des conseils de direction sur mesure (McKinsey et le McKinsey Journal).

- Donner un logiciel de fiscalité nationale, vendre un logiciel de fiscalité régionale (TurboTax).
- Donner des MP3 médiocres, vendre des coffrets de haute qualité (Radiohead).
- Contenus web gratuits, contenus imprimés payants (tout ce qui va des magazines aux livres).
- Faire payer aux clients le droit d'acheter à prix réduit dans un magasin ; les acheteurs occasionnels subventionnent les clients réguliers (chaînes à adhésion comme Costco).
- Donner des jeux en ligne, faire payer un abonnement pour en faire plus dans le jeu (Club Penguin).
- Donner des répertoires d'entreprise, facturer aux entreprises les ajouts à leur notice (Brownbook).
- Logiciel de démonstration gratuit, version complète payante (la plupart des jeux vidéo, qui vous permettent de jouer les premiers niveaux pour voir s'ils vous conviennent).
- Communications d'ordinateur à ordinateur gratuites, communications d'ordinateur à téléphone payantes (Skype).
- Service de partage de photos gratuit, espace de stockage supplémentaire payant (Flickr).
- Logiciel basique gratuit, fonctions supplémentaires payantes (Apple QuickTime).
- Donner un service financé par la publicité, vendre la possibilité de supprimer les annonces (Ning).
- Donner des aperçus (ou snippets), vendre des livres (éditeurs utilisateurs de Google Book Search).
- Visites virtuelles gratuites, terrains virtuels payants (Second Life).
- Jeu musical gratuit, pistes musicales payantes (Tap Tap Revolution).

REMERCIEMENTS

Au cours des dix-huit mois d'écriture de ce livre, nous avons eu un bébé (notre cinquième), j'ai souffert d'un mal non diagnostiqué qui s'est finalement avéré être une maladie de Lyme (aussi pénible que vous l'avez entendu dire), j'ai parcouru plus de 400 000 kilomètres en avion pour prononcer des discours, j'ai continué à diriger *Wired* et j'ai bêtement lancé une nouvelle entreprise à mes moments perdus. C'est beaucoup – c'est trop. Si cela a néanmoins été possible, c'est entièrement grâce à ma femme, Anne, qui non seulement a efficacement assumé son rôle de parent isolé pendant la plus grande partie de l'année, mais qui l'a fait avec une grâce et une énergie étonnantes, sans jamais se plaindre.

Anne n'a pas seulement supporté les problèmes d'une grande famille et d'un mari voyageur mais, quand j'étais à la maison, elle était le plus grand champion de ce livre. C'est elle qui me mettait à la porte le samedi matin pour que j'aille écrire dans un café, elle qui relisait le texte le soir, elle qui s'occupait du bébé le matin pour que je puisse dormir après avoir travaillé tard. S'il m'a semblé aisé et divertissant d'écrire ce livre, c'est uniquement parce qu'elle a veillé à ce qu'il en soit ainsi en prenant autant sur elle, si généreusement. De toutes les chances que j'ai eues dans ma vie, aucune ne se compare au fait d'avoir rencontré Anne.

J'ai une autre grande dette envers mon équipe de *Wired*, qui a brillamment assuré tandis que je devenais une présence de plus en plus distante, envoyant via des iPhone des bouts de phrases confus et des messages à moitié inaudibles. Si cette année a une fois de plus été couronnée de succès, cela est principalement dû à Bob Cohn, Thomas Goetz, Scott Dadich et Jake Young, qui forment la meilleure équipe avec laquelle j'ai jamais eu le privilège de travailler.

Le livre lui-même a aussi été une collaboration, et j'ai eu la chance incroyable d'avoir été relu, non par un rédacteur exceptionnel, mais par deux. Will Schwalbe du côté américain et Nigel Wilkockson du côté britannique n'ont pas seulement manié l'encre rouge. Ils se sont longuement concertés pour me donner le genre de sages conseils et d'encouragements que seul le vrai champion d'un projet peut dispenser. Ils ont été à la fois des *coachs* et des *cheerleaders*, si l'on veut bien pardonner cette double métaphore sportive. Quoi qu'il en soit, ils ont rendu ce livre bien meilleur, et c'est le plus grand hommage qu'on puisse rendre à un professionnel de l'écriture.

J'ai aussi eu de la chance d'avoir encore une fois Steven Leckart comme assistant rédacteur. Avec mon précédent livre, nous avions discuté des différents chapitres, nous avions enregistré nos débats et utilisé les transcriptions comme matériau brut que j'avais pu utiliser comme point de départ. Cette fois, peut-être parce que c'était mon second livre et que j'avais une meilleure idée de la manière de procéder, ou parce que la forme du livre était plus claire dans mon esprit, la plus grande partie de notre temps a été plus précisément organisée. Steven a aussi rassemblé la documentation et esquissé la plupart des encadrés. J'ai aussi reçu l'aide de Ben

Schwartz, qui apparaissait comme un adolescent intéressé par la longue traîne dans mon précédent livre et qui est maintenant un étudiant débutant, amateur de science-fiction. Après avoir lu une pile de livres de science-fiction, il m'a fait une synthèse de leurs avis sur l'abondance (« économie post-rareté ») avec un savoir-faire analytique bien supérieur à son âge.

Merci aussi à Scott Dadich, directeur de création de *Wired*, qui a conçu la couverture de l'édition brochée de *The Long Tail* et une audacieuse couverture de magazine pour *Free !*, et à Carl DeTorres, qui a dessiné les graphiques et encadrés avec style et élégance, tout comme il l'avait fait pour *The Long Tail*.

Mon agent, John Brockman, a été exactement le soutien infatigable qu'on espère trouver chez un agent. Les services commerciaux et publicitaires de Hyperion et de Random House UK ont relevé le défi du gratuit avec des manifestations originales, des modèles économiques créatifs et un enthousiasme inépuisable, ce qui n'est que plus impressionnant quand on pense à la crainte et à la méfiance qu'inspire le gratuit au secteur de l'édition. Et ma propre équipe publicitaire chez *Wired*, dirigée par Alexandra Constantinople et Maya Draisin, a trouvé d'innombrables moyens pour faire passer le message, des interviews aux salons.

Intellectuellement, j'ai une dette particulière envers deux personnes : Kevin Kelly, dont le livre *New Rules for the New Economy* a jeté les bases d'une grande partie de mes réflexions sur le gratuit, et Mike Masnick, de Techdirt, dont le travail d'exploration quotidienne, d'information et d'évangélisme autour du gratuit ont à la fois étayé et inspiré ce livre. George Gilder, auteur des premiers travaux sur l'économie des semi-conducteurs et le sens profond de la loi de Moore, exerce toujours une énorme influence sur mes idées. Et Hal Varian, économiste en chef de Google, m'a plus appris, par le temps qu'il m'a généreusement consacré et par ses écrits pénétrants, qu'aucun de mes professeurs d'université.

Enfin, merci aux centaines de gens qui m'ont écrit et ont commenté mes textes avec des exemples de gratuit, le récit de la manière dont ils l'ont eux-même utilisé, et des réflexions sur les modèles économiques qui l'entourent. Ils m'inspirent, préservent mon honnêteté et ils ont en fin de compte influencé chaque ligne de ce livre. Ces dix dernières années ont été une expérimentation collective pour définir l'avenir d'un prix radical, et mes ultimes remerciements doivent aller aux innombrables pionniers dont j'ai essayé de dégager ici les leçons.

INDEX

TABLE

1
QU'EST-CE QUE LE GRATUIT ?

2
LE GRATUIT NUMÉRIQUE

3
LA « FREECONOMICS » ET LE MONDE DE LA GRATUITÉ

Mise en pages par Méta-systems
59100 Roubaix

N° d'édition : L.01EHQN000659.N001
Dépôt légal : février 2014
Imprimé en Espagne par Novoprint S. A. (Barcelone)